G. 143.1.
Gc#b.

©

12675

COURS D'HISTOIRE MODERNE
(1827)

HISTOIRE
DE LA CIVILISATION
EN EUROPE

HISTOIRE
DE LA
CIVILISATION
EN EUROPE
DEPUIS LA CHUTE DE L'EMPIRE ROMAIN

PAR M. GUIZOT

Sixième édition

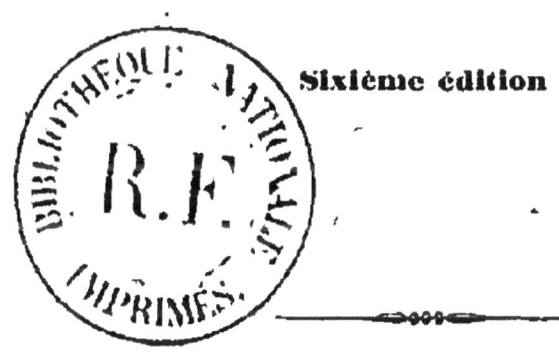

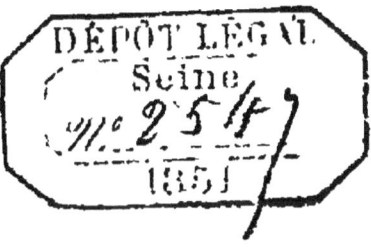

PARIS
Victor MASSON, LIBRAIRE
PLACE DE L'ÉCOLE-DE-MÉDECINE

1851

Je laisse ces Leçons telles qu'elles ont paru lors de la première publication, de 1828 à 1830. Au fond, elles ne contiennent rien que je ne croie toujours vrai, et la forme est elle-même un fait qui caractérise l'état des esprits, à cette époque, et le mouvement des idées. Le public veut bien continuer d'y prendre intérêt. Et pour moi, j'aime à ne rien changer dans ces souvenirs d'une activité intellectuelle si vive et si sereine, où nous ne portions tous qu'une passion, celle de la vérité.

Avril 1840.

GUIZOT.

HISTOIRE DE LA CIVILISATION EN EUROPE.

PREMIÈRE LEÇON.

Objet du cours. — Histoire de la civilisation européenne. — Rôle de la France dans la civilisation de l'Europe. — Que la civilisation peut être racontée. — Que c'est le fait le plus général de l'histoire. — Du sens usuel et populaire du mot *civilisation*. — Deux faits principaux constituent la civilisation : 1° le développement de la société; 2° le développement de l'individu. — Preuves de cette assertion. — Que ces deux faits sont nécessairement liés l'un à l'autre et se produisent tôt ou tard l'un l'autre. — La destinée de l'homme est-elle contenue tout entière dans sa condition actuelle ou sociale? — Que l'histoire de la civilisation peut être considérée et présentée sous deux points de vue. — Quelques mots sur le plan du cours. — De l'état actuel des esprits et de l'avenir de la civilisation.

Messieurs,

Je suis profondément touché de l'accueil que je reçois de vous. Je me permettrai de dire que je l'accepte comme un gage de la sympathie qui n'a pas cessé d'exister entre nous, malgré une si longue séparation. Je dis que la sympathie n'a pas cessé d'exister, comme si je retrouvais dans cette enceinte les mêmes personnes, la même génération qui avaient coutume d'y venir, il y a sept ans, s'associe à mes travaux... Je vous demande pardon, Messieurs votre accueil si bienveillant m'a un peu troublé... Parce que je reviens ici, il me semble que tout y doit revenir que rien n'est changé : tout est changé pourtant, Messieurs et bien changé ! Il y a sept ans, nous n'entrions ici qu'avec inquiétude, préoccupés d'un sentiment triste, pesant nous nous savions entourés de difficultés, de périls; nous nous sentions entraînés vers un mal que vainement, à force de gravité, de tranquillité, de réserve, nous essayions de détourner. Aujourd'hui nous arrivons tous, vous comme moi, avec confiance et espérance, le cœur en paix et la pensée libre. Nous n'avons qu'une manière, Messieurs, d'en témoigner dignement notre reconnaissance : c'est d'apporter dans nos réunions, dans nos études, le même calme, la même réserve que nous y apportions quand nous redoutions chaque jour de les voir entravées, ou suspendues. La bonne fortune est chanceuse, délicate, fragile; l'espérance a besoin d'être ménagée comme la crainte; la convalescence exige presque les mêmes soins, la même prudence que les approches de la maladie. Vous les aurez, Messieurs, j'en suis sûr. Cette même sympathie, cette correspondance intime et rapide d'opinions, de sentiments, d'idées, qui nous unissait dans les jours difficiles, et nous a du moins épargné les fautes, nous unira également dans les bons jours, et nous mettra en mesure d'en recueillir tous les fruits. J'y compte, Messieurs; j'y compte de votre part, et n'ai besoin de rien de plus.

Nous avons bien peu de temps devant nous d'ici à la fin de l'année. J'en ai eu moi-même bien peu pour penser au cours que je devais vous présenter. J'ai cherché quel serait le sujet qui pourrait se renfermer le mieux, soit dans le très peu de mois qui nous restent, soit dans le très peu de jours qui m'ont été donnés pour me préparer. Il m'a paru qu'un tableau général de l'histoire moderne de l'Europe, considérée sous le rapport du développement de la civilisation, un coup d'œil général sur l'histoire de la civilisation européenne, de ses origines, de sa marche, de son but, de son caractère, il m'a paru, dis-je, qu'un tel tableau se pouvait adapter au temps dont nous disposons. C'est le sujet dont je me suis déterminé à vous entretenir.

Je dis de la civilisation européenne : il est évident qu'il y a une civilisation européenne; qu'une certaine unité éclate dans la civilisation des divers États de l'Europe; que, malgré de grandes diversités de temps, de lieux, de circonstances, cette civilisation découle de faits à peu près semblables, se rattache aux mêmes principes et tend à amener à peu près partout des résultats analogues. Il y a donc une civilisation européenne, et c'est de son ensemble que je veux vous occuper.

D'un autre côté, il est évident que cette civilisation ne peut être cherchée, que son histoire ne peut être puisée dans l'histoire d'un seul des États européens. Si elle a de l'unité, sa variété n'en est pas moins prodigieuse; elle ne s'est développée tout entière dans aucun pays spécial. Les traits de sa physionomie sont épars : il faut chercher, tantôt en France, tantôt en Angleterre, tantôt en Allemagne, tantôt en Espagne, les éléments de son histoire.

Nous sommes bien placés pour nous adonner à cette recherche et étudier la civilisation européenne. Il ne faut flatter personne, pas même son pays; cependant je crois qu'on peut dire sans flatterie que la France a été le centre, le foyer de la civilisation de l'Europe. Il serait excessif de prétendre qu'elle ait marché toujours, dans toutes les directions, à la tête des nations. Elle a été devancée, à diverses époques, dans les arts, par l'Italie; sous le point de vue des institutions politiques, par l'Angleterre. Peut-être, sous d'autres points de vue, à certains moments, trouverait-on d'autres pays de l'Europe qui lui ont été supérieurs; mais il est impossible de méconnaître que, toutes les fois que la France s'est vue devancée dans la carrière de la civilisation, elle a repris une nouvelle vigueur, s'est élancée, et s'est retrouvée bientôt au niveau ou en avant de tous. Et non seulement telle a été la destinée particulière de la France ; mais les idées, les institutions civilisantes, si je puis ainsi parler, qui ont pris naissance dans d'autres territoires, quand elles ont voulu se transplanter, devenir fécondes et générales, agir au profit commun de la civilisation européenne, on les a vues, en quelque sorte, obligées de subir en France une nouvelle préparation ; et c'est de la France, comme d'une seconde patrie, qu'elles se sont élancées à la conquête de l'Europe. Il n'est presque aucune grande idée, aucun grand principe de civilisation qui, pour se répandre partout, n'ait passé d'abord par la France.

C'est qu'il y a dans le génie français quelque chose de sociable, de sympathique, quelque chose qui se propage avec plus de facilité et d'énergie que le génie de tout autre peuple : soit notre langue, soit le tour de notre esprit, de nos mœurs, nos idées sont plus populaires, se présentent plus clairement aux masses, y pénètrent plus facilement; en un mot, la clarté, la sociabilité, la sympathie sont le caractère particulier de la France, de sa civilisation, et ces qualités la rendaient éminemment propre à marcher à la tête de la civilisation européenne.

Lors donc qu'on veut étudier l'histoire de ce grand fait, ce n'est point un choix arbitraire ni de convention que de prendre la France pour centre de cette étude; c'est au contraire se placer, en quelque sorte, au cœur de la civilisation elle-même, au cœur du fait qu'on veut étudier.

Je dis du fait, Messieurs, et je le dis à dessein : la civilisation est un fait comme un autre, fait susceptible, comme tout autre, d'être étudié, décrit, raconté.

Depuis quelque temps on parle beaucoup, et avec raison, de la nécessité de renfermer l'histoire dans les faits, de la nécessité de raconter : rien de plus vrai. Mais il y a bien plus de faits à raconter, et des faits bien plus divers, qu'on n'est peut-être tenté de le croire au premier moment : il y a des faits matériels, visibles, comme les batailles, les guerres, les actes officiels des gouvernements; il y a des faits moraux, cachés, qui n'en sont pas moins réels; il y a des faits individuels qui ont un nom propre; il y a des faits généraux, sans nom, auxquels il est impossible d'assigner une date précise, qu'il est impossible de renfermer dans des limites rigoureuses, et qui n'en sont pas moins des faits comme d'autres, des faits historiques, qu'on ne peut exclure de l'histoire sans la mutiler.

La portion même qu'on est accoutumé à nommer la portion philosophique de l'histoire, les relations des événements, le lien qui les unit, leurs causes et leurs résultats, ce sont des faits, c'est de l'histoire, tout comme les récits de batailles et des événements visibles. Les faits de ce genre, sans nul doute, sont plus difficiles à démêler; on s'y trompe plus souvent; il est malaisé de les animer, de les présenter sous des formes claires, vives : mais cette difficulté ne change rien à leur nature ; ils n'en font pas moins partie essentielle de l'histoire.

La civilisation, Messieurs, est un de ces faits-là : fait général, caché, complexe, très difficile, j'en conviens, à décrire, à raconter, mais qui n'en existe pas moins, qui n'en a pas moins droit à être décrit et raconté. On peut élever sur ce fait un grand nombre de questions ; on peut se demander, on s'est demandé s'il était un bien ou un mal. Les uns s'en sont désolés ; les autres s'en sont applaudis. On peut se demander si c'est un fait universel, s'il y a une civilisation universelle du genre humain, une destinée de l'humanité, si les peuples se sont transmis de siècle en siècle quelque chose qui ne se soit pas perdu, qui doive s'accroître, passer comme un dépôt et arriver ainsi jusqu'à la fin des siècles. Pour mon compte, je suis convaincu qu'il y a, en effet, une destinée générale de l'humanité, une transmission du dépôt de la civilisation, et, par conséquent, une histoire universelle de la civilisation à écrire. Mais, sans élever des questions si grandes, si difficiles à résoudre, quand on se renferme dans un espace de temps et de lieu déterminé, quand on se borne à l'histoire d'un certain nombre de siècles, ou de certains peuples, il est évident que, dans ces limites, la civilisation est un fait qui peut être décrit, raconté, qui a son histoire. Je me hâte d'ajouter que cette histoire est la plus grande de toutes, qu'elle comprend toutes les autres.

Ne semble-t-il pas, en effet, Messieurs, que le fait de la civilisation soit le fait par excellence, le fait général et définitif auquel tous les autres viennent aboutir, dans lequel ils se résument ? Prenez tous les faits dont se compose l'histoire d'un peuple, qu'on est accoutumé à considérer comme les éléments de sa vie ; prenez ses institutions, son commerce, son industrie, ses guerres, tous les détails de son gouvernement : quand on veut considérer ces faits dans leur ensemble, dans leur liaison, quand on veut les apprécier, les juger, qu'est-ce qu'on leur demande? On leur demande en quoi ils ont contribué à la civilisation de ce peuple, quel rôle ils y ont joué, quelle part ils y ont prise, quelle influence ils y ont exercée. C'est par là non seulement qu'on s'en forme une idée complète, mais qu'on les mesure, qu'on apprécie leur véritable valeur : ce sont, en quelque sorte, des fleuves auxquels on demande compte des eaux qu'ils doivent apporter à l'Océan. La civilisation est une espèce d'océan qui fait la richesse d'un peuple, et au sein duquel tous les éléments de la vie du peuple, toutes les forces de son existence, viennent se réunir. Cela est si vrai que, des faits qui, par leur nature, sont détestés, funestes, qui pèsent douloureusement sur les peuples, le despotisme, par exemple, et l'anarchie, s'ils ont contribué en quelque chose à la civilisation, s'ils lui ont fait faire un grand pas, eh bien ! jusqu'à un certain point on les excuse, on leur pardonne leurs torts, leur mauvaise nature ; en sorte que, partout où l'on reconnaît la civilisation et les faits qui l'ont enrichie, on est tenté d'oublier le prix qu'il en a coûté.

Il y a même des faits qu'à proprement parler on ne peut pas dire sociaux, des faits individuels qui semblent intéresser l'âme humaine plutôt que la vie publique : tels sont les croyances religieuses et les idées philosophiques, les sciences, les lettres, les arts. Ces faits paraissent s'adresser à l'homme, soit pour le perfectionner, soit pour le charmer, et avoir plutôt pour but son amélioration intérieure, ou son plaisir, que sa condition sociale. Eh bien ! c'est encore sous le point de vue de la civilisation que ces faits-là mêmes sont souvent et veulent être considérés. De tout temps, dans tout pays, la religion s'est glorifiée d'avoir civilisé les peuples; les sciences, les lettres, les arts, tous les plaisirs intellectuels et moraux ont réclamé leur part dans cette gloire; et l'on a cru les louer, les honorer, quand on a reconnu qu'en effet elle leur appartenait. Ainsi, les faits les plus importants, les plus sublimes en eux-mêmes, sublimes indépendamment de tout résultat extérieur, et uniquement dans leurs rapports avec l'âme de l'homme, leur importance s'accroît, leur sublimité s'élève par leur rapport avec la civilisation. Telle est la valeur de ce fait général qu'il en donne à tout ce qu'il touche. Et non seulement il en donne; il y a même des occasions où les faits dont nous parlons, les croyances religieuses, les idées philosophiques, les lettres, les arts, sont surtout considérés et jugés sous le point de vue de leur influence sur la civilisation; influence qui devient, jusqu'à un certain point et pendant un certain temps, la mesure décisive de leur mérite, de leur valeur.

Quel est donc, Messieurs, je le demande, quel est donc, avant d'en entreprendre l'histoire, et en le considérant uniquement en lui-même, ce fait si grave, si étendu, si précieux, qui semble le résumé, l'expression de la vie entière des peuples?

Je n'aurai garde ici de tomber dans la pure philosophie; je n'aurai garde de poser quelque principe rationnel, et puis d'en déduire la nature de la civilisation comme une conséquence : il y aurait beaucoup de chances d'erreur dans cette méthode. Nous rencontrons encore ici un fait à constater et à décrire.

Depuis longtemps, et dans beaucoup de pays, on se sert

du mot de *civilisation* : on y attache des idées plus ou moins nettes, plus ou moins étendues; mais, enfin, on s'en sert et l'on se comprend. C'est le sens de ce mot, son sens général, humain, populaire, qu'il faut étudier. Il y a presque toujours, dans l'acception usuelle des termes les plus généraux, plus de vérité que dans les définitions en apparence plus précises et plus rigoureuses de la science. C'est le bon sens qui donne aux mots leur signification commune, et le bon sens est le génie de l'humanité. La signification commune d'un mot se forme successivement et en présence des faits; à mesure qu'un fait se présente, qui paraît rentrer dans le sens d'un terme connu, on l'y reçoit, pour ainsi dire, naturellement; le sens du terme s'étend, s'élargit, et peu à peu les divers faits, les diverses idées que, en vertu de la nature des choses mêmes, les hommes doivent rallier sous ce mot, s'y rallient en effet. Lorsque le sens d'un mot, au contraire, est déterminé par la science, cette détermination, ouvrage d'un seul ou d'un petit nombre d'individus, a lieu sous l'empire de quelque fait particulier qui a frappé leur esprit. Ainsi, les définitions scientifiques sont, en général, beaucoup plus étroites, et, par cela seul, beaucoup moins vraies au fond que le sens populaire des termes. En étudiant, comme un fait, le sens du mot *civilisation*, en recherchant toutes les idées qui y sont comprises, selon le bon sens des hommes, nous avancerons beaucoup plus dans la connaissance du fait lui-même que si nous tentions d'en donner nous-mêmes une définition scientifique, parût-elle d'abord plus claire et plus précise.

Pour commencer cette recherche, je vais essayer de mettre sous vos yeux quelques hypothèses; je décrirai un certain nombre d'états de société, et puis nous nous demanderons si l'instinct général y reconnaîtrait l'état d'un peuple qui se civilise, si c'est là le sens que le genre humain attache naturellement au mot *civilisation*.

Voici un peuple dont la vie extérieure est douce, commode; il paie peu d'impôts; il ne souffre point; la justice lui est bien rendue dans les relations privées; en un mot, l'existence matérielle, dans son ensemble, est assez bien et heureusement réglée. Mais en même temps, l'existence intellectuelle et morale de ce peuple est tenue avec grand soin dans un état d'engourdissement, d'inertie, je ne veux pas dire d'oppression, parce qu'il n'en a pas le sentiment, mais de compression. Ceci n'est pas sans exemple. Il y a eu un grand nombre de petites républiques aristocratiques où les sujets ont été ainsi traités comme des troupeaux, bien tenus et matériellement heureux, mais sans activité intellectuelle et morale. Est-ce là la civilisation? est-ce là un peuple qui se civilise?

Voici une autre hypothèse : c'est un peuple dont l'existence matérielle est moins douce, moins commode, supportable cependant. En revanche, on n'a point négligé les besoins moraux, intellectuels; on leur distribue une certaine pâture; on cultive dans ce peuple des sentiments élevés, purs; ses croyances religieuses, morales, ont atteint un certain degré de développement; mais on a grand soin d'étouffer en lui le principe de la liberté; on donne satisfaction aux besoins intellectuels et moraux, comme ailleurs aux besoins matériels; on mesure à chacun sa part de vérité; on ne permet à personne de la chercher à lui tout seul. L'immobilité est le caractère de la vie morale : c'est l'état où sont tombées la plupart des populations de l'Asie, où les dominations théocratiques retiennent l'humanité; c'est l'état des Indous, par exemple. Je fais la même question que sur le peuple précédent : est-ce là un peuple qui se civilise ?

Je change tout à fait la nature de l'hypothèse. Voici un peuple chez lequel il y a un grand déploiement de quelques libertés individuelles, mais où le désordre et l'inégalité sont extrêmes : c'est l'empire de la force et du hasard; chacun, s'il n'est fort, est opprimé, souffre, périt; la violence est le caractère dominant de l'état social. Il n'y a personne qui ne sache que l'Europe a passé par cet état. Est-ce un état civilisé? Il peut contenir sans doute des principes de civilisation qui se développeront successivement; mais le fait qui domine dans une telle société n'est pas, à coup sûr, ce que le bon sens des hommes appelle la civilisation.

Je prends une quatrième et dernière hypothèse. La liberté de chaque individu est très grande, l'inégalité entre eux est rare, ou au moins très passagère. Chacun fait à peu près ce qu'il veut, et ne diffère pas beaucoup en puissance de son voisin; mais il y a très peu d'intérêts généraux, très peu d'idées publiques, très peu de société, en un mot, les facultés et l'existence des individus se déploient et s'écoulent isolément, sans qu'ils agissent les uns sur les autres, sans qu'ils laissent de traces; les générations successives laissent la société au même point où elles l'ont reçue : c'est l'état des tribus sauvages; la liberté et l'égalité sont là; et pourtant, à coup sûr, la civilisation n'y est point.

Je pourrais multiplier ces hypothèses; je crois que nous en avons assez pour démêler quel est le sens populaire et naturel du mot *civilisation*.

Il est clair qu'aucun des états que je viens de parcourir

ne correspond, selon le bon sens naturel des hommes, à ce terme. Pourquoi? Il me semble que le premier fait qui soit compris dans le mot *civilisation* (et cela résulte des divers exemples que je viens de faire passer sous vos yeux) c'est le fait de progrès, de développement; il réveille aussitôt l'idée d'un peuple qui marche, non pour changer de place, mais pour changer d'état; d'un peuple dont la condition s'étend et s'améliore. L'idée du progrès, du développement, me paraît être l'idée fondamentale contenue sous le mot de *civilisation*.

Quel est ce progrès? quel est ce développement? Ici réside la plus grande difficulté.

L'étymologie du mot semble répondre d'une manière claire et satisfaisante: elle dit que c'est le perfectionnement de la vie civile, le développement de la société proprement dite, des relations des hommes entre eux.

Telle est, en effet, l'idée première qui s'offre à l'esprit des hommes quand on prononce le mot *civilisation*; on se représente à l'instant l'extension, la plus grande activité et la meilleure organisation des relations sociales: d'une part, une production croissante de moyens de force et de bien-être dans la société; de l'autre, une distribution plus équitable, entre les individus, de la force et du bien-être produits.

Est-ce là tout, Messieurs? Avons-nous épuisé le sens naturel, usuel, du mot *civilisation*? Le fait ne contient-il rien de plus?

C'est à peu près comme si nous demandions: L'espèce humaine n'est-elle, au fond, qu'une fourmilière, une société où il ne s'agisse que d'ordre et de bien-être, où plus la somme du travail sera grande et la répartition des fruits du travail équitable, plus le but sera atteint et le progrès accompli ?

L'instinct des hommes répugne à une définition si étroite de la destinée humaine. Il lui semble, au premier aspect, que le mot *civilisation* comprend quelque chose de plus étendu, de plus complexe, de supérieur à la pure perfection des relations sociales, de la force et du bien-être social.

Les faits, l'opinion publique, le sens généralement reçu du terme, sont d'accord avec cet instinct.

Prenez Rome dans les beaux temps de la république, après la seconde guerre punique, au moment de ses plus grandes vertus, lorsqu'elle marchait à l'empire du monde, lorsque l'état social était évidemment en progrès. Prenez ensuite Rome sous Auguste, à l'époque où a commencé la décadence, où au moins le mouvement progressif de la société était arrêté, où les mauvais principes étaient bien près de prévaloir : il n'y a personne cependant qui ne pense et ne dise que la Rome d'Auguste était plus civilisée que la Rome de Fabricius ou de Cincinnatus.

Transportons-nous ailleurs : prenons la France des XVIIe et XVIIIe siècles. Il est évident que, sous le point de vue social, quant à la somme et à la distribution du bien-être entre les individus, la France du XVIIe et du XVIIIe siècle était inférieure à quelques autres pays de l'Europe, à la Hollande et à l'Angleterre, par exemple. Je crois qu'en Hollande et en Angleterre l'activité sociale était plus grande, croissait plus rapidement, distribuait mieux ses fruits qu'en France. Cependant, demandez au bon sens général ; il vous répondra que la France du XVIIe et du XVIIIe siècle était le pays le plus civilisé de l'Europe. L'Europe n'a pas hésité dans cette question. On trouve des traces de cette opinion publique sur la France dans tous les monuments de la littérature européenne.

On pourrait montrer beaucoup d'autres États où le bien-être est plus grand, croît plus rapidement, est mieux réparti entre les individus qu'ailleurs, et où cependant, dans l'instinct spontané, dans le bon sens général des hommes, la civilisation est jugée inférieure à celle d'autres pays moins bien partagés sous le rapport purement social.

Qu'est-ce à dire? qu'ont donc ces pays qui leur donne, au nom de civilisés, ce droit privilégié qui compense si largement, dans l'opinion des hommes, ce qui leur manque d'ailleurs?

Un autre développement que celui de la vie sociale s'y est manifesté avec éclat : le développement de la vie individuelle, de la vie intérieure, le développement de l'homme lui-même, de ses facultés, de ses sentiments, de ses idées. Si la société y est plus imparfaite qu'ailleurs, l'humanité y apparaît avec plus de grandeur et de puissance. Il reste beaucoup de conquêtes sociales à faire, mais d'immenses conquêtes intellectuelles et morales sont accomplies; beaucoup de biens et de droits manquent à beaucoup d'hommes, mais beaucoup de grands hommes vivent et brillent aux yeux du monde. Les lettres, les sciences, les arts déploient tout leur éclat. Partout où le genre humain voit resplendir ces grandes images, ces images glorifiées de la nature humaine, partout où il voit créer ce trésor de jouissances sublimes, il reconnaît et nomme la civilisation.

Deux faits sont donc compris dans ce grand fait ; il subsiste à deux conditions, et se révèle à deux symptômes : le développement de l'activité sociale et celui de l'activité individuelle, le progrès de la société et le progrès de l'humanité. Partout où la condition extérieure de l'homme s'étend, se vivifie, s'améliore, partout où la nature intime de l'homme se montre avec éclat, avec grandeur, à ces deux signes, et souvent malgré la profonde imperfection de l'état social, le genre humain applaudit et proclame la civilisation.

Tel est, si je ne me trompe, le résultat de l'examen simple, purement sensé, de l'opinion générale des hommes. Si nous interrogeons l'histoire proprement dite, si nous examinons quelle est la nature des grandes crises de la civilisation, de ces faits qui, de l'aveu de tous, lui ont fait faire un grand pas, nous y reconnaîtrons toujours l'un ou l'autre des deux éléments que je viens de décrire. Ce sont toujours des crises de développement individuel ou social, des faits qui ont changé l'homme intérieur, ses croyances, ses mœurs, ou sa condition extérieure, sa situation dans ses rapports avec ses semblables. Le christianisme, par exemple, je ne dis pas seulement au moment de son apparition, mais dans les premiers siècles de son existence, le christianisme ne s'est nullement adressé à l'état social; il a annoncé hautement qu'il n'y toucherait pas; il a ordonné à l'esclave d'obéir au maître; il n'a attaqué aucun des grands maux, aucune des grandes injustices de la société d'alors. Qui niera pourtant que le christianisme n'ait été dès lors une grande crise de la civilisation? Pourquoi? Parce qu'il a changé l'homme intérieur, ses croyances, ses sentiments; parce qu'il a régénéré l'homme moral, l'homme intellectuel.

Nous avons vu une crise d'une autre nature, une crise qui s'est adressée non à l'homme intérieur, mais à sa condition extérieure, qui a changé et régénéré la société. Celle-là aussi, à coup sûr, a été une des crises décisives de la civilisation. Parcourez toute l'histoire; vous trouverez partout le même résultat; vous ne rencontrerez aucun fait important, ayant concouru au développement de la civilisation, qui n'ait exercé l'une ou l'autre des deux sortes d'influences dont je viens de parler.

Tel est, si je ne me trompe, le sens naturel et populaire du terme; voilà le fait, je ne veux pas dire défini, mais décrit, constaté, à peu près complétement, ou au moins dans ses traits généraux. Nous tenons les deux éléments de la civilisation. Maintenant, Messieurs, l'un de ces deux faits suffit-il pour la constituer? si le développement de l'état social, ou celui de l'homme individuel, se présentait isolément, y aurait-il civilisation? le genre humain la reconnaîtrait-il? ou bien les deux faits ont-ils entre eux une relation tellement intime et nécessaire, que, s'ils ne se produisent simultanément, ils soient cependant inséparables, et que, tôt ou tard, l'un amène l'autre?

On pourrait, ce me semble, aborder cette question par trois côtés. On pourrait examiner la nature même des deux éléments de la civilisation, et se demander si, par cela seul, ils sont, ou non, étroitement liés et nécessaires l'un à l'autre. On peut rechercher historiquement si, en effet, ils se sont manifestés isolément et l'un sans l'autre, ou s'ils se sont toujours produits l'un l'autre. On peut enfin consulter sur cette question l'opinion commune des hommes, le bon sens. Je m'adresserai d'abord à l'opinion commune.

Quand un grand changement s'accomplit dans l'état d'un pays, quand il s'y opère un grand développement de richesse et de force, une révolution dans la distribution du bien-être social, ce fait nouveau rencontre des adversaires, essuie des combats; il n'en peut être autrement. Que disent, en général, les adversaires du changement? Ils disent que ce progrès de l'état social n'améliore pas, ne régénère pas de la même manière l'état moral, l'état intérieur de l'homme; que c'est un progrès faux, trompeur, qui tourne au détriment de la moralité, du véritable être humain. Et les amis du développement social repoussent cette attaque avec beaucoup d'énergie; ils soutiennent, au contraire, que le progrès de la société amène nécessairement le progrès de la moralité; que, quand la vie extérieure est mieux réglée, la vie intérieure se rectifie et s'épure. Ainsi se pose la question entre les adversaires et les partisans de l'état nouveau.

Renversez l'hypothèse; supposez le développement moral en progrès. Que promettent, en général, les hommes qui y travaillent? Qu'ont promis, à l'origine des sociétés, les dominateurs religieux, les sages, les poëtes, qui travaillaient à adoucir, à régler les mœurs? Ils ont promis l'amélioration de la condition sociale, la répartition plus équitable du bien-être. Que supposent, je vous le demande, tantôt ces débats, tantôt ces promesses?

Ils supposent que, dans la conviction spontanée, instinctive, des hommes, les deux éléments de la civilisation, le développement social et le développement moral, sont intimement liés; qu'à la vue de l'un, le genre humain compte sur l'autre. C'est à cette conviction naturelle qu'on s'adresse lorsque, pour seconder ou combattre l'un ou l'autre des deux développements, on affirme ou conteste leur union. On sait que, si l'on peut persuader aux hommes que l'amélioration de l'état social tournera contre le progrès intérieur des individus, on aura décrié et affaibli la révolution qui s'accomplit dans la société. D'autre part, quand on promet aux hommes l'amélioration de la société, par suite de l'amélioration de l'individu, on sait que leur penchant est de croire à cette promesse, et l'on s'en prévaut. C'est donc évidemment la croyance instinctive de l'humanité, que les deux éléments de la civilisation sont liés l'un à l'autre, et se produisent réciproquement.

Que si nous nous adressons à l'histoire du monde, nous obtiendrons la même réponse. Nous trouverons que tous les grands développements de l'homme intérieur ont tourné au profit de la société, tous les grands développements de l'état social au profit de l'humanité. C'est l'un ou l'autre des deux faits qui prédomine, apparaît avec éclat, et imprime au mouvement un caractère particulier. Ce n'est quelquefois qu'après de très longs intervalles de temps, après mille transformations, mille obstacles, que le second fait se développe, et vient en quelque sorte compléter la civilisation que le premier avait commencée. Mais quand on y regarde bien, on reconnaît le lien qui les unit. La marche de la Providence n'est pas assujettie à d'étroites limites; elle ne s'inquiète pas de tirer aujourd'hui la conséquence du principe qu'elle a posé hier; elle la tirera dans des siècles, quand l'heure sera venue; et pour raisonner lentement, selon nous, sa logique n'est pas moins sûre. La Providence a ses aises dans le temps; elle y marche comme les dieux d'Homère dans l'espace; elle fait un pas, et des siècles se trouvent écoulés. Que de temps, que d'événements avant que la régénération de l'homme moral par le christianisme ait exercé, sur la régénération de l'état social, sa grande et légitime influence! Il y a réussi pourtant : qui peut le méconnaître aujourd'hui?

Si de l'histoire nous passons à la nature même des deux

faits qui constituent la civilisation, nous sommes infailliblement conduits au même résultat. Il n'est personne qui n'ait fait sur lui-même cette expérience. Quand un changement moral s'opère dans l'homme, quand il acquiert une idée, ou une vertu, ou une faculté de plus, en un mot, quand il se développe individuellement, quel est le besoin qui s'empare de lui à l'instant même? C'est le besoin de faire passer son sentiment dans le monde extérieur, de réaliser au dehors sa pensée. Dès que l'homme acquiert quelque chose, dès que son être prend à ses propres yeux un nouveau développement, une valeur de plus, aussitôt à ce développement, à cette valeur nouvelle, s'attache pour lui l'idée d'une mission; il se sent obligé et poussé par son instinct, par une voix intérieure, à étendre, à faire dominer hors de lui le changement, l'amélioration qui s'est accomplie en lui. Les grands réformateurs, on ne les doit pas à une autre cause; les grands hommes qui ont changé la face du monde, après s'être changés eux-mêmes, n'ont pas été poussés, gouvernés par un autre besoin.

Voilà pour le changement qui s'est opéré dans l'intérieur de l'homme; prenons l'autre. Une révolution s'accomplit dans l'état de la société; elle est mieux réglée, les droits et les biens sont répartis plus justement entre les individus; c'est-à-dire que le spectacle du monde est plus pur, plus beau, que la pratique, soit des gouvernements, soit des rapports des hommes entre eux, est meilleure. Eh bien! croyez-vous que la vue de ce spectacle, que cette amélioration des faits extérieurs, ne réagissent pas sur l'intérieur de l'homme, sur l'humanité? Tout ce qu'on dit de l'autorité des exemples, des habitudes, des beaux modèles, n'est pas fondé sur autre chose, sinon sur cette conviction qu'un fait extérieur, bon, raisonnable, bien réglé, amène tôt ou tard, plus ou moins complétement, un fait intérieur de même nature, de même mérite ; qu'un monde mieux réglé, un monde plus juste, rend l'homme lui-même plus juste ; que l'intérieur se réforme par l'extérieur, comme l'extérieur par l'intérieur ; que les deux éléments de la civilisation sont étroitement liés l'un à l'autre ; que des siècles, des obstacles de tout genre, peuvent se jeter entre eux ; qu'il est possible qu'ils aient à subir mille transformations pour se rejoindre l'un l'autre ; mais que, tôt ou tard, ils se rejoignent ; que c'est la loi de leur nature, le fait général de l'histoire, la croyance instinctive du genre humain.

Messieurs, je crois non pas avoir épuisé, tant s'en faut, mais exposé d'une manière à peu près complète, quoique bien légère, le fait de la civilisation ; je crois l'avoir décrit, circonscrit, et avoir posé les principales questions, les questions fondamentales auxquelles il donne lieu. Je pourrais m'arrêter ; cependant je ne puis pas ne pas poser du moins une question que je rencontre ici ; une de ces questions qui ne sont plus des questions historiques proprement dites, qui sont des questions, je ne veux pas dire hypothétiques, mais conjecturales ; des questions dont l'homme ne tient qu'un bout, dont il ne peut jamais atteindre l'autre bout, dont il ne peut faire le tour, qu'il ne voit que par un côté ; qui cependant n'en sont pas moins réelles, auxquelles il faut bien qu'il pense, car elles se présentent devant lui, malgré lui, à tout moment.

De ces deux développements dont nous venons de parler, et qui constituent le fait de la civilisation, du développement de la société, d'une part, et de l'humanité, de l'autre, lequel est le but, lequel le moyen ? Est-ce pour le perfectionnement de sa condition sociale, pour l'amélioration de son existence sur la terre, que l'homme se développe tout entier, ses facultés, ses sentiments, ses idées, tout son être ? ou bien l'amélioration de la condition sociale, les progrès de la société, la société elle-même n'est-elle que le théâtre, l'occasion, le mobile du développement de l'individu? En un mot, la société est-elle faite pour servir l'individu, ou l'individu pour servir la société? De la réponse à cette question dépend inévitablement celle de savoir si la destinée de l'homme est purement sociale, si la société épuise et absorbe l'homme tout entier, ou bien s'il porte en lui quelque chose d'étranger, de supérieur à son existence sur la terre.

» Messieurs, un homme dont je m'honore d'être l'ami, un homme qui a traversé des réunions comme la nôtre, pour monter à la première place dans des réunions moins paisibles et plus puissantes, un homme dont toutes les paroles se gravent et retentent partout où elles tombent, M. Royer-Collard a résolu cette question; il l'a résolue, selon sa conviction du moins, dans son discours sur le projet de loi relatif au sacrilége. Je trouve dans ce discours ces deux phrases :
« Les sociétés humaines naissent, vivent et meurent sur la
» terre ; là s'accomplissent leurs destinées..... Mais elles ne
» contiennent pas l'homme tout entier. Après qu'il s'est
» engagé à la société, il lui reste la plus noble partie de lui-
» même, ces hautes facultés par lesquelles il s'élève à Dieu,
» à une vie future, à des biens inconnus dans un monde
» invisible..... Nous, personnes individuelles et identiques,
» véritables êtres doués de l'immortalité, nous avons une
» autre destinée que les États (1). »

---
(1) Opinion de M. Royer-Collard sur le projet de loi relatif au sacrilége, pages 7 et 17.

Je n'ajouterai rien, Messieurs, je n'entreprendrai point de traiter la question même ; je me contente de la poser. Elle se rencontre à la fin de l'histoire de la civilisation : quand l'histoire de la civilisation est épuisée, quand il n'y a plus rien à dire de la vie actuelle, l'homme se demande invinciblement si tout est épuisé, s'il est à la fin de tout? Ceci est donc le dernier problème, et le plus élevé de tous ceux auxquels l'histoire de la civilisation peut conduire. Il me suffit d'avoir indiqué sa place et sa grandeur.

D'après tout ce que je viens de dire, Messieurs, il est évident que l'histoire de la civilisation pourrait être traitée de deux manières, puisée à deux sources, considérée sous deux aspects différents. L'historien pourrait se placer au sein de l'âme humaine, pendant un temps donné, une série de siècles, ou chez un peuple déterminé ; il pourrait étudier, décrire, raconter tous les événements, toutes les transformations, toutes les révolutions qui se seraient accomplies dans l'intérieur de l'homme ; et quand il serait arrivé au bout, il aurait une histoire de la civilisation chez le peuple et dans le temps qu'il aurait choisis. Il peut procéder autrement : au lieu d'entrer dans l'intérieur de l'homme, il peut se mettre au dehors ; il peut se placer au milieu de la scène du monde ; au lieu de décrire les vicissitudes des idées, des sentiments de l'être individuel, il peut décrire les faits extérieurs, les événements, les changements de l'état social. Ces deux portions, ces deux histoires de la civilisation sont étroitement liées l'une à l'autre ; elles sont le reflet, l'image l'une de l'autre. Cependant elles peuvent être séparées, peut-être même doivent-elles l'être, au moins en commençant, pour que l'une et l'autre soient traitées avec détail et clarté. Pour mon compte, je ne me propose pas d'étudier avec vous l'histoire de la civilisation dans l'intérieur de l'âme humaine; l'histoire des événements extérieurs, du monde visible et social, c'est de celle-là que je veux m'occuper. J'avais besoin de vous exposer le fait de la civilisation tel que je le conçois dans sa complexité et son étendue, de poser devant vous toutes les hautes questions auxquelles il peut donner lieu. Je me restreins à présent; je resserre mon champ dans des limites plus étroites : c'est uniquement l'histoire de l'état social que je me propose de traiter.

Nous commencerons par chercher tous les éléments de la civilisation européenne dans son berceau, à la chute de l'Empire romain; nous étudierons avec soin la société telle qu'elle était au milieu de ces ruines fameuses. Nous tâcherons, non pas d'en ressusciter, mais d'en remettre debout les éléments à côté les uns des autres; et, quand nous les tiendrons, nous essaierons de les faire marcher, de les suivre dans leurs développements à travers les quinze siècles qui se sont écoulés depuis cette époque.

Je crois, Messieurs, que, quand nous serons un peu entrés dans cette étude, nous acquerrons bien vite la conviction que la civilisation est très jeune, et qu'il s'en faut bien que le monde en ait encore mesuré la carrière. A coup sûr, la pensée humaine est fort loin d'être aujourd'hui tout ce qu'elle peut devenir, nous sommes fort loin d'embrasser l'avenir tout entier de l'humanité : cependant que chacun de nous descende dans sa pensée, qu'il s'interroge sur le bien possible qu'il conçoit, qu'il espère; qu'il mette ensuite son idée en regard de ce qui existe aujourd'hui dans le monde : il se convaincra que la société et la civilisation sont bien jeunes; que, malgré tout le chemin qu'elles ont fait, elles en ont incomparablement davantage à faire. Cela n'ôtera rien, Messieurs, au plaisir que nous éprouverons à contempler notre état actuel. Quand j'aurai essayé de faire passer sous vos yeux les grandes crises de l'histoire de la civilisation en Europe depuis quinze siècles, vous verrez à quel point, jusqu'à nos jours, la condition des hommes a été laborieuse, orageuse, dure, non-seulement au dehors et dans la société, mais intérieurement, dans la vie de l'âme. Pendant quinze siècles, l'esprit humain a eu à souffrir autant que l'espèce humaine. Vous verrez que, pour la première fois, peut-être, dans les temps modernes, l'esprit humain est arrivé à un état très imparfait encore, à un état cependant où règne quelque paix, quelque harmonie. Il en est de même de la société, elle a évidemment fait des progrès immenses; la condition humaine est douce, juste, comparée à ce qu'elle était antérieurement; nous pouvons presque, en pensant à nos ancêtres, nous appliquer les vers de Lucrèce :

> Suave mari magno, turbantibus æquora ventis,
> E terra magnum alterius spectare laborem.

Nous pouvons même dire de nous, sans trop d'orgueil, comme Sthénélus dans Homère :

> Ἡμεῖς τοι πατέρων μέγ' ἀμείνονες εὐχόμεθ' εἶναι·

« Nous rendons grâces au ciel de ce que nous valons infi» niment mieux que nos devanciers. »

Prenons garde cependant, Messieurs; ne nous livrons pas trop au sentiment de notre bonheur et de notre amélioration; nous pourrions tomber dans deux graves dangers, l'orgueil et la mollesse; nous pourrions prendre une excessive confiance dans la puissance et le succès de l'esprit humain, de nos lumières actuelles, et en même temps nous laisser énerver par la douceur de notre condition. Je ne sais, Messieurs, si vous en êtes frappés comme moi ; mais nous flottons continuellement, à mon avis, entre la tentation de nous plaindre pour très peu de chose, et celle de nous contenter à trop bon marché. Nous avons une susceptibilité d'esprit, une exigence, une ambition illimitées dans la pensée, dans les désirs, dans le mouvement de l'imagination ; et quand nous en venons à la pratique de la vie, quand il faut prendre de la peine, faire des sacrifices, des efforts pour atteindre le but, nos bras se lassent et tombent. Nous nous rebutons avec une facilité qui égale presque l'impatience avec laquelle nous désirons. Il faut prendre garde, Messieurs, à ne pas nous laisser envahir par l'un ou l'autre de ces deux défauts. Accoutumons-nous à mesurer ce que nous pouvons légitimement avec nos forces, notre science, notre puissance ; et ne prétendons à rien de plus qu'à ce qui se peut acquérir légitimement, justement, régulièrement, en respectant les principes sur lesquels repose notre civilisation même. Nous semblons quelquefois tentés de nous rattacher à des principes que nous attaquons, que nous méprisons, aux principes et aux moyens de l'Europe barbare, la force, la violence, le mensonge, pratiques habituelles il y a quatre ou cinq siècles. Et quand nous avons cédé à ce désir, nous ne trouvons en nous ni la persévérance ni l'énergie sauvage des hommes de ce temps-là, qui souffraient beaucoup, et qui, mécontents de leur condition, travaillaient sans cesse à en sortir. Nous sommes contents de la nôtre ; ne la livrons pas aux hasards de désirs vagues, dont le temps ne serait pas encore venu. Il nous a été beaucoup donné, il nous sera beaucoup demandé ; nous rendrons à la postérité un compte sévère de notre conduite : public ou gouvernement, tous subissent aujourd'hui la discussion, l'examen, la responsabilité. Attachons-nous fermement, fidèlement, aux principes de notre civilisation : justice, légalité, publicité, liberté ; et n'oublions jamais que, si nous demandons avec raison que toutes choses soient à découvert devant nous, nous sommes nous-mêmes sous l'œil du monde, et que nous serons à notre tour débattus et jugés.

DEUXIÈME LEÇON.

Objet de la leçon. — Unité de la civilisation ancienne. — Variété de la civilisation moderne. — Sa supériorité. — État de l'Europe à la chute de l'Empire romain. — Prépondérance des villes. — Tentative de réforme politique par les empereurs. — Rescrit d'Honorius et de Théodose II. — Puissance du nom de l'Empire. — L'Église chrétienne. — Les divers états par où elle avait passé au ve siècle. — Le clergé dans les fonctions municipales. — Bonne et mauvaise influence de l'Église. — Les Barbares. — Ils introduisent dans le monde moderne le sentiment de l'indépendance personnelle et le dévouement d'homme à homme. — Résumé des divers éléments de la civilisation au commencement du ve siècle.

Messieurs,

En pensant au plan du cours que je me suis proposé de vous présenter, je crains que mes leçons n'aient un double inconvénient, qu'elles ne soient bien longues, par la nécessité de resserrer un grand sujet dans un fort petit espace, et en même temps trop concises. Je me trouverai quelquefois obligé de vous retenir ici au delà de l'heure accoutumée; et je ne pourrai cependant donner tous les développements qu'exigeraient les questions. S'il arrivait que, pour quelques personnes, des explications parussent nécessaires, s'il y avait dans vos esprits quelque incertitude, quelque grave objection sur ce que j'aurai eu l'honneur de vous dire, je vous prie de me les faire connaître par écrit. A la fin de chaque leçon, ceux qui désireront recevoir à ce sujet quelque réponse n'auront qu'à rester ; je leur donnerai volontiers toutes les explications qui seront en mon pouvoir.

Je crains encore un autre inconvénient, et par la même cause : c'est la nécessité d'affirmer quelquefois sans prouver. C'est aussi l'effet de l'étroit espace où je me trouve renfermé. Il y aura des idées, des assertions dont la confirmation ne pourra venir que plus tard. Vous serez donc quelquefois obligés, je vous en demande pardon, de me croire sur parole. Je rencontre à l'instant même l'occasion de vous imposer cette épreuve.

J'ai essayé, dans la précédente leçon, d'expliquer le fait de la civilisation en général, sans parler d'aucune civilisation particulière, sans tenir compte des circonstances de temps et de lieu, en considérant le fait en lui-même et sous un point de vue purement philosophique. J'aborde aujourd'hui l'histoire de la civilisation européenne ; mais avant d'entrer dans le récit proprement dit, je voudrais vous faire connaître d'une manière générale la physionomie particulière de cette civilisation ; je voudrais la caractériser devant vous assez clairement pour qu'elle vous apparût bien distincte de toutes les autres civilisations qui se sont développées dans le monde. Je vais l'essayer, mais je ne pourrai guère qu'affirmer ; ou bien il faudra que je réussisse à peindre la société européenne avec tant de fidélité que vous la reconnaissiez sur-le-champ et comme un portrait. Je n'ose m'en flatter.

Quand on regarde aux civilisations qui ont précédé celle de l'Europe moderne, soit en Asie, soit ailleurs, y compris même la civilisation grecque et romaine, il est impossible de ne pas être frappé de l'unité qui y règne. Elles paraissent émanées d'un seul fait, d'une seule idée ; on dirait que la société a appartenu à un principe unique qui l'a dominée, et en a déterminé les institutions, les mœurs, les croyances, en un mot, tous les développements.

En Égypte, par exemple, c'était le principe théocratique qui possédait la société tout entière ; il s'est reproduit dans ses mœurs, dans ses monuments, dans tout ce qui nous reste de la civilisation égyptienne. Dans l'Inde, vous trouverez le même fait : c'est encore la domination presque exclusive du principe théocratique. Ailleurs, vous verrez une autre organisation : ce sera la domination d'une caste conquérante ; le principe de la force possédera seul la société, lui imposera ses lois, son caractère. Ailleurs, la société sera l'expression du principe démocratique : ainsi il est arrivé dans les républiques commerçantes qui ont couvert les côtes de l'Asie Mineure et de la Syrie, dans l'Ionie, la Phénicie. En un mot, quand on considère les civilisations antiques, on les trouve empreintes d'un singulier caractère d'unité dans les institutions, les idées, les mœurs ; une force unique, ou du moins très prépondérante, gouverne et décide de tout.

Ce n'est pas à dire que cette unité de principe et de forme dans la civilisation de ces États y ait toujours prévalu. Quand on remonte à leur plus ancienne histoire, on s'aperçoit que souvent les diverses forces qui peuvent se déployer au sein d'une société s'y sont disputé l'empire. Chez les Égyptiens, les Étrusques, les Grecs même, etc., la caste des guerriers, par exemple, a lutté contre celle des prêtres ; ailleurs, l'esprit de clan contre l'esprit d'association libre, le système aristocratique contre le système populaire, etc. Mais c'est à des époques anté-historiques que se sont passées, en général, de telles luttes ; il n'en est resté qu'un vague souvenir.

La lutte s'est reproduite quelquefois dans le cours de la vie des peuples ; mais, presque toujours, elle a été promptement terminée ; l'une des forces qui se disputaient l'empire l'a promptement emporté, et a pris seule possession de la société. La guerre a toujours fini par la domination, sinon exclusive, du moins très prépondérante, de quelque principe spécial. La coexistence et le combat de principes divers n'ont été, dans l'histoire de ces peuples, qu'une crise passagère, un accident.

De là est résultée, dans la plupart des civilisations antiques, une simplicité remarquable. Elle a eu des résultats très différents. Tantôt, comme dans la Grèce, la simplicité du principe social a amené un développement prodigieusement rapide ; jamais aucun peuple ne s'est déployé en aussi peu de temps avec autant d'éclat. Mais, après cet admirable élan, tout à coup la Grèce a paru épuisée ; sa décadence, si elle n'a pas été aussi rapide que son progrès, n'en a pas moins été étrangement prompte. Il semble que la force créatrice du principe de la civilisation grecque fût épuisée. Aucun autre n'est venu la réparer.

Ailleurs, dans l'Égypte et dans l'Inde, par exemple, l'unité du principe de la civilisation a eu un autre effet ; la société est tombée dans un état stationnaire. La simplicité a amené la monotonie ; le pays ne s'est pas détruit, la société a continué d'y subsister, mais immobile et comme glacée.

C'est à la même cause qu'il faut rapporter ce caractère de tyrannie qui apparaît, au nom des principes et sous les formes les plus diverses, dans toutes les civilisations anciennes. La société appartenait à une force exclusive qui n'en pouvait souffrir aucune autre. Toute tendance différente était proscrite, chassée. Jamais le principe dominant ne voulait admettre à côté de lui la manifestation et l'action d'un principe différent.

Ce caractère d'unité de la civilisation est également empreint dans la littérature, dans les ouvrages de l'esprit. Qui n'a parcouru les monuments de la littérature indienne, depuis peu répandus en Europe? Il est impossible de ne pas voir qu'ils sont tous frappés au même coin; ils semblent tous le résultat d'un même fait, l'expression d'une même idée : ouvrages de religion ou de morale, traditions historiques, poésie dramatique, épopée, partout est empreinte la même physionomie; les œuvres de l'esprit portent ce même caractère de simplicité, de monotonie qui éclate dans les événements et les institutions. En Grèce même, au milieu de toutes les richesses de l'esprit humain, une rare unité domine dans la littérature et dans les arts.

Il en a été tout autrement de la civilisation de l'Europe moderne. Sans entrer dans aucun détail, regardez-y, recueillez vos souvenirs; elle vous apparaîtra sur-le-champ variée, confuse, orageuse; toutes les formes, tous les principes d'organisation sociale y coexistent: les pouvoirs spirituel et temporel, les éléments théocratique, monarchique, aristocratique, démocratique, toutes les classes, toutes les situations sociales se mêlent, se pressent; il y a des degrés infinis dans la liberté, la richesse, l'influence. Et ces forces diverses sont entre elles dans un état de lutte continuelle, sans qu'aucune parvienne à étouffer les autres et à prendre seule possession de la société. Dans les temps anciens, à chaque grande époque, toutes les sociétés semblent jetées dans le même moule : c'est tantôt la monarchie pure, tantôt la théocratie ou la démocratie, qui prévaut ; mais chacune prévaut à son tour complétement. L'Europe moderne offre des exemples de tous les systèmes, de tous les essais d'organisation sociale ; les monarchies pures ou mixtes, les théocraties, les républiques plus ou moins aristocratiques, y ont vécu simultanément, à côté les unes des autres ; et, malgré leur diversité, elles ont toutes une certaine ressemblance, un certain air de famille qu'il est impossible de méconnaître.

« Dans les idées et les sentiments de l'Europe, même variété, même lutte. Les croyances théocratiques, monarchiques, aristocratiques, populaires, se croisent, se combattent, se limitent, se modifient. Ouvrez les plus hardis écrits du moyen âge : jamais une idée n'y est suivie jusqu'à ses dernières conséquences. Les partisans du pouvoir absolu reculent tout à coup et à leur insu devant les résultats de leur doctrine ; on sent qu'autour d'eux il y a des idées, des influences qui les arrêtent et les empêchent de pousser jusqu'au bout. Les démocrates subissent la même loi. Nulle part cette imperturbable hardiesse, cet aveuglement de la logique, qui éclatent dans les civilisations anciennes. Les sentiments offrent les mêmes contrastes, la même variété ; un goût d'indépendance très énergique, à côté d'une grande facilité de soumission ; une rare fidélité d'homme à homme, et en même temps un besoin impérieux de faire sa volonté, de secouer tout frein, de vivre seul, sans s'inquiéter d'autrui. Les âmes sont aussi diverses, aussi agitées que la société.

Le même caractère se retrouve dans les littératures modernes. On ne saurait disconvenir que, sous le point de vue de la forme et de la beauté de l'art, elles sont très inférieures à la littérature ancienne; mais, sous le point de vue du fond des sentiments, des idées, elles sont plus fortes et plus riches. On voit que l'âme humaine a été remuée sur un plus grand nombre de points, à une plus grande profondeur. L'imperfection de la forme provient de cette cause même. Plus les matériaux sont riches, nombreux, plus il est difficile de les ramener à une forme simple, pure. Ce qui fait la beauté d'une composition, de ce que, dans les œuvres de l'art, on nomme la forme, c'est la clarté, la simplicité, l'unité symbolique du travail. Avec la prodigieuse diversité des idées et des sentiments de la civilisation européenne, il a été bien plus difficile d'arriver à cette simplicité, à cette clarté.

Partout donc se retrouve ce caractère dominant de la civilisation moderne. Il a eu sans doute cet inconvénient que, lorsqu'on considère isolément tel ou tel développement particulier de l'esprit humain dans les lettres, les arts, dans toutes les directions où l'esprit humain peut marcher, on le trouve, en général, inférieur au développement correspondant dans les civilisations anciennes; mais, en revanche, quand on regarde l'ensemble, la civilisation européenne se montre incomparablement plus riche qu'aucune autre; elle a amené à la fois bien plus de développements divers. Aussi voyez : voilà quinze siècles qu'elle dure, et elle est dans un état de progression continue; elle n'a pas marché, à beaucoup près, aussi vite que la civilisation grecque, mais son progrès n'a pas cessé de croître. Elle entrevoit devant elle une immense carrière, et, de jour en jour, elle s'y élance plus rapidement, parce que la liberté accompagne de plus en plus tous ses mouvements. Tandis que, dans les autres civilisations, la domination exclusive, ou du moins la prépondérance excessive d'un seul principe, d'une seule forme, a été une cause de tyrannie, dans l'Europe moderne, la diversité des éléments de l'ordre social, l'impossibilité où ils ont été de s'exclure l'un l'autre, ont enfanté la liberté qui règne aujourd'hui. Faute de pouvoir s'exterminer, il a bien fallu que les principes divers vécussent ensemble, qu'ils fissent entre eux une sorte de transaction. Chacun a consenti à n'avoir que la part de développement qui pouvait lui revenir; et tandis qu'ailleurs la prédominance d'un principe produisait la tyrannie, en Europe la liberté est résultée de la variété des éléments de la civilisation, et de l'état de lutte dans lequel ils ont constamment vécu.

C'est là, Messieurs, une vraie, une immense supériorité; et si nous allons plus loin, si nous pénétrons au delà des faits extérieurs, dans la nature même des choses, nous reconnaîtrons que cette supériorité est légitime, et avouée par la raison aussi bien que proclamée par les faits. Oubliant un moment la civilisation européenne, portons nos regards sur le monde en général, sur le cours général des choses terrestres. Quel est son caractère? comment va le monde? Il va précisément avec cette diversité, cette variété d'éléments, en proie à cette lutte constante que nous remarquons dans la civilisation européenne. Évidemment il n'a été donné à aucun principe, à aucune organisation particulière, à aucune idée, à aucune force spéciale, de s'emparer du monde, de le modeler une fois pour toutes, d'en chasser toute autre tendance, d'y régner exclusivement. Des forces, des principes, des systèmes divers se mêlent, se limitent, luttent sans cesse, tour à tour dominants ou dominés, jamais complétement vaincus, ni vainqueurs. C'est l'état général du monde que la diversité des formes, des idées, des principes, et leurs combats, et leur effort vers une certaine unité, un certain idéal qui ne sera peut-être jamais atteint, mais auquel tend l'espèce humaine par la liberté et le travail. La civilisation européenne est donc la fidèle image du monde : comme le cours des choses de ce monde, elle n'est ni étroite, ni exclusive, ni stationnaire. Pour la première fois, je pense, le caractère de la spécialité a disparu de la civilisation; pour la première fois, elle s'est développée aussi diverse, aussi riche, aussi laborieuse que le théâtre de l'univers.

La civilisation européenne est entrée, s'il est permis de le dire, dans l'éternelle vérité, dans le plan de la Providence; elle marche selon les voies de Dieu. C'est le principe rationnel de sa supériorité.

Je désire, Messieurs, que ce caractère fondamental, distinctif, de la civilisation européenne, demeure présent à votre esprit, dans le cours de nos travaux. Je ne puis aujourd'hui que l'affirmer. Quant à la preuve, c'est le développement des faits qui doit la fournir. Ce serait déjà cependant, vous en conviendrez, une grande confirmation de mon assertion, si nous trouvions, dans le berceau même de notre civilisation, les causes et les éléments du caractère que je viens de lui attribuer; si, au moment où elle a commencé à naître, au moment de la chute de l'Empire romain, nous reconnaissions, dans l'état du monde, dans les faits qui, dès les premiers jours, ont concouru à former la civilisation européenne, le principe de cette diversité agitée, mais féconde, qui la distingue. Je vais tenter avec vous cette recherche. Je vais examiner l'état de l'Europe à la chute de l'Empire romain, et rechercher, soit dans les institutions, soit dans les croyances, les idées, les sentiments, quels étaient les éléments que le monde ancien léguait au monde moderne. Si, dans ces éléments, nous voyons déjà empreint le caractère que je viens de décrire, il aura acquis pour vous, dès aujourd'hui, un grand degré de probabilité.

Il faut d'abord se bien représenter ce qu'était l'Empire romain, et comment il s'est formé.

Rome n'était, dans son origine, qu'une municipalité, une commune. Le gouvernement romain n'a été que l'ensemble des institutions qui conviennent à une population renfermée dans l'intérieur d'une ville ; ce sont des institutions municipales : c'est là leur caractère distinctif.

Cela n'était pas particulier à Rome : quand on regarde en Italie, à cette époque, autour de Rome, on ne trouve que des villes. Ce qu'on appelait alors des peuples n'était que des confédérations de villes. Le peuple latin est une confédération des villes latines. Les Étrusques, les Samnites, les Sabins, les peuples de la grande Grèce, sont tous dans le même état.

Il n'y avait, à cette époque, point de campagnes; c'est-à-dire les campagnes ne ressemblaient nullement à ce qui existe aujourd'hui ; elles étaient cultivées, il le fallait bien ; elles n'étaient pas peuplées. Les propriétaires des campagnes étaient les habitants des villes; ils sortaient pour veiller à leurs propriétés rurales; ils y entretenaient souvent un certain nombre d'esclaves : mais ce que nous appelons aujourd'hui les campagnes, cette population éparse, tantôt dans des habitations isolées, tantôt dans des villages, et qui couvre partout le sol, était un fait presque inconnu à l'ancienne Italie.

Quand Rome s'est étendue, qu'a-t-elle fait ? Suivez son histoire, vous verrez qu'elle a conquis ou fondé des villes ; c'est contre des villes qu'elle lutte, avec des villes qu'elle contracte ; c'est dans des villes qu'elle envoie des colonies. L'histoire de la conquête du monde par Rome, c'est l'histoire de la conquête et de la fondation d'un grand nombre de cités. Dans l'Orient, l'extension de la domination romaine ne porte pas tout à fait ce caractère : la population y était autrement distribuée qu'en Occident ; soumise à un régime social différent, elle était beaucoup moins concentrée dans les villes. Mais comme il ne s'agit ici que de la population européenne, ce qui se passait en Orient nous intéresse peu.

En nous renfermant dans l'Occident, nous retrouvons partout le fait que j'ai indiqué. Dans les Gaules, en Espagne, ce sont toujours des villes que vous rencontrez ; loin des villes, le territoire est couvert de marais, de forêts. Examinez le caractère des monuments romains, des routes romaines. Vous avez de grandes routes qui aboutissent d'une ville à une autre ; cette multitude de petites routes qui aujourd'hui se croisent en tous sens sur le territoire était alors inconnue. Rien ne ressemble à cette innombrable quantité de petits monuments, de villages, de châteaux, d'églises, dispersés dans le pays depuis le moyen âge. Rome ne nous a légué que des monuments immenses, empreints du caractère municipal, destinés à une population nombreuse, agglomérée sur un même point. Sous quelque point de vue que vous considériez le monde romain, vous y trouverez cette prépondérance presque exclusive des villes, et la non-existence sociale des campagnes.

Ce caractère municipal du monde romain rendait évidemment l'unité, le lien social d'un grand État, extrêmement difficile à établir et à maintenir. Une municipalité comme Rome avait pu conquérir le monde ; il lui était beaucoup plus malaisé de le gouverner, de le constituer. Aussi, quand l'œuvre paraît consommée, quand tout l'Occident et une grande partie de l'Orient sont tombés sous la domination romaine, vous voyez cette prodigieuse quantité de cités, de petits États faits pour l'isolement et l'indépendance, se désunir, se détacher, s'échapper pour ainsi dire en tous sens. Ce fut là une des causes qui amenèrent la nécessité de l'Empire, d'une forme de gouvernement plus concentrée, plus capable de tenir unis des éléments si peu cohérents. L'Empire essaya de porter de l'unité et du lien dans cette société éparse. Il y réussit jusqu'à un certain point. Ce fut entre Auguste et Dioclétien qu'en même temps que se développait la législation civile, s'établit ce vaste système de despotisme administratif qui étendit sur le monde romain un réseau de fonctionnaires hiérarchiquement distribués, bien liés, soit entre eux, soit à la cour impériale, et uniquement appliqués à faire passer dans la société la volonté du pouvoir, dans le pouvoir, les tributs et les forces de la société.

Et non-seulement ce système réussit à rallier, à contenir ensemble les éléments du monde romain ; mais l'idée du despotisme, du pouvoir central, pénétra dans les esprits avec une facilité singulière. On est étonné de voir, dans cette collection mal unie de petites républiques, dans cette association de municipalités, prévaloir rapidement le respect de la majesté impériale unique, auguste, sacrée. Il fallait que la nécessité d'établir quelque lien entre toutes ces parties du monde romain fût bien puissante, pour que les croyances, et presque les sentiments du despotisme, trouvassent dans les esprits un si facile accès.

C'est avec ces croyances, c'est avec son organisation administrative, et le système d'organisation militaire qui y était joint, que l'Empire romain a lutté contre la dissolution qui le travaillait intérieurement, et contre l'invasion des Barbares. Il a lutté longtemps, dans un état continuel de décadence, mais se défendant toujours. Un moment est enfin arrivé où la dissolution a prévalu ; ni le savoir-faire du despotisme, ni le laisser-aller de la servitude, n'ont plus suffi pour maintenir ce grand corps. Au IV° siècle, on le voyait partout se désunir, se démembrer ; les Barbares entraient de tous côtés ; les provinces ne résistaient plus, ne s'inquiétaient plus de la destinée générale. Alors tomba dans la tête de quelques empereurs une idée singulière : ils voulurent essayer si des espérances de liberté générale, une confédération, un système analogue à ce que nous appelons aujourd'hui le gouvernement représentatif, ne défendraient pas mieux l'unité de l'Empire romain que l'administration despotique. Voici un rescrit d'Honorius et de Théodose le jeune, adressé, en l'année 418, au préfet de la Gaule, et qui n'a pas d'autre objet que de tenter d'établir, dans le midi de la Gaule, une sorte de gouvernement représentatif, et, avec son aide, de maintenir encore l'unité de l'Empire.

Honorius et Théodose, augustes, à Agricola, préfet des Gaules.

Sur le très salutaire exposé que nous a fait ta Magnificence, entre autres informations évidemment avantageuses à la république, nous décrétons, pour qu'elles aient force de loi à perpétuité, les dispositions suivantes, auxquelles devront obéir les habitants de nos sept provinces (¹), et qui sont telles qu'eux-mêmes auraient pu les

(¹) La Viennoise, la première Aquitaine, la seconde Aquitaine, la

souhaiter et les demander. Attendu que, pour des motifs d'utilité publique ou privée, non seulement de chacune des provinces, mais encore de chaque ville, se rendent fréquemment auprès de ta Magnificence les personnes en charge, ou des députés spéciaux, soit pour rendre des comptes, soit pour traiter des choses relatives à l'intérêt des propriétaires, nous avons jugé que ce serait chose opportune et grandement profitable, qu'à dater de la présente année il y eût, tous les ans, à une époque fixe, pour les habitants des sept provinces, une assemblée tenue dans la métropole, c'est-à-dire dans la ville d'Arles. Par cette institution nous avons en vue de pourvoir également aux intérêts généraux et particuliers. D'abord, par la réunion des habitants les plus notables en la présence illustre du préfet, si toutefois des motifs d'ordre public ne l'ont pas appelé ailleurs, on pourra obtenir, sur chaque sujet en délibération, les meilleurs avis possibles. Rien de ce qui aura été traité et arrêté après une mûre discussion ne pourra échapper à la connaissance d'aucune des provinces, et ceux qui n'auront point assisté à l'assemblée seront tenus de suivre les mêmes règles de justice et d'équité. De plus, en ordonnant qu'il se tienne tous les ans une assemblée dans la cité Constantine (¹), nous croyons faire une chose non-seulement avantageuse au bien public, mais encore propre à multiplier les relations sociales. En effet, la ville est si avantageusement située, les étrangers y viennent en si grand nombre, elle jouit d'un commerce si étendu, qu'on y voit arriver tout ce qui naît ou se fabrique ailleurs. Tout ce que le riche Orient, l'Arabie parfumée, la délicate Assyrie, la fertile Afrique, la belle Espagne et la Gaule courageuse produisent de renommé, abonde en ce lieu avec une telle profusion que toutes les choses admirées comme magnifiques, dans les diverses parties du monde, y semblent des produits du sol. D'ailleurs, la réunion du Rhône à la mer de Toscane rapproche et rend presque voisins les pays que le premier traverse et que la seconde baigne dans ses sinuosités. Ainsi, lorsque la terre entière met au service de cette ville tout ce qu'elle a de plus estimé, lorsque les productions particulières de toutes les contrées y sont transportées par terre, par mer, par le cours des fleuves, à l'aide des voiles, des rames et des charrois, comment notre Gaule ne verrait-elle pas un bienfait dans l'ordre que nous donnons

---

Novempopulanie, la première Narbonnaise, la seconde Narbonnaise et la province des Alpes maritimes.

(¹) Constantin le Grand aimait singulièrement la ville d'Arles : ce fut lui qui y établit le siège de la préfecture des Gaules ; il voulut aussi qu'elle portât son nom, mais l'usage prévalut contre sa volonté.

de convoquer une assemblée publique au sein de cette ville où se trouvent réunies en quelque sorte, par un don de Dieu, toutes les jouissances de la vie et toutes les facilités du commerce?

Déjà l'illustre préfet Pétronius (¹), par un dessein louable et plein de raison, avait ordonné qu'on observât cette coutume ; mais comme la pratique en a été interrompue par l'incurie des temps et le règne des usurpateurs, nous avons résolu de la remettre en vigueur par l'autorité de notre prudence. Ainsi donc, cher et bien-aimé parent Agricola, ton illustre Magnificence, se conformant à notre présente ordonnance et à la coutume établie par tes prédécesseurs, fera observer dans les provinces les dispositions suivantes :

On fera savoir à toutes les personnes honorées de fonctions publiques, ou propriétaires de domaines, et à tous les juges des provinces, qu'ils doivent se réunir en conseil, chaque année, dans la ville d'Arles, dans l'intervalle des ides d'août à celles de septembre, les jours de convocation et de session pouvant être fixés à volonté.

La Novempopulanie et la seconde Aquitaine, comme les provinces les plus éloignées, pourront, si leurs juges sont retenus par des occupations indispensables, envoyer à leur place des députés, selon la coutume.

Ceux qui auront négligé de se rendre au lieu désigné, dans le temps prescrit, paieront une amende qui sera, pour les juges, de cinq livres d'or, et de trois livres pour les membres des curies et les autres dignitaires (²).

Nous croyons, par cette mesure, accorder de grands avantages et une grande faveur aux habitants de nos provinces. Nous avons aussi la certitude d'ajouter à l'ornement de la ville d'Arles, à la fidélité de laquelle nous devons beaucoup, selon notre frère et patrice (³).

Donné le xv des calendes de mai ; reçu à Arles le x des calendes de juin.

Messieurs, les provinces, les villes refusèrent le bienfait; personne ne voulut nommer de députés, personne ne voulut aller à Arles. La centralisation, l'unité étaient contraires à la nature primitive de cette société ; l'esprit de localité,

---

(¹) Pétronius fut préfet des Gaules entre les années 402 et 408.

(²) On appelait *curiæ* les corps municipaux des villes romaines, et *curiales* les membres de ces corps, qui étaient très nombreux.

(³) Constantin, second mari de Placidie, qu'Honorius avait pris pour collègue en 421.

de municipalité, reparaissait partout ; l'impossibilité de reconstituer une société générale, une patrie générale, était évidente. Les villes se renfermèrent chacune dans ses murs, dans ses affaires, et l'Empire tomba parce que personne ne voulait être de l'Empire, parce que les citoyens ne voulaient plus être que de leur cité. Ainsi, nous retrouvons, à la chute de l'Empire romain, le même fait que nous avons reconnu dans le berceau de Rome, la prédominance du régime et de l'esprit municipal. Le monde romain est revenu à son premier état : des villes l'avaient formé ; il se dissout, des villes restent.

Le régime municipal, voilà ce qu'a légué à l'Europe moderne l'ancienne civilisation romaine ; régime très irrégulier, très affaibli, très inférieur sans doute à ce qu'il avait été dans les premiers temps ; cependant seul réel, seul constitué encore, ayant seul survécu à tous les éléments du monde romain.

Quand je dis *seul*, je me trompe. Une autre fait, une autre idée survécut également : c'est l'idée de l'Empire, le nom de l'empereur, l'idée de la majesté impériale, d'un pouvoir absolu, sacré, attaché au nom de l'empereur. Ce sont là les éléments que la civilisation romaine a transmis à la civilisation européenne : d'une part, le régime municipal, ses habitudes, ses règles, ses exemples, principe de liberté ; de l'autre, une législation civile commune, générale, et l'idée du pouvoir absolu, de la majesté sacrée, du pouvoir de l'empereur, principe d'ordre et de servitude.

Mais, Messieurs, en même temps s'était formée dans le sein de la société romaine une société bien différente, fondée sur de tout autres principes, animée d'autres sentiments, et qui devait apporter à la civilisation européenne moderne des éléments d'une bien autre nature : je veux parler de l'*Église chrétienne*. Je dis l'Église chrétienne, et non pas le christianisme. A la fin du IV⁰ et au commencement du V⁰ siècle, le christianisme n'était plus simplement une croyance individuelle, c'était une institution ; il s'était constitué : il avait son gouvernement, un clergé, une hiérarchie déterminée pour les différentes fonctions du clergé, des revenus, des moyens d'action indépendants, les points de ralliement qui peuvent convenir à une grande société, des conciles provinciaux, nationaux, généraux, l'habitude de traiter en commun les affaires de la société. En un mot, à cette époque, le christianisme n'était pas seulement une religion, c'était une Église.

S'il n'eût pas été une Église, je ne sais, Messieurs, ce qui en serait advenu au milieu de la chute de l'Empire romain. Je me renferme dans les considérations purement humaines ; je mets de côté tout élément étranger aux conséquences naturelles des faits naturels : si le christianisme n'eût été, comme dans les premiers temps, qu'une croyance, un sentiment, une conviction individuelle, on peut croire qu'il aurait succombé au milieu de la dissolution de l'Empire et de l'invasion des Barbares. Il a succombé plus tard, en Asie et dans tout le nord de l'Afrique, sous une invasion de même nature, sous l'invasion des Barbares musulmans ; il a succombé alors, quoiqu'il fût à l'état d'institution, d'Église constituée. A bien plus forte raison le même fait aurait pu arriver au moment de la chute de l'Empire romain. Il n'y avait alors aucun des moyens par lesquels aujourd'hui les influences morales s'établissent ou résistent indépendamment des institutions, aucun des moyens par lesquels une pure vérité, une pure idée acquiert un grand empire sur les esprits, gouverne les actions, détermine des événements. Rien de semblable n'existait au IV⁰ siècle, rien qui pût donner aux idées, aux sentiments personnels, une pareille autorité. Il est clair qu'il fallait une société fortement organisée, fortement gouvernée, pour lutter contre un pareil désastre, pour sortir victorieuse d'un tel ouragan. Je ne crois pas trop dire en affirmant qu'à la fin du IV⁰ et au commencement du V⁰ siècle, c'est l'Église chrétienne qui a sauvé le christianisme ; c'est l'Église avec ses institutions, ses magistrats, son pouvoir, qui s'est défendue vigoureusement contre la dissolution intérieure de l'Empire, contre la barbarie, qui a conquis les Barbares, qui est devenue le lien, le moyen, le principe de civilisation entre le monde romain et le monde barbare. C'est donc l'état de l'Église plus que celui de la religion proprement dite qu'il faut considérer au V⁰ siècle ; pour rechercher ce que le christianisme a dès lors apporté à la civilisation moderne, et quels éléments il y introduisait. Qu'était à cette époque l'Église chrétienne ?

Quand on regarde, toujours sous un point de vue purement humain, aux diverses révolutions qui se sont accomplies dans le développement du christianisme, depuis son origine jusqu'au V⁰ siècle, à le considérer uniquement comme société, je le répète, et non comme croyance religieuse, on trouve qu'il a passé par trois états essentiellement différents.

Dans les premiers temps, tout à fait dans les premiers temps, la société chrétienne se présente comme une pure association de croyances et de sentiments communs ; les premiers chrétiens se réunissent pour jouir ensemble des mêmes émotions, des mêmes convictions religieuses. On n'y trouve aucun système de doctrine arrêté, aucun ensemble de règles, de discipline, aucun corps de magistrats.

Sans doute il n'existe pas de société, quelque naissante, quelque faiblement constituée qu'elle soit, il n'en existe aucune où ne se rencontre un pouvoir moral qui l'anime et la dirige. Il y avait, dans les diverses congrégations chrétiennes, des hommes qui prêchaient, qui enseignaient, qui gouvernaient moralement la congrégation; mais aucun magistrat institué, aucune discipline reconnue; la pure association dans des croyances et des sentiments communs, c'est l'état primitif de la société chrétienne.

A mesure qu'elle avance, et très promptement, puisque la trace s'en laisse entrevoir dans les premiers monuments, on voit poindre un corps de doctrines, des règles de discipline et des magistrats : des magistrats appelés, les uns πρεσβύτεροι, ou *anciens*, qui sont devenus des prêtres; les autres ἐπίσκοποι, ou inspecteurs, surveillants, qui sont devenus des évêques; les autres διάκονοι, ou diacres, chargés du soin des pauvres et de la distribution des aumônes.

Il est à peu près impossible de déterminer quelles étaient les fonctions précises de ces divers magistrats; la ligne de démarcation était probablement très vague et flottante; mais, enfin, les institutions commençaient. Cependant un caractère domine encore dans cette seconde époque : c'est que l'empire, la prépondérance dans la société, appartient au corps des fidèles. C'est le corps des fidèles qui prévaut, quant au choix des magistrats et quant à l'adoption, soit de la discipline, soit même de la doctrine. Il ne s'est point fait encore de séparation entre le gouvernement et le peuple chrétien. Ils n'existent pas l'un à part de l'autre, l'un indépendamment de l'autre; et c'est le peuple chrétien qui exerce la principale influence dans la société.

A la troisième époque, on trouve tout autre chose. Il existe un clergé séparé du peuple, un corps de prêtres qui a ses richesses, sa juridiction, sa constitution propre, en un mot, un gouvernement tout entier, qui est en lui-même une société complète, une société pourvue de tous les moyens d'existence, indépendamment de la société à laquelle elle s'applique et sur laquelle elle étend son influence. Telle est la troisième époque de la constitution de l'Église chrétienne, et l'état dans lequel elle apparaît au commencement du v° siècle. Le gouvernement n'y est point complétement séparé du peuple; il n'y a pas de gouvernement pareil, et bien moins en matière religieuse qu'en toute autre; mais, dans les rapports du clergé et des fidèles, c'est le clergé qui domine, et domine presque sans contrôle.

Le clergé chrétien avait de plus un bien autre moyen d'influence. Les évêques et les clercs étaient devenus les premiers magistrats municipaux. Vous avez vu qu'il ne restait, à proprement parler, de l'Empire romain, que le régime municipal. Il était arrivé, par les vexations du despotisme et la ruine des villes, que les curiales, ou membres des corps municipaux, étaient tombés dans le découragement et l'apathie; les évêques, au contraire, et le corps des prêtres, pleins de vie, de zèle, s'offraient naturellement à tout surveiller, à tout diriger. On aurait tort de le leur reprocher, de les taxer d'usurpation. Ainsi le voulait le cours naturel des choses; le clergé seul était moralement fort et animé; il devint partout puissant. C'est la loi de l'univers.

Cette révolution est empreinte dans toute la législation des empereurs à cette époque. Si vous ouvrez le code Théodosien ou le code Justinien, vous y trouverez un grand nombre de dispositions qui remettent les affaires municipales au clergé et aux évêques. En voici quelques unes :

Cod. Just., l. I, tit. IV, *De episcopali audientia*, § 26. — Quant aux affaires annuelles des cités (soit qu'il s'agisse des revenus ordinaires de la cité, ou de fonds provenant des biens de la cité, ou de dons particuliers ou de legs, ou de toute autre source, soit qu'on ait à traiter des travaux publics, ou des magasins de vivres, ou des aqueducs, ou de l'entretien des bains, ou des ports, ou de la construction des murailles ou des tours, ou de la réparation des ponts et des routes, ou des procès dans lesquels la cité pourrait être engagée à l'occasion d'intérêts publics ou privés), nous ordonnons ce qui suit : Le très pieux évêque, et trois hommes de bon renom d'entre les premiers de la cité, se réuniront; ils examineront chaque année les travaux faits; ils prendront soin que ceux qui les conduisent, ou les ont conduits, les mesurent exactement, en rendent compte, et fassent voir qu'ils ont acquitté leurs engagements dans l'administration, soit des monuments publics, soit des sommes affectées aux vivres et aux bains, soit de tout ce qui se dépense pour l'entretien des routes, des aqueducs, ou de tout autre emploi.

Ibid., § 30. — A l'égard de la curatelle des jeunes gens du premier ou du second âge, et de tous ceux à qui la loi donne des curateurs, si leur fortune ne s'étend pas au delà de 500 *aurei*, nous ordonnons qu'on n'attende pas la nomination du président de la province, ce qui donnerait lieu à de grandes dépenses, surtout si ledit président ne demeurait pas dans la ville où il faudrait pourvoir à la curatelle. La nomination des curateurs ou tuteurs devra se faire alors par le magistrat de la cité... de concert avec le très pieux évêque et autres personnes revêtues de charges publiques, si la cité en possède plusieurs.

Ibid., l. I, tit. LV, *De defensoribus*, § 8. — Nous voulons que les défenseurs des cités, bien instruits des saints mystères de la foi orthodoxe, soient choisis et institués par les vénérables évêques, les clercs, les notables, les propriétaires et les curiales. Quant à leur installation, on en référera à la glorieuse puissance du préfet du prétoire, afin que leur autorité puise, dans les lettres d'admission de sa Magnificence, plus de solidité et de vigueur.

Je pourrais citer un très grand nombre d'autres lois ; vous verriez éclater partout ce fait-ci : entre le régime municipal romain et le régime municipal du moyen âge, s'est interposé le régime municipal ecclésiastique ; la prépondérance du clergé dans les affaires de la cité a succédé à celle des anciens magistrats municipaux, et précédé l'organisation des communes modernes.

Vous comprenez quels moyens prodigieux de pouvoir l'Église chrétienne puisait ainsi, soit dans sa propre constitution, dans son action sur le peuple chrétien, soit dans la part qu'elle prenait aux affaires civiles. Aussi a-t-elle puissamment concouru, dès cette époque, au caractère et au développement de la civilisation moderne. Essayons de résumer les éléments qu'elle y a dès lors introduits.

Et d'abord ce fut un immense avantage que la présence d'une influence morale, d'une force morale, d'une force qui reposait uniquement sur les convictions, les croyances et les sentiments moraux, au milieu de ce déluge de force matérielle qui vint fondre à cette époque sur la société. Si l'Église chrétienne n'avait pas existé, le monde entier aurait été livré à la pure force matérielle. L'Église seule exerçait un pouvoir moral. Elle faisait plus : elle entretenait, elle répandait l'idée d'une règle, d'une loi supérieure à toutes les lois humaines ; elle professait cette croyance fondamentale pour le salut de l'humanité, qu'il y a au-dessus de toutes les lois humaines une loi appelée, selon les temps et les mœurs, tantôt la raison, tantôt le droit divin, mais qui, toujours et partout, est la même loi sous des noms divers.

Enfin, l'Église commençait un grand fait, la séparation du pouvoir spirituel et du pouvoir temporel. Cette séparation, Messieurs, c'est la source de la liberté de conscience :

elle ne repose pas sur un autre principe que celui qui sert de fondement à la liberté de conscience la plus rigoureuse et la plus étendue. La séparation du temporel et du spirituel se fonde sur cette idée que la force matérielle n'a ni droit ni prise sur les esprits, sur la conviction, sur la vérité. Elle découle de la distinction établie entre le monde de la pensée et le monde de l'action, le monde des faits intérieurs et celui des faits extérieurs. En sorte que ce principe de la liberté de conscience pour lequel l'Europe a tant combattu, tant souffert, qui a prévalu si tard, et souvent contre le gré du clergé, ce principe était déposé, sous le nom de séparation du temporel et du spirituel, dans le berceau de la civilisation européenne ; et c'est l'Église chrétienne qui, par une nécessité de sa situation, pour se défendre alors contre la barbarie, l'y a introduit et maintenu.

La présence d'une influence morale, le maintien d'une loi divine, et la séparation du pouvoir temporel et du pouvoir spirituel, ce sont là les trois grands bienfaits qu'au V⁵ siècle l'Église chrétienne a répandus sur le monde européen.

Tout n'a pas été, même dès lors, également salutaire dans son influence. Déjà, au V⁵ siècle, paraissaient dans l'Église quelques mauvais principes qui ont joué un grand rôle dans le développement de notre civilisation. Ainsi prévalait dans son sein, à cette époque, la séparation des gouvernants et des gouvernés, la tentative de fonder l'indépendance des gouvernants à l'égard des gouvernés, d'imposer des lois aux gouvernés, de posséder leur esprit et leur vie sans la libre acceptation de leur raison et de leur volonté. L'Église tendait de plus à faire prévaloir dans la société le principe théocratique, à s'emparer du pouvoir temporel, à dominer exclusivement. Et quand elle ne réussissait pas à s'emparer de la domination, à faire prévaloir le principe théocratique, elle s'alliait avec les princes temporels, et soutenait, pour le partager, leur pouvoir absolu, aux dépens de la liberté des sujets.

Tels étaient, Messieurs, les principaux éléments de civilisation qu'au v⁰ siècle l'Europe tenait soit de l'Église, soit de l'Empire. C'est dans cet état que les Barbares ont trouvé le monde romain et sont venus en prendre possession. Pour bien connaître tous les éléments qui se sont réunis et mêlés dans le berceau de notre civilisation, il ne nous reste donc plus à étudier que les Barbares.

Quand je parle des Barbares, vous comprenez sans peine, Messieurs, qu'il ne s'agit pas ici de leur histoire, que nous n'avons point à raconter ; nous savons qu'à cette époque les conquérants de l'Empire étaient presque tous de la même race, tous Germains, sauf quelques tribus slaves, par exemple, celle des Alains. Nous savons, de plus, qu'ils étaient tous à peu près au même état de civilisation. Quelque différence pouvait bien exister entre eux, selon le plus ou le moins de contact que les différentes tribus avaient eu avec le monde romain. Ainsi, nul doute que la nation des Goths ne fût plus avancée, n'eût des mœurs un peu plus douces que celle des Francs. Mais à considérer les choses sous un point de vue général et dans leurs résultats quant à nous, cette diversité dans l'état de civilisation des peuples barbares à leur origine est de nulle importance.

C'est l'état général de la société chez les Barbares que nous avons besoin de connaître. Or il est très difficile aujourd'hui de s'en rendre compte. Nous parvenons sans trop de peine à comprendre le système municipal romain et l'Église chrétienne ; leur influence s'est perpétuée jusqu'à nos jours : nous en retrouvons les traces dans une multitude d'institutions, de faits actuels; nous avons mille moyens de les reconnaître et de les expliquer. Les mœurs, l'état social des Barbares ont péri presque complétement; nous sommes obligés de les deviner, soit d'après les plus anciens monuments historiques, soit par un effort d'imagination.

Il y a un sentiment, un fait qu'il faut avant tout bien comprendre pour se représenter avec vérité ce qu'était un Barbare : c'est le plaisir de l'indépendance individuelle, le plaisir de se jouer, avec sa force et sa liberté, au milieu des chances du monde et de la vie; les joies de l'activité sans travail; le goût d'une destinée aventureuse, pleine d'imprévu, d'inégalité, de péril. Tel était le sentiment dominant de l'état barbare, le besoin moral qui mettait ces masses d'hommes en mouvement. Aujourd'hui, dans cette société si régulière où nous sommes enfermés, il est difficile de se représenter ce sentiment avec tout l'empire qu'il exerçait sur les Barbares des IV° et V° siècles. Il y a un seul ouvrage, à mon avis, où ce caractère de la barbarie se trouve empreint dans toute son énergie : c'est l'*Histoire de la conquête de l'Angleterre par les Normands*, de M. Thierry, le seul livre où les motifs, les penchants, les impulsions qui font agir les hommes dans un état social voisin de la barbarie, soient sentis et reproduits avec une vérité vraiment homérique. Nulle part on ne voit si bien ce que c'est qu'un Barbare et la vie d'un Barbare. Quelque chose s'en retrouve aussi, quoiqu'à un degré bien inférieur, à mon avis, d'une manière bien moins simple, bien moins vraie, dans les romans de M. Cooper sur les sauvages d'Amérique. Il y a, dans la vie des sauvages d'Amérique, dans les relations et les sentiments qu'ils portent au milieu des bois, quelque chose qui rappelle jusqu'à un certain point les mœurs des anciens Germains. Sans doute ces tableaux sont un peu idéalisés, un peu poétiques ; le mauvais côté des mœurs et de la vie barbares n'y est pas présenté dans toute sa crudité. Je ne parle pas seulement des maux que ces mœurs entraînent dans l'état social, mais de l'état intérieur, individuel du Barbare lui-même. Il y avait, dans ce besoin passionné d'indépendance personnelle, quelque chose de plus grossier, de plus matériel qu'on ne le croirait d'après l'ouvrage de M. Thierry ; il y avait un degré de brutalité, d'ivresse, d'apathie, qui n'est pas toujours fidèlement reproduit dans ses récits. Cependant, lorsqu'on regarde au fond des choses, malgré cet alliage de brutalité, de matérialisme, d'égoïsme stupide, le goût de l'indépendance individuelle est un sentiment noble, moral, qui tire sa puissance de la nature morale de l'homme : c'est le plaisir de se sentir homme, le sentiment de la personnalité, de la spontanéité humaine dans son libre développement.

Messieurs, c'est par les Barbares germains que ce sentiment a été introduit dans la civilisation européenne ; il était inconnu au monde romain, inconnu à l'Église chrétienne, inconnu à presque toutes les civilisations anciennes. Quand vous trouvez, dans les civilisations anciennes, la liberté, c'est la liberté politique, la liberté du citoyen : ce n'est pas de sa liberté personnelle que l'homme est préoccupé, c'est de sa liberté comme citoyen ; il appartient à une association, il est dévoué à une association, il est prêt à se sacrifier à une association. Il en était de même dans l'Église chrétienne ; il y régnait un sentiment de grand attachement à la corporation chrétienne, de dévouement à ses lois, un vif besoin d'étendre son empire; ou bien le sentiment religieux amenait une réaction de l'homme sur lui-même, sur son âme, un travail intérieur pour dompter sa propre liberté et se soumettre à ce que voulait sa foi. Mais le sentiment de l'indépendance personnelle, le goût de la liberté se déployant à tout hasard, sans autre but presque que de se satisfaire, ce sentiment, je le répète, était inconnu à la société romaine, à la société chrétienne. C'est par les Barbares qu'il a été importé et déposé dans le berceau de la civilisation moderne. Il y a joué un si grand rôle, il y a produit de si beaux résultats, qu'il est impossible de ne pas le mettre en lumière comme un de ses éléments fondamentaux.

Il y a, Messieurs, un second fait, un second élément de civilisation que nous tenons pareillement des Barbares seuls : c'est le patronage militaire, le lien qui s'établissait entre les individus, entre les guerriers, et qui, sans détruire la liberté de chacun, sans même détruire, dans l'origine, jusqu'à un certain point, l'égalité qui existait à peu près entre eux, fondait cependant une subordination hiérarchique, et commençait cette organisation aristocratique qui est devenue plus tard la féodalité. Le trait fondamental de cette relation était l'attachement de l'homme à l'homme, la fidélité de l'individu à l'individu, sans nécessité extérieure, sans obligation fondée sur les principes généraux de la société. Vous ne verrez dans les républiques anciennes aucun homme attaché spécialement et librement à un autre homme; ils étaient tous attachés à la cité. Parmi les Barbares, c'est entre les individus que le lien social s'est formé, d'abord par la relation du chef au compagnon, quand ils vivaient à l'état de bandes parcourant l'Europe; plus tard, par la relation du suzerain au vassal. Ce second principe, qui a joué aussi un grand rôle dans l'histoire de la civilisation moderne, ce dévouement de l'homme à l'homme, c'est des Barbares qu'il nous vient, c'est de leurs mœurs qu'il a passé dans les nôtres.

Je vous le demande, Messieurs, ai-je eu tort de dire en commençant que la civilisation moderne avait été, dans son berceau même, aussi variée, aussi agitée, aussi confuse que j'ai essayé de vous la peindre dans le tableau général que je vous en ai présenté ? N'est-il pas vrai que nous venons de retrouver, à la chute de l'empire romain, presque tous les éléments qui se rencontrent dans le développement progressif de notre civilisation ? Nous y avons trouvé trois sociétés toutes différentes : la société municipale, dernier reste de l'Empire romain ; la société chrétienne, la société barbare. Nous trouvons ces sociétés très diversement organisées, fondées sur des principes tout différents, inspirant aux hommes des sentiments tout différents ; le besoin de l'indépendance la plus absolue à côté de la soumission la plus entière ; le patronage militaire à côté de la domination ecclésiastique ; le pouvoir spirituel et le pouvoir temporel partout en présence ; les canons de l'Église, la législation savante des Romains, les coutumes à peine écrites des Barbares ; partout le mélange ou plutôt la coexistence des races, des langues, des situations sociales, des mœurs, des idées, des impressions les plus diverses. C'est là, je crois, une bonne preuve de la vérité du caractère général sous lequel j'ai essayé de vous présenter notre civilisation.

Sans doute, Messieurs, cette confusion, cette diversité, cette lutte, nous ont coûté très cher ; c'est ce qui a fait la lenteur des progrès de l'Europe, les orages et les souffrances auxquels elle a été en proie. Cependant je ne crois pas qu'il faille y avoir regret. Pour les peuples comme pour les individus, la chance du développement le plus varié, le plus complet, la chance d'un progrès dans toutes les directions, et d'un progrès presque indéfini, cette chance compense à elle seule tout ce qu'il en peut coûter pour avoir le droit de la courir. A tout prendre, cet état si agité, si laborieux, si violent, a beaucoup mieux valu que la simplicité avec laquelle se présentent d'autres civilisations ; le genre humain y a plus gagné que souffert.

Je m'arrête, Messieurs. Nous connaissons maintenant, sous ses traits généraux, l'état où la chute de l'Empire romain a laissé le monde; nous connaissons les différents éléments qui s'agitent et se mêlent pour enfanter la civilisation européenne. Nous les verrons désormais marcher et agir sous nos yeux. Dans la prochaine leçon, j'essaierai de montrer ce qu'ils sont devenus et ce qu'ils ont fait dans l'époque qu'on a coutume d'appeler les temps de barbarie, c'est-à-dire tant que se prolonge le chaos de l'invasion.

TROISIÈME LEÇON.

Objet de la leçon. — Tous les divers systèmes prétendent à la légitimité. — Qu'est-ce que la légitimité politique ? — Coexistence de tous les systèmes de gouvernement au ve siècle. — Instabilité dans l'état des personnes, dans les propriétés, dans les institutions. — Il y en avait deux causes : l'une matérielle, la continuation de l'invasion ; l'autre morale, le sentiment égoïste d'individualité particulier aux Barbares. — Les principes de civilisation ont été le besoin d'ordre, les souvenirs de l'Empire romain, l'Église chrétienne, les Barbares. — Tentatives d'organisation par les Barbares, par les villes, par l'Église d'Espagne, par Charlemagne, Alfred. — L'invasion germaine et l'invasion arabe s'arrêtent. — Le régime féodal commence.

MESSIEURS,

J'ai mis sous vos yeux les éléments fondamentaux de la civilisation européenne, en les retrouvant dans son berceau même, au moment de la chute de l'Empire romain. J'ai essayé de vous faire entrevoir d'avance quelle avait été leur diversité, leur lutte constante, et qu'aucun d'eux n'avait réussi à dominer notre société, à la dominer du moins si complétement qu'il s'asservît les autres ou les expulsât. Nous avons reconnu que c'était là le caractère distinctif de la civilisation européenne. Nous abordons aujourd'hui son histoire à son début, dans les siècles qu'on est convenu d'appeler barbares.

Il est impossible, au premier regard qu'on porte sur cette époque, de ne pas être frappé d'un fait qui semble en contradiction avec ce que nous venons de dire. Dès que vous cherchez quelles notions se sont accréditées sur les antiquités de l'Europe moderne, vous vous apercevez que les éléments divers de notre civilisation, les principes monarchique, théocratique, aristocratique, démocratique, prétendent tous qu'originairement la société européenne leur appartenait, et qu'ils n'en ont perdu l'empire que par les usurpations de principes contraires. Interrogez tout ce qui a été écrit, tout ce qui a été dit à ce sujet; vous verrez que tous les systèmes par lesquels on a tenté de représenter ou d'expliquer nos origines soutiennent la prédominance exclusive de l'un ou de l'autre des éléments de la civilisation européenne.

Ainsi, il y a une école de publicistes féodaux, dont le plus célèbre est M. de Boulainvilliers, qui prétend qu'après la chute de l'Empire romain, c'était la nation conquérante, devenue ensuite la noblesse, qui possédait tous les pouvoirs, tous les droits; que la société était son domaine; que les rois et les peuples l'en ont dépouillée; que l'organisation aristocratique est la forme primitive et véritable de l'Europe moderne.

A côté de cette école, vous trouverez celle des publicistes monarchiques, l'abbé Dubos, par exemple, qui soutiennent qu'au contraire c'était à la royauté qu'appartenait la société européenne. Les rois germains avaient, disent-ils, hérité de tous les droits des empereurs romains; ils avaient même été appelés par les anciens peuples, par les Gaulois entre autres; eux seuls dominaient légitimement; toutes les conquêtes de l'aristocratie ne sont que des empiétements sur la monarchie.

Une troisième école se présente, celle des publicistes

libéraux, républicains, démocrates, comme on voudra les appeler. Consultez l'abbé de Mably : selon lui, c'était à un système d'institutions libres, à l'assemblée des hommes libres, au peuple proprement dit, qu'était dévolu, dès le ve siècle, le gouvernement de la société; nobles et rois se sont enrichis des dépouilles de la liberté primitive; elle a succombé sous leurs attaques, mais elle régnait avant eux.

Et au-dessus de toutes ces prétentions monarchiques, aristocratiques, populaires, s'élève la prétention théocratique de l'Église, qui dit qu'en vertu de sa mission même, de son titre divin, c'était à elle qu'appartenait la société, qu'elle seule avait droit de la gouverner, qu'elle seule était reine légitime du monde européen, conquis par ses travaux à la civilisation et à la vérité.

Voici donc dans quelle situation nous nous trouvons. Nous avons cru reconnaître qu'aucun des éléments de la civilisation européenne n'a exclusivement dominé dans le cours de son histoire, qu'ils ont vécu dans un état constant de voisinage, d'amalgame, de lutte, de transaction; et, dès nos premiers pas, nous rencontrons cette opinion directement contraire, que, dans notre berceau même, au sein de l'Europe barbare, c'était tel ou tel de ces éléments qui possédait seul la société. Et ce n'est pas dans un seul pays, c'est dans tous les pays de l'Europe que, sous des formes un peu diverses, à des époques différentes, les divers principes de notre civilisation ont manifesté ces inconciliables prétentions. Les écoles historiques que nous venons de caractériser se rencontrent partout.

Ce fait est important, Messieurs, non en lui-même, mais parce qu'il révèle d'autres faits qui tiennent dans notre histoire une grande place. Dans cette simultanéité des prétentions les plus opposées à la possession exclusive du pouvoir, dans le premier âge de l'Europe moderne, se révèlent deux faits considérables. Le premier, c'est le principe, l'idée de la légitimité politique ; idée qui a joué un grand rôle dans le cours de la civilisation européenne. Le second, c'est le caractère particulier, véritable, de l'état de l'Europe barbare, de cette époque dont nous avons spécialement à nous occuper aujourd'hui.

Je vais essayer de mettre ces deux faits en lumière ; de les tirer successivement de cette lutte de prétentions primitives que je viens d'exposer.

Que prétendent, Messieurs, les divers éléments de la civilisation européenne, les éléments théocratique, monarchique, aristocratique, populaire, lorsqu'ils veulent avoir été les premiers à posséder la société en Europe ? Qu'est-ce autre chose que la prétention d'être seuls légitimes ? La légitimité politique est évidemment un droit fondé sur l'ancienneté, sur la durée ; la priorité dans le temps est invoquée comme la source du droit, comme la preuve de la légitimité du pouvoir. Et remarquez, je vous prie, que cette prétention n'est point particulière à un système, à un élément de notre civilisation, qu'elle se retrouve dans tous. On s'est accoutumé, dans les temps modernes, à ne considérer l'idée de la légitimité que dans un système, le système monarchique. On a tort, elle se retrouve dans tous les systèmes. Vous voyez déjà que tous les éléments de notre civilisation ont également voulu se l'approprier. Entrez plus avant dans l'histoire de l'Europe ; vous verrez les formes sociales et les gouvernements les plus divers, également en possession de ce caractère de la légitimité. Les aristocraties et les démocraties italiennes ou suisses, la république de Saint-Marin comme les plus grandes monarchies de l'Europe, se sont dites et ont été tenues pour légitimes ; les unes, tout comme les autres, ont fondé sur l'ancienneté de leurs institutions, sur la priorité historique et la perpétuité de leur système de gouvernement, leur prétention à la légitimité.

« Si vous sortez de l'Europe moderne, si vous portez vos regards dans d'autres temps, sur d'autres pays, vous rencontrez partout cette idée de la légitimité politique ; vous la trouvez s'attachant partout à quelque portion du gouvernement, à quelque institution, à quelque forme, à quelque maxime. Aucun pays, aucun temps où il n'y ait une certaine portion du système social, des pouvoirs publics, qui ne se soit donné et à laquelle on n'ait reconnu ce caractère de la légitimité venant de l'ancienneté, de la durée.

Quel est ce principe ? quels en sont les éléments ? que veut-il dire ? comment s'est-il introduit dans la civilisation européenne ?

A l'origine de tous les pouvoirs, je dis de tous indistinctement, on rencontre la force ; non pas que je veuille dire que la force seule les a tous fondés, et que s'ils n'avaient eu, à leur origine, d'autre titre que la force, ils se seraient établis. Évidemment il en faut d'autres ; les pouvoirs se sont établis en vertu de certaines convenances sociales, de certains rapports avec l'état de la société, avec les mœurs, les opinions. Mais il est impossible de ne pas reconnaître que la force a souillé le berceau de tous les pouvoirs du monde, quelles qu'aient été leur nature et leur forme.

Eh bien ! Messieurs, cette origine-là, personne n'en veut ; tous les pouvoirs, quels qu'ils soient, la renient ; il n'y en a aucun qui veuille être né du sein de la force. Un instinct invincible avertit les gouvernements que la force ne fonde pas un droit, et que, s'ils n'avaient pour origine que la force, le droit ne pourrait jamais en sortir. Voilà pourquoi, quand on remonte aux temps anciens, quand on y trouve les divers systèmes, les divers pouvoirs en proie à la violence, tous s'écrient : « J'étais antérieur, je subsistais auparavant, je subsistais en vertu d'autres titres; la société m'appartenait avant cet état de violence et de lutte dans lequel vous me rencontrez; j'étais légitime; on m'a contesté, on m'a enlevé mes droits. »

Ce fait seul prouve, Messieurs, que l'idée de la force n'est pas le fondement de la légitimité politique, qu'elle repose sur une tout autre base. Que font, en effet, tous les systèmes, par ce désaveu formel de la force? Ils proclament eux-mêmes qu'il y a une autre légitimité, vrai fondement de toutes les autres, la légitimité de la raison, de la justice, du droit; c'est là l'origine à laquelle ils ont besoin de se rattacher. C'est parce qu'ils ne veulent pas de la force pour berceau qu'ils se prétendent investis, au nom de leur ancienneté, d'un titre différent. Le premier caractère de la légitimité politique, c'est donc de renier la force comme source du pouvoir, de le rattacher à une idée morale, à une force morale, à l'idée du droit, de la justice, de la raison. C'est là l'élément fondamental dont le principe de la légitimité politique est sorti. Ce principe en est sorti à l'aide du temps, de la durée. Voici comment.

Après que la force a présidé à la naissance de tous les gouvernements, de toutes les sociétés, le temps marche; il change les œuvres de la force, il les corrige, et les corrige par cela seul qu'une société dure, et qu'elle est composée d'hommes. L'homme porte en lui-même un certain nombre de notions d'ordre, de justice, de raison, un certain besoin de les faire prévaloir, de les introduire dans les faits au milieu desquels il vit; il y travaille sans cesse; et si l'état social où il est placé dure, son travail a un certain effet. L'homme met de la raison, de la moralité, de la légitimité dans le monde au milieu duquel il vit.

Indépendamment du travail de l'homme, par une loi de la Providence qu'il est impossible de méconnaître, loi analogue à celle qui régit le monde matériel, il y a une certaine mesure d'ordre, de raison, de justice, qui est indispensable pour qu'une société dure. Du seul fait de la durée, on peut conclure qu'une société n'est pas complétement absurde, insensée, inique; qu'elle n'est pas absolument dépourvue de cet élément de raison, de vérité, de justice, qui seul peut faire vivre les sociétés. Si de plus la société se développe, si elle devient plus forte, plus puissante, si l'état social est de jour en jour accepté par un plus grand nombre d'hommes, c'est qu'il s'y introduit, par l'action du temps, plus de raison, plus de justice, plus de droit; c'est que les faits se règlent peu à peu suivant la véritable légitimité.

Ainsi pénètre dans le monde, et du monde dans les esprits, l'idée de la légitimité politique. Elle a pour fondement, pour première origine, en une certaine mesure du moins, la légitimité morale, la justice, la raison, la vérité; et puis la sanction du temps, qui donne lieu de croire que la raison est entrée dans les faits, que la légitimité véritable s'est introduite dans le monde extérieur. A l'époque que nous allons étudier, vous trouverez la force et le mensonge planant sur le berceau de la royauté, de l'aristocratie, de la démocratie, de l'Église même; partout vous verrez la force et le mensonge se réformant peu à peu sous la main du temps, le droit et la vérité prenant place dans la civilisation. C'est cette introduction du droit et de la vérité dans l'état social qui a développé peu à peu l'idée de la légitimité politique ; c'est ainsi qu'elle s'est établie dans la civilisation moderne.

Quand donc on a essayé, à diverses époques, de faire de cette idée la bannière du pouvoir absolu, on l'a détournée de son origine véritable. Elle est si peu la bannière du pouvoir absolu, que c'est au nom du droit et de la justice qu'elle a pénétré et pris pied dans le monde. Elle n'est pas non plus exclusive ; elle n'appartient à personne en particulier, elle naît partout où se développe le droit. La légitimité politique s'attache à la liberté comme au pouvoir, aux droits individuels comme aux formes suivant lesquelles s'exercent les fonctions publiques. Nous la rencontrerons, en avançant, dans les systèmes les plus contraires, dans le système féodal, dans les communes de Flandre et d'Allemagne, dans les républiques d'Italie, comme dans la monarchie. C'est un caractère répandu sur les divers éléments de la civilisation moderne, et qu'il est nécessaire de bien comprendre en abordant son histoire.

Le second fait qui se révèle clairement dans la simultanéité des prétentions dont j'ai parlé en commençant, c'est le véritable caractère de l'époque dite barbare. Tous les éléments de la civilisation européenne prétendent qu'à cette époque ils possédaient l'Europe : donc aucun d'eux n'y dominait. Quand une forme sociale domine dans le monde, il n'est pas si difficile de la reconnaître. En arrivant au Xe siècle, nous reconnaîtrons sans hésiter la prépondérance de la féodalité ; au XVIIe, nous n'hésiterons pas à affirmer que c'est le principe monarchique qui prévaut ; si nous regardons aux communes de Flandre, aux républiques italiennes, nous déclarerons sur-le-champ l'empire du principe démocratique. Quand il y a réellement un principe dominant dans la société, il n'y a pas moyen de s'y méprendre.

Le débat qui s'élève, entre les divers systèmes qui se sont partagé la civilisation européenne, sur la question de savoir lequel y dominait à son origine, prouve donc qu'ils y coexistaient tous, sans qu'aucun prévalût assez généralement, assez sûrement pour donner à la société sa forme et son nom.

Tel est, en effet, le caractère de l'époque barbare : c'est le chaos de tous les éléments, l'enfance de tous les systèmes, un pêle-mêle universel, où la lutte même n'était ni permanente ni systématique. Je pourrais, en examinant sous toutes ses faces l'état social à cette époque, vous montrer qu'il est impossible d'y découvrir nulle part aucun fait, aucun principe un peu général, un peu établi. Je me bornerai à deux points essentiels : l'état des personnes et l'état des institutions. C'en sera assez pour peindre la société tout entière.

On rencontre à cette époque quatre classes de personnes : 1° les hommes libres, c'est-à-dire ceux qui ne dépendaient d'aucun supérieur, d'aucun patron, possédaient leurs biens et gouvernaient leur vie en toute liberté, sans aucun lien qui les obligeât envers un autre homme ; 2° les *leudes*, *fidèles*, *anstrustions*, etc., liés par la relation d'abord du compagnon au chef, puis du vassal au suzerain, à un autre homme envers qui, par suite d'une concession de terres ou d'autres dons, ils avaient contracté l'obligation d'un service ; 3° les affranchis ; 4° les esclaves.

Ces classes diverses sont-elles fixes? les hommes, une

fois casés dans leurs limites, y demeurent-ils? les relations des diverses classes sont-elles un peu régulières, permanentes? Nullement. Vous voyez sans cesse des hommes libres qui sortent de leur situation pour se mettre au service de quelqu'un, reçoivent de lui un don quelconque, et passent dans la classe des *leudes;* d'autres qui tombent dans celle des esclaves. Ailleurs, des *leudes* travaillent à se détacher de leur patron, à redevenir indépendants, à rentrer dans la classe des hommes libres. Partout un mouvement, un passage continuel d'une classe à l'autre; une incertitude, une instabilité générale dans les rapports des classes; aucun homme ne demeure dans sa situation, aucune situation ne demeure la même.

Les propriétés sont dans le même état : vous savez qu'on distinguait les propriétés allodiales, ou entièrement libres, et les propriétés bénéficiaires, ou soumises à certaines obligations envers un supérieur; vous savez comment on a tenté d'établir, dans cette dernière classe de propriétés, un système précis et arrêté : on a dit que les bénéfices avaient d'abord été donnés pour un nombre d'années déterminé, puis à vie, et qu'ils étaient enfin devenus héréditaires. Vaine tentative : toutes ces espèces de propriétés existent pêle-mêle, et simultanément; on rencontre à la même époque des bénéfices à temps, à vie, héréditaires; la même terre passe en quelques années par ces différents états. Rien n'est plus stable ni plus général dans l'état des terres que dans l'état des personnes. Partout se fait sentir la transition laborieuse de la vie errante à la vie sédentaire, des relations personnelles aux relations combinées des hommes et des propriétés, ou relations réelles : dans cette transition, tout est confus, local, désordonné.

Dans les institutions, même instabilité, même chaos. Trois systèmes d'institutions sont en présence : la royauté, les institutions aristocratiques, ou le patronage des hommes et des terres les uns sur les autres, les institutions libres, c'est-à-dire les assemblées d'hommes libres délibérant en commun. Aucun de ces systèmes n'est en possession de la société, aucun ne prévaut. Les institutions libres existent ; mais les hommes qui devraient faire partie des assemblées n'y vont guère. La juridiction seigneuriale n'est pas plus régulièrement exercée. La royauté, qui est l'institution la plus simple, la plus facile à déterminer, n'a aucun caractère fixe ; elle est mêlée d'élection et d'hérédité : tantôt le fils succède à son père ; tantôt l'élection se joue dans la famille ; tantôt c'est une élection pure et simple qui va choisir un parent éloigné, quelquefois un étranger. Vous ne trouvez à aucun système rien de fixe ; toutes les institutions, comme toutes les situations sociales, existent ensemble, et se confondent et changent continuellement.

Dans les États règne la même mobilité : on les crée, on les supprime ; on les réunit, on les divise ; point de frontières, point de gouvernements, point de peuples ; une confusion générale des situations, des principes, des faits, des races, des langues : telle est l'Europe barbare.

Dans quelles limites est renfermée cette étrange époque ? Son origine est bien marquée ; elle commence à la chute de l'Empire romain. Mais où a-t-elle fini ? Pour répondre à cette question, il faut savoir à quoi tenait cet état de la société, quelles étaient les causes de la barbarie.

J'en crois reconnaître deux principales : l'une matérielle, prise au dehors, dans le cours des événements ; l'autre morale, prise au dedans, dans l'intérieur de l'homme lui-même.

La cause matérielle, c'était la continuation de l'invasion. Il ne faut pas croire que l'invasion des Barbares se soit arrêtée au v⁰ siècle; il ne faut pas croire, parce que l'Empire romain est tombé, et qu'on trouve des royaumes barbares fondés sur ses ruines, que le mouvement des peuples barbares soit à son terme. Ce mouvement a duré longtemps après la chute de l'empire; les preuves en sont évidentes.

Voyez, sous la première race même, les rois francs continuellement appelés à faire la guerre au delà du Rhin; voyez Clotaire, Dagobert, sans cesse engagés dans des expéditions en Germanie, luttant contre les Thuringiens, les Danois, les Saxons, qui occupaient la rive droite du Rhin. Pourquoi? C'est que ces nations voulaient franchir le fleuve, et venir prendre leur part des dépouilles de l'Empire. D'où viennent, vers le même temps, ces grandes invasions en Italie des Francs établis dans la Gaule, et principalement des Francs orientaux ou d'Austrasie. Ils se jettent sur la Suisse, passent les Alpes, entrent en Italie. Pourquoi? Ils sont poussés au nord-est par des populations nouvelles; leurs expéditions ne sont pas simplement des courses de pillage; il y a nécessité; on les dérange dans leurs établissements, ils vont chercher fortune ailleurs. Une nouvelle nation germanique paraît sur la scène, et fonde en Italie le royaume des Lombards. En Gaule la dynastie franque change; les Carlovingiens succèdent aux Mérovingiens : il est reconnu maintenant que ce changement de dynastie fut, à vrai dire, une nouvelle invasion des Francs dans la Gaule, un mouvement de peuples qui substitua les Francs d'Orient à ceux d'Occident. Le changement est consommé ; c'est la seconde race qui gouverne : Charlemagne recommence contre les Saxons ce que les Mérovingiens faisaient contre les Thuringiens; il est sans cesse en guerre avec ces peuples d'outre-Rhin. Qui les précipite? Ce sont les Obotrites, les Wiltzes, les Sorabes, les Bohêmes, toute la race slave qui pèse sur la race germaine, et du VIe au IXe siècle, la contraint à s'avancer vers l'Occident. Partout au nord-est le mouvement d'invasion continue et détermine les événements.

Au midi, un mouvement de même nature se déclare : les Arabes musulmans paraissent; tandis que les peuples germaniques et slaves se pressent le long du Rhin et du Danube, les Arabes, sur toutes les côtes de la Méditerranée, commencent leurs courses et leurs conquêtes.

L'invasion des Arabes a un caractère particulier. L'esprit de conquête et l'esprit de prosélytisme y sont réunis. L'invasion est faite pour conquérir du territoire et pour répandre une foi. La différence est grande entre ce mouvement et celui des Germains. Dans le monde chrétien la force spirituelle et la force temporelle sont distinctes. Le besoin de propager une croyance n'est pas dans les mêmes hommes que le désir de la conquête. Les Germains, en se convertissant, avaient conservé leurs mœurs, leurs sentiments, leurs goûts; les intérêts et les passions terrestres continuaient de les dominer; ils étaient devenus chrétiens, mais non missionnaires. Les Arabes, au contraire, étaient conquérants et missionnaires; la force de la parole et celle de l'épée étaient chez eux dans les mêmes mains. Plus tard ce caractère a déterminé le tour fâcheux de la civilisation musulmane; c'est dans l'unité des pouvoirs temporel et spirituel, dans la confusion de l'autorité morale et de la force matérielle, que la tyrannie, qui paraît inhérente à cette civilisation, a pris naissance. Telle est, je crois, la principale cause de l'état stationnaire où elle est partout tombée. Mais cela n'a point paru au premier moment ; de là est résultée, au contraire, pour l'invasion arabe, une force prodigieuse. Faite avec des idées et des passions morales, elle a eu sur-le-champ un éclat, une grandeur qui avaient manqué à l'invasion germaine ; elle s'est déployée avec plus d'énergie et d'enthousiasme ; elle a frappé bien autrement l'esprit des hommes.

Telle était, Messieurs, du Ve au IXe siècle, la situation de l'Europe : pressée au midi par les mahométans, au nord par les Germains et les Slaves, il était impossible que la réaction de cette double invasion ne tînt pas dans un désordre continuel l'intérieur du territoire européen. Les populations étaient sans cesse déplacées, refoulées les unes sur les autres ; rien de fixé ne pouvait s'établir ; la vie errante recommençait sans cesse partout. Il y avait sans doute quelque différence à cet égard entre les différents États : le chaos était plus grand en Allemagne que dans le reste de l'Europe : c'était le foyer du mouvement ; la France était plus agitée que l'Italie. Mais nulle part la société ne pouvait s'asseoir ni se régler ; la barbarie se prolongeait partout, et par la même cause qui l'avait fait commencer.

Voilà pour la cause matérielle, celle qui se prend dans le cours des événements : j'en viens à la cause morale, prise dans l'état intérieur de l'homme, et qui n'était pas moins puissante.

Après tout, Messieurs, quels que soient les événements extérieurs, c'est l'homme lui-même qui fait le monde ; c'est en raison des idées, des sentiments, des dispositions morales et intellectuelles de l'homme, que le monde se règle et marche ; c'est de l'état intérieur de l'homme que dépend l'état visible de la société.

Que faut-il pour que les hommes puissent fonder une société un peu durable, un peu régulière ? Il faut évidemment qu'ils aient un certain nombre d'idées assez étendues pour convenir à cette société, pour s'appliquer à ses besoins, à ses rapports. Il faut, de plus, que ces idées soient communes à la plupart des membres de la société ; enfin, qu'elles exercent quelque empire sur leurs volontés et leurs actions.

Il est clair que si les hommes n'ont pas des idées qui s'étendent au delà de leur propre existence, si leur horizon intellectuel est borné à eux-mêmes, s'ils sont livrés au vent de leurs passions, de leurs volontés, s'ils n'ont pas entre eux un certain nombre de notions et de sentiments communs autour desquels ils se rallient ; il est clair, dis-je, qu'il n'y aura entre eux point de société possible, que chaque individu sera, dans l'association où il entrera, un principe de trouble et de dissolution.

Partout où l'individualité domine presque absolument, où l'homme ne considère que lui-même, où ses idées ne s'étendent pas au delà de lui-même, où il n'obéit qu'à sa propre passion, la société (j'entends une société un peu étendue et permanente) lui devient à peu près impossible. Or tel était, à l'époque qui nous occupe, l'état moral des conquérants de l'Europe. J'ai fait remarquer, dans la dernière séance, que nous devions aux Germains le sentiment énergique de la liberté individuelle, de l'individualité humaine. Or, dans un état d'extrême grossièreté et d'ignorance, ce sentiment, c'est l'égoïsme dans toute sa brutalité, dans toute son insociabilité. Du Ve au VIIIe siècle, il en était à ce point parmi les Germains. Chacun d'eux ne s'inquiétait que de son propre intérêt, de sa propre passion, de sa propre volonté : comment se seraient-ils accommodés à un état vraiment social? On essayait de les y faire entrer, ils l'essayaient eux-mêmes. Ils en sortaient aussitôt par un acte d'imprévoyance, par un éclat de passion, par un défaut d'intelligence. On voit à chaque instant la société tenter de se former ; à chaque instant on la voit rompue par le fait de l'homme, par l'absence des conditions morales dont elle a besoin pour subsister.

Telles étaient, Messieurs, les deux causes déterminantes de l'état de barbarie. Tant qu'elles se sont prolongées, la barbarie a duré. Cherchons comment et quand elles sont enfin venues à cesser.

L'Europe travaillait à sortir de cet état. Il est dans la nature de l'homme, même quand il y est plongé par sa propre faute, de ne pas vouloir y rester. Quelque grossier, quelque ignorant, quelque adonné qu'il soit à son propre intérêt, à sa propre passion, il y a en lui une voix, un instinct qui lui dit qu'il est fait pour autre chose, qu'il a une autre puissance, une autre destinée. Au milieu de son désordre, le goût de l'ordre et du progrès le poursuit et le vient tourmenter. Des besoins de justice, de prévoyance, de développement, l'agitent jusque sous le joug du plus brutal égoïsme. Il se sent poussé à réformer le monde matériel, et la société, et lui-même ; il y travaille même sans se rendre compte du besoin qui l'y pousse. Les Barbares aspiraient à la civilisation, tout en en étant incapables; que dis-je! tout en la détestant dès que sa loi se faisait sentir.

Il restait, de plus, d'assez grands débris de la civilisation romaine. Le nom de l'Empire, le souvenir de cette grande et glorieuse société, agitait la mémoire des hommes, des sénateurs de villes surtout, des évêques, des prêtres, de tous ceux qui avaient leur origine dans le monde romain.

Parmi les Barbares eux-mêmes, ou leurs ancêtres barbares, beaucoup avaient été témoins de la grandeur de l'Empire; ils avaient servi dans ses armées, ils l'avaient conquis. L'image, le nom de la civilisation romaine leur imposait; ils éprouvaient le besoin de l'imiter, de la reproduire, d'en conserver quelque chose. Nouvelle cause qui les devait pousser hors de l'état de barbarie que je viens de décrire.

Il y en avait une troisième, qui est présente à tous les esprits; je veux dire l'Église chrétienne. L'Église était une société régulièrement constituée, ayant ses principes, ses règles, sa discipline, et qui éprouvait un ardent besoin d'étendre son influence, de conquérir ses conquérants. Parmi les chrétiens de cette époque, Messieurs, dans le clergé chrétien, il y avait des hommes qui avaient pensé à tout, à toutes les questions morales, politiques; qui avaient sur toutes choses des opinions arrêtées, des sentiments énergiques, et un vif désir de les propager, de les faire régner. Jamais société n'a fait, pour agir autour d'elle et s'assimiler le monde extérieur, de tels efforts que l'Église chrétienne du Ve au Xe siècle. Quand nous étudierons en particulier son histoire, nous verrons tout ce qu'elle a tenté. Elle a en quelque sorte attaqué la barbarie par tous les bouts, pour la civiliser en la dominant.

Enfin, une quatrième cause de civilisation, cause qu'il est impossible d'apprécier, mais qui n'en est pas moins réelle, c'est l'apparition des grands hommes. Dire pourquoi un grand homme vient à une certaine époque, et ce qu'il met du sien dans le développement du monde, nul ne le peut, c'est là le secret de la Providence; mais le fait n'en est pas moins certain. Il y a des hommes que le spectacle de l'anarchie ou de l'immobilité sociale frappe et révolte, qui en sont choqués intellectuellement comme d'un fait qui ne doit pas être, et sont invinciblement possédés du besoin de changer ce fait, du besoin de mettre quelque règle, quelque chose de général, de régulier, de permanent, dans le monde soumis à leurs regards. Puissance terrible, souvent tyrannique, et qui commet mille iniquités, mille erreurs, car la faiblesse humaine l'accompagne; puissance glorieuse pourtant et salutaire, car elle imprime à l'humanité, et de la main de l'homme, une forte secousse, un grand mouvement.

Ces diverses causes, Messieurs, ces forces diverses amenèrent, du Ve au IXe siècle, diverses tentatives pour tirer la société européenne de la barbarie.

La première, et, quoiqu'elle ait été de peu d'effet, il est impossible de ne pas la remarquer, car elle émane des Barbares eux-mêmes, c'est la rédaction des lois barbares : du VIe au VIIIe siècle, les lois de presque tous les peuples barbares furent écrites. Elles ne l'étaient pas auparavant; c'étaient de pures coutumes qui régissaient les Barbares avant qu'ils fussent venus s'établir sur les ruines de l'Empire romain. On compte les lois des Bourguignons, des Francs-Saliens, des Francs-Ripuaires, des Visigoths, des Lombards, des Saxons, des Frisons, des Bavarois, des Allemands, etc. C'était là évidemment un commencement de civilisation, une tentative pour faire passer la société sous l'empire de principes généraux et réguliers. Son succès ne pouvait être grand : on écrivait les lois d'une société qui n'existait plus, les lois de l'état social des Barbares avant leur établissement sur le territoire romain, avant qu'ils eussent échangé la vie errante contre la vie sédentaire, la condition de guerriers nomades contre celle de propriétaires. On trouve bien çà et là quelques articles sur les terres que les Barbares ont conquises, sur leurs rapports avec les anciens habitants du pays; ils ont bien tenté de régler quelques uns des faits nouveaux où ils étaient mêlés; mais le fond de la plupart de ces lois, c'est l'ancienne vie, l'ancienne situation germaine; elles sont inapplicables à la société nouvelle, et n'ont tenu que peu de place dans son développement.

En Italie et dans le midi de la Gaule, commençait dès lors une tentative d'une autre nature. Là, la société romaine avait moins péri qu'ailleurs; il restait dans les cités un peu plus d'ordre et de vie. La civilisation essaya de s'y relever. Quand on regarde, par exemple, au royaume des Ostrogoths en Italie, sous Théodoric, on voit, même sous cette domination d'un roi et d'une nation barbares, le régime municipal reprendre pour ainsi dire haleine, et influer sur le cours général des événements. La société romaine avait agi sur les Goths, et se les était jusqu'à un certain point assimilés. Le même fait se laisse entrevoir dans le midi de la Gaule. C'est au commencement du vi° siècle qu'un roi visigoth de Toulouse, Alaric, fait recueillir les lois romaines, et, sous le nom de *Breviarium Aniani*, publie un code pour ses sujets romains.

En Espagne, c'est une autre force, celle de l'Église, qui essaie de recommencer la civilisation. Au lieu des anciennes assemblées germaines, des *mâls* de guerriers, l'assemblée qui prévaut en Espagne, c'est le concile de Tolède; et dans le concile, quoique les laïques considérables s'y rendent, ce sont les évêques qui dominent. Ouvrez la loi des Visigoths; ce n'est pas une loi barbare; évidemment celle-ci est rédigée par les philosophes du temps, par le clergé. Elle abonde en idées générales, en théories, et en théories pleinement étrangères aux mœurs barbares. Ainsi, vous savez que la législation des Barbares était une législation personnelle; c'est-à-dire que la même loi ne s'appliquait qu'aux hommes de même race. La loi romaine gouvernait les Romains, la loi franque gouvernait les Francs; chaque peuple avait sa loi, quoiqu'ils fussent réunis sous le même gouvernement et habitassent le même territoire. C'est là ce qu'on appelle le système de la législation personnelle, par opposition au système de la législation réelle fondée sur le territoire. Eh bien! la législation des Visigoths n'est point personnelle, elle est fondée sur le territoire. Tous les habitants de l'Espagne, Romains ou Visigoths, sont soumis à la même loi. Continuez votre lecture ; vous rencontrerez des traces de philosophie encore plus évidentes. Chez les Barbares, les hommes avaient, selon leur situation, une valeur déterminée; le Barbare, le Romain, l'homme libre, le leude, etc., n'étaient pas estimés au même prix ; il y avait un tarif de leurs vies. Le principe de l'égale valeur des hommes devant la loi est établi dans la loi des Visigoths. Regardez au système de procédure ; au lieu du serment des *compurgatores*, ou du combat judiciaire, vous trouverez la preuve par témoins, l'examen rationnel du fait tel qu'il peut se faire dans une société civilisée. En un mot, la loi visigothe tout entière porte un caractère savant, systématique, social. On y sent l'ouvrage de ce même clergé qui prévalait dans les conciles de Tolède, et influait si puissamment sur le gouvernement du pays. En Espagne, et jusqu'à la grande invasion des Arabes, ce fut donc le principe théocratique qui tenta de relever la civilisation.

En France, la même tentative fut l'œuvre d'une autre force ; elle vint des grands hommes, surtout de Charlemagne. Examinez son règne sous ces divers aspects ; vous verrez que son idée dominante a été le dessein de civiliser ses peuples. Prenons d'abord ses guerres ; il est continuellement en campagne, du midi au nord-est, de l'Èbre à l'Elbe ou au Weser. Croyez-vous que ce soient là des expéditions arbitraires, un pur désir de conquêtes ? Nullement : je ne dis pas qu'il se rende un compte bien systématique de ce qu'il fait, qu'il y ait dans ses plans beaucoup de diplomatie ni de stratégie ; mais c'est à une grande nécessité, au désir de réprimer la barbarie, qu'il obéit ; il est occupé tout le temps de son règne à arrêter la double invasion, l'invasion musulmane au midi, l'invasion germaine et slave au nord. C'est là le caractère militaire du règne de Charlemagne ; ses expéditions contre les Saxons, je l'ai déjà dit, n'ont pas une autre cause, un autre dessein.

Des guerres, si vous passez à son gouvernement intérieur, vous y reconnaîtrez un fait de même nature, la tentative d'introduire de l'ordre, de l'unité dans l'administration de tous les pays qu'il possède. Je ne voudrais pas me servir du mot *royaume* ni du mot *état ;* expressions trop régulières, et qui réveillent des idées peu en accord avec la société à laquelle présidait Charlemagne. Ce qui est certain, c'est que, maître d'un immense territoire, il s'indignait d'y voir toutes choses incohérentes, anarchiques, grossières, et voulait changer ce hideux état. Il y travaillait d'abord par ses *missi dominici*, qu'il envoyait dans les diverses parties du territoire pour observer les faits et les réformer, ou lui en rendre compte ; ensuite par les assemblées générales, qu'il tenait avec beaucoup plus de régularité que ses prédécesseurs ; assemblées où il faisait venir presque tous les hommes considérables du territoire. Ce n'étaient pas des assemblées de liberté ; il n'y avait rien qui ressemblât à la délibération que nous connaissons. C'était pour Charlemagne une manière d'être bien informé des faits, et de porter quelque règle, quelque unité dans ces populations désordonnées.

Sous quelque point de vue que vous considériez le règne de Charlemagne, vous y trouverez toujours le même caractère, la lutte contre l'état barbare, l'esprit de civilisation ; c'est là ce qui éclate dans son empressement à instituer des écoles, son goût pour les savants, sa faveur pour l'influence ecclésiastique, tout ce qui lui paraissait propre à agir soit sur la société entière, soit sur l'homme individuel.

Une tentative de même nature fut faite un peu plus tard en Angleterre, par le roi Alfred.

Ainsi, du v° au ix° siècle, ont été en action, sur tel ou tel point de l'Europe, les différentes causes que j'ai indiquées comme tendant à mettre un terme à la barbarie.

Aucune n'a réussi. Charlemagne n'a pu fonder son grand empire et le système de gouvernement qu'il voulait y faire prévaloir. En Espagne, l'Église n'a pas réussi davantage à fonder le principe théocratique. En Italie et dans le midi des Gaules, quoique la civilisation romaine ait plusieurs fois tenté de se relever, c'est plus tard seulement, vers la fin du x° siècle, qu'elle a vraiment repris quelque vigueur. Jusque-là, tous les essais pour mettre fin à la barbarie ont échoué ; ils supposaient les hommes plus avancés qu'ils n'étaient réellement; ils voulaient tous, sous des formes diverses, une société plus étendue ou plus régulière que ne le comportaient la distribution des forces et l'état des esprits. Cependant ils ne furent point perdus : au commencement du xe siècle, il n'était plus question ni du grand empire de Charlemagne, ni des glorieux conciles de Tolède; mais la barbarie n'en touchait pas moins à son terme; deux grands résultats étaient obtenus.

1° Le mouvement d'invasion des peuples, au nord et au midi, était arrêté : à la suite du démembrement de l'empire de Charlemagne, des États fondés sur la rive droite du Rhin opposaient, aux peuplades qui arrivaient encore sur l'Occident, une forte barrière. Les Normands en sont une preuve incontestable ; jusqu'à cette époque, si l'on en excepte les tribus qui se sont jetées sur l'Angleterre, le mouvement des invasions maritimes n'avait pas été très considérable. C'est dans le cours du ixe siècle qu'il devient constant et général. C'est que les invasions par terre sont devenues très difficiles ; la société a acquis, de ce côté, des frontières plus fixes et plus sûres. La portion de population errante qui ne peut être refoulée en arrière est contrainte de se détourner, et de porter sur mer sa vie errante. Quelque mal qu'aient fait à l'Occident les expéditions normandes, elles étaient bien moins fatales que les invasions par terre ; elles troublaient bien moins généralement la société naissante.

Au midi, le même fait se déclare. Les Arabes se cantonnent en Espagne; la lutte continue entre eux et les chrétiens; mais elle n'entraîne plus le déplacement des peuples. Des bandes sarrasines infestent encore de temps en temps les côtes de la Méditerranée; mais le grand progrès de l'islamisme a évidemment cessé.

2° On voit alors dans l'intérieur du territoire européen la vie errante cesser à son tour ; les populations s'établissent, les propriétés se fixent, les rapports des hommes ne varient plus de jour en jour, au gré de la force et du hasard. L'état intérieur et moral de l'homme lui-même commence à changer ; ses idées, ses sentiments acquièrent quelque fixité, comme sa vie; il s'attache aux lieux qu'il habite, aux relations qu'il y contracte, à ces domaines qu'il commence à se promettre de laisser à ses enfants, à cette habitation qu'il appellera un jour son château, à ce misérable rassemblement de colons et d'esclaves qui deviendra un jour un village. Partout se forment de petites sociétés, de petits États taillés, pour ainsi dire, à la mesure des idées et de la sagesse des hommes. Entre ces sociétés s'introduit peu à peu le lien dont les mœurs barbares contiennent le principe, le lien d'une confédération qui ne détruit point l'indépendance individuelle. D'une part, chaque homme considérable s'établit dans ses domaines, seul avec sa famille et ses serviteurs ; de l'autre, une certaine hiérarchie de services et de droits se règle entre tous ces propriétaires guerriers épars sur le territoire. Qu'est-ce donc là, Messieurs ? C'est le régime féodal qui surgit définitivement du sein de la barbarie. Des divers éléments de notre civilisation, il était naturel que l'élément germanique prévalût le premier ; à lui était la force, il avait conquis l'Europe ; c'était de lui qu'elle devait recevoir sa première forme, sa première organisation sociale. C'est ce qui arriva. La féodalité, son caractère, le rôle qu'elle a joué dans l'histoire de la civilisation européenne, tel sera donc l'objet de notre prochaine leçon ; et, dans le sein du régime féodal victorieux, nous rencontrerons à chaque pas les autres éléments de notre société, la royauté, l'Église, les communes; et nous pressentirons sans peine qu'ils ne sont point destinés à succomber sous cette forme féodale à laquelle ils s'assimilent, en luttant contre elle, et en attendant que l'heure de la victoire vienne pour eux à leur tour.

QUATRIÈME LEÇON.

Objet de la leçon. — Alliance nécessaire des faits et des doctrines. — Prépondérance des campagnes sur les villes. — Organisation d'une petite société féodale. — Influence de la féodalité sur le caractère du possesseur de fief, et sur l'esprit de famille. — Haine du peuple pour le régime féodal. — Le prêtre pouvait peu pour les serfs. — Impossibilité d'organiser régulièrement la féodalité. — 1° Point d'autorité forte ; 2° point de pouvoir public ; 3° difficulté du système fédératif. — L'idée du droit de résistance inhérente à la féodalité. — Influence de la féodalité, bonne pour le développement de l'individu, mauvaise pour l'ordre social.

MESSIEURS,

Nous avons étudié l'état de l'Europe après la chute de l'Empire romain, dans la première époque de l'histoire moderne, dans l'époque barbare. Nous avons reconnu qu'à la fin de cette époque, au commencement du Xe siècle, le premier principe, le premier système qui se développa et prit possession de la société européenne, ce fut le système féodal ; que du sein de la barbarie naquit d'abord la féodalité. C'est donc le régime féodal qui doit être aujourd'hui l'objet de notre étude.

Je ne crois pas avoir besoin de vous rappeler que ce n'est pas l'histoire des événements proprement dits que nous considérons. Je n'ai point à vous raconter les destinées de la féodalité. Ce qui nous occupe, c'est l'histoire de la civilisation ; c'est là le fait général, caché, que nous cherchons sous tous les faits extérieurs qui l'enveloppent.

Ainsi les événements, les crises sociales, les divers états par lesquels a passé la société, ne nous intéressent que dans leurs rapports avec le développement de la civilisation ; nous avons à leur demander en quoi ils l'ont combattue ou servie, ce qu'ils lui ont donné, ce qu'ils lui ont refusé. C'est uniquement sous ce point de vue que nous considérerons le régime féodal.

Nous avons, en commençant ce cours, déterminé ce que c'était que la civilisation ; nous avons tenté d'en reconnaître les éléments ; nous avons vu qu'elle consistait, d'une part, dans le développement de l'homme lui-même, de l'individu, de l'humanité ; de l'autre, dans celui de sa condition visible, de la société. Toutes les fois que nous nous trouvons en présence d'un événement, d'un système, d'un état général du monde, nous avons donc cette double question à lui adresser : Qu'a-t-il fait pour ou contre le développement de l'homme, pour ou contre le développement de la société ?

Vous comprenez d'avance, Messieurs, que, dans cette recherche, il est impossible que nous ne rencontrions pas sur notre chemin les plus grandes questions de la philosophie morale. Quand nous voudrons savoir en quoi un événement, un système, a contribué au développement de l'homme et de la société, il faudra bien que nous sachions quel est le vrai développement de la société et de l'homme, quels développements seraient trompeurs, illégitimes, pervertiraient au lieu d'améliorer, entraîneraient un mouvement rétrograde au lieu d'un progrès.

Nous ne chercherons point à éluder, Messieurs, cette

nécessité de notre travail. Non-seulement nous ne réussirions qu'à mutiler, à abaisser nos idées et les faits, mais l'état actuel du monde nous impose la loi d'accepter franchement cette inévitable alliance de la philosophie et de l'histoire. Elle est précisément l'un des caractères, peut-être le caractère essentiel de notre époque. Nous sommes appelés à considérer, à faire marcher ensemble la science et la réalité, la théorie et la pratique, le droit et le fait. Jusqu'à notre temps, ces deux puissances ont vécu séparées ; le monde a été accoutumé à voir la science et la pratique suivre des routes diverses, sans se connaître, sans se rencontrer du moins. Et quand les doctrines, quand les idées générales ont voulu entrer dans les événements, agir sur le monde, elles n'y sont parvenues que sous la forme et par le bras du fanatisme. L'empire des sociétés humaines, la direction de leurs affaires, ont été jusqu'ici partagés entre deux sortes d'influences : d'une part, les croyants, les hommes à idées générales, à principes, les fanatiques; de l'autre, les hommes étrangers à tout principe rationnel, qui se gouvernent uniquement en raison des circonstances, les praticiens, les libertins, comme les appelait le XVII⁰ siècle. C'est là, Messieurs, l'état qui cesse aujourd'hui; ni les fanatiques, ni les libertins ne sauraient plus dominer. Pour gouverner, pour prévaloir parmi les hommes, il faut maintenant connaître, comprendre et les idées générales et les circonstances; il faut savoir tenir compte des principes et des faits, respecter la vérité et la nécessité, se préserver de l'aveugle orgueil des fanatiques, et du dédain non moins aveugle des libertins. Là nous a conduits le développement de l'esprit humain et de l'état social : d'une part, l'esprit humain, élevé et affranchi, comprend mieux l'ensemble des choses, sait porter de tous côtés ses regards, et faire entrer dans ses combinaisons tout ce qui est; d'autre part, la société s'est perfectionnée à ce point qu'elle peut être mise en regard de la vérité, que les faits peuvent être rapprochés des principes, et, malgré leur immense imperfection, ne pas inspirer, par cette comparaison, un découragement ou un dégoût invincible. J'obéirai donc à la tendance naturelle, à la convenance, à la nécessité de notre temps, en passant sans cesse de l'examen des circonstances à celui des idées, d'une exposition de faits à une question de doctrines. Peut-être même y a-t-il, dans la disposition actuelle et momentanée des esprits, une raison de plus en faveur de cette méthode. Depuis quelque temps se manifeste parmi nous un goût déclaré, je dirai même une sorte de prédilection, pour les faits, pour le point de vue pratique, pour le côté positif des choses humaines. Nous avons été tellement en proie au despotisme des idées générales, des théories, il nous en a, à quelques égards, coûté si cher, qu'elles sont devenues l'objet d'une certaine méfiance. On aime mieux se reporter aux faits, aux circonstances spéciales, aux applications. Ne nous en plaignons pas, Messieurs; c'est un progrès nouveau, c'est un grand pas dans la connaissance et vers l'empire de la vérité; pourvu toutefois que nous ne nous laissions pas envahir, entraîner par cette disposition; pourvu que nous n'oubliions pas que la vérité seule a droit de régner sur le monde; que les faits n'ont de mérite qu'autant qu'ils l'expriment et qu'ils tendent à s'y assimiler de plus en plus; que toute vraie grandeur vient de la pensée; que toute fécondité lui appartient. La civilisation de notre patrie, Messieurs, a ce caractère particulier, qu'elle n'a jamais manqué de grandeur intellectuelle; elle a toujours été riche en idées ; la puissance de l'esprit humain a été grande dans la société française, plus grande peut-être que partout ailleurs. Il ne faut pas que nous perdions ce beau privilége ; il ne faut pas que nous tombions dans cet état un peu subalterne, un peu matériel, qui caractérise d'autres sociétés. Il faut que l'intelligence, les doctrines, tiennent aujourd'hui en France au moins la place qu'elles y ont occupée jusqu'à présent.

Nous n'éviterons donc nullement les questions générales et philosophiques ; nous n'irons pas les chercher, mais quand les faits nous y amèneront, nous les aborderons sans hésitation, sans embarras. L'occasion s'en présentera plus d'une fois, en considérant le régime féodal dans ses rapports avec l'histoire de la civilisation européenne.

Une bonne preuve, Messieurs, qu'au Xe siècle le régime féodal était nécessaire, et le seul état social possible, c'est l'universalité de son établissement. Partout où cessa la barbarie, tout prit la forme féodale. Au premier moment, les hommes n'y virent que le triomphe du chaos. Toute unité, toute civilisation générale disparaissait ; on voyait de tous côtés la société se démembrer ; on voyait s'élever une multitude de petites sociétés obscures, isolées, incohérentes. Cela parut aux contemporains la dissolution de toutes choses, l'anarchie universelle. Consultez soit les poëtes du temps, soit les chroniqueurs ; ils se croient tous à la fin du monde. C'était cependant une société nouvelle et réelle qui commençait, la société féodale, si nécessaire, si inévitable, si bien la seule conséquence possible de l'état antérieur, que tout y entra, tout adopta sa forme. Les éléments même les plus étrangers à ce système, l'Église, les communes, la royauté, furent contraints de s'y accommoder ; les églises devinrent suzeraines et vassales, les villes eurent des seigneurs et des vassaux, la royauté se cacha sous la suzeraineté. Toutes choses furent données en fief; non seulement les terres, mais certains droits, le droit de coupe dans les forêts, le droit de pêche : les églises donnèrent en fief leur casuel, les revenus des baptêmes, des relevailles des femmes en couche. On donna en fief de l'eau, de l'argent. De même que tous les éléments généraux de la société entraient dans le cadre féodal, de même les moindres détails, les moindres faits de la vie commune devenaient matière de féodalité.

En voyant la forme féodale prendre ainsi possession de toutes choses, on est tenté de croire au premier moment que le principe essentiel, vital, de la féodalité, prévaut aussi partout. Ce serait, Messieurs, une grande erreur. Tout en empruntant la forme féodale, les institutions, les éléments de la société qui n'étaient pas analogues au régime féodal ne renonçaient pas à leur nature, à leur principe propre. L'Église féodale ne cessa pas d'être animée, gouvernée au fond par le principe théocratique ; et pour le faire prévaloir, elle essayait sans cesse, de concert, tantôt avec le pouvoir royal, tantôt avec le pape, tantôt avec le peuple, de détruire le régime dont elle portait pour ainsi dire la livrée. Il en fut de même de la royauté et des communes : dans l'une, le principe monarchique, dans les autres, le principe démocratique, continuèrent au fond de dominer. Malgré leur accoutrement féodal, ces éléments divers de la société européenne travaillaient constamment à se délivrer d'une forme étrangère à leur vraie nature, et à prendre celle qui correspondait à leur principe propre et vital.

Après avoir constaté l'universalité de la forme féodale, il

faut donc se bien garder d'en conclure l'universalité du principe féodal, et d'étudier indifféremment la féodalité partout où l'on en rencontre la physionomie. Pour bien connaître et comprendre ce régime, pour démêler et juger ses effets quant à la civilisation moderne, il faut le chercher là où le principe et la forme sont en harmonie; il faut l'étudier dans la hiérarchie des possesseurs laïques de fiefs, dans l'association des conquérants du territoire européen. Là réside vraiment la société féodale; c'est là que nous allons entrer.

Je parlais tout à l'heure de l'importance des questions morales, et de la nécessité de n'en éluder aucune. Il y a un autre ordre de considérations tout opposé à celui-là, et qu'on a en général trop négligé: je veux parler de la condition matérielle de la société, des changements matériels introduits dans la manière d'être et de vivre des hommes, par un fait nouveau, par une révolution, par un nouvel état social. On n'en a pas toujours assez tenu compte; on ne s'est pas assez demandé quelles modifications ces grandes crises du monde apportaient dans l'existence matérielle des hommes, dans le côté matériel de leurs relations. Ces modifications ont, sur l'ensemble de la société, plus d'influence qu'on ne le croit. Qui ne sait combien on a étudié la question de l'influence des climats, et toute l'importance qu'y a attachée Montesquieu? Si l'on considère l'influence directe du climat sur les hommes, peut-être n'est-elle pas aussi étendue qu'on l'a supposé; elle est du moins d'une appréciation vague et difficile. Mais l'influence indirecte du climat, ce qui résulte, par exemple, de ce fait que, dans un pays chaud, les hommes vivent en plein air, tandis que, dans les pays froids, ils s'enferment dans l'intérieur des

8.

habitations, qu'ils se nourrissent ici d'une manière, là d'une autre, ce sont là des faits d'une extrême importance, et qui, par le simple changement de la vie matérielle, agissent puissamment sur la civilisation. Toute grande révolution amène dans l'état social des modifications de ce genre, et dont il faut tenir grand compte.

L'établissement du régime féodal en produisit une dont la gravité ne saurait être méconnue; il changea la distribution de la population sur la face du territoire. Jusque-là les maîtres du territoire, la population souveraine, vivaient réunis en masses d'hommes plus ou moins nombreuses, soit sédentaires dans l'intérieur des villes, soit errant par bandes dans le pays. Par la féodalité, ces mêmes hommes vécurent isolés, chacun dans son habitation, à de grandes distances les uns des autres. Vous entrevoyez à l'instant quelle influence ce changement dut exercer sur le caractère et le cours de la civilisation. La prépondérance sociale, le gouvernement de la société passa tout à coup des villes aux campagnes; la propriété privée dut prendre le pas sur la propriété publique, la vie privée sur la vie publique. Tel fut le premier effet, un effet purement matériel, du triomphe de la société féodale. Plus nous y pénétrerons, plus les conséquences de ce seul fait se dévoileront à nos yeux.

Examinons cette société en elle-même, et voyons quel rôle elle a dû jouer dans l'histoire de la civilisation. Prenons d'abord la féodalité dans son élément le plus simple, dans son élément primitif, fondamental; considérons un seul possesseur de fief dans son domaine; voyons ce que sera, ce que doit faire, de tous ceux qui la composent, la petite société qui se forme autour de lui.

Il s'établit dans un lieu isolé, élevé, qu'il prend soin de

rendre sûr, fort; il y construit ce qu'il appellera son château. Avec qui s'y établit-il? Avec sa femme, ses enfants; peut-être quelques hommes libres, qui ne sont pas devenus propriétaires, se sont attachés à sa personne, et continuent à vivre avec lui, à sa table. C'est là ce qui habite dans l'intérieur du château. Tout autour, au pied, se groupe une petite population de colons, de serfs, qui cultivent les domaines du possesseur du fief. Au milieu de cette population inférieure, la religion vient planter une église; elle y amène un prêtre. D'ordinaire, dans les premiers temps du régime féodal, ce prêtre est à la fois le chapelain du château et le curé du village; un jour les deux caractères se sépareront : le village aura son curé qui y habitera, à côté de son église. Voilà la société féodale élémentaire, la molécule féodale, pour ainsi dire. C'est cet élément que nous avons d'abord à examiner; nous lui ferons la double question qu'il faut adresser à tous les faits : Qu'en a-t-il dû résulter pour le développement : 1° de l'homme même, 2° de la société?

Nous avons bien le droit d'adresser, à la petite société que je viens de décrire, cette double question, et d'ajouter foi à ses réponses, car elle est le type, l'image fidèle de la société féodale dans son ensemble. Le seigneur, le peuple de ses domaines, et le prêtre, telle est, en grand comme en petit, la féodalité, quand on en a séparé la royauté et les villes, éléments distincts et étrangers.

Le premier fait qui me frappe en considérant cette petite société, c'est la prodigieuse importance que doit prendre le possesseur du fief à ses propres yeux et aux yeux de ceux qui l'entourent. Le sentiment de la personnalité, de la liberté individuelle, était le sentiment dominant dans la vie barbare. Il s'agit ici de tout autre chose : ce n'est plus seulement la liberté de l'homme, du guerrier, c'est l'importance du propriétaire, du chef de famille, du maître. De cette situation doit naître une impression de supériorité immense : supériorité toute particulière, et bien différente de ce qui se rencontre dans le cours des autres civilisations. J'en vais donner la preuve. Je prends dans le monde ancien une grande situation aristocratique, un patricien romain, par exemple : comme le seigneur féodal, le patricien romain était chef de famille, maître, supérieur. Il était de plus magistrat religieux, pontife dans l'intérieur de sa famille. Or l'importance du magistrat religieux lui vient du dehors ; ce n'est pas une importance purement personnelle, individuelle ; il la reçoit d'en haut ; il est le délégué de la Divinité, l'interprète des croyances religieuses qui s'y rattachent. Le patricien romain était en outre membre d'une corporation qui vivait réunie dans un même lieu, membre du sénat ; encore une importance qui lui venait du dehors, de sa corporation, une importance reçue, empruntée. La grandeur des aristocrates anciens, associée à un caractère religieux et politique, appartenait à la situation, à la corporation en général, plutôt qu'à l'individu. Celle du possesseur de fief est purement individuelle ; il ne tient rien de personne ; tous ses droits, tout son pouvoir lui viennent de lui seul. Il n'est point magistrat religieux, il ne fait point partie d'un sénat : c'est dans sa personne que toute son importance réside ; tout ce qu'il est, il l'est par lui-même, en son propre nom. Quelle influence ne doit pas exercer une telle situation sur celui qui l'occupe! Quelle fierté individuelle, quel prodigieux orgueil, tranchons le mot, quelle insolence doit naître dans son âme ! Au-dessus de lui, point de supérieur dont il soit le représentant et l'interprète ; auprès de lui, point d'égaux ; nulle loi puissante et commune qui pèse sur lui, nul empire extérieur qui ait action sur sa volonté ; il ne connaît de frein que les limites de sa force et la présence du danger. Tel est, sur le caractère de l'homme, le résultat moral de la situation.

Je passe à une seconde conséquence, grave aussi, et trop peu remarquée, le tour particulier de l'esprit de famille féodal.

Jetons un coup d'œil sur les divers systèmes de famille ; prenons d'abord la famille patriarcale, dont la Bible et les monuments orientaux offrent le modèle. Elle est très nombreuse : c'est la tribu. Le chef, le patriarche, y vit en commun avec ses enfants, ses proches, les diverses générations qui se sont réunies autour de lui, toute sa parenté, ses serviteurs ; et non seulement il vit avec eux tous, mais il a les mêmes intérêts, les mêmes occupations ; il mène la même vie. N'est-ce pas là la situation d'Abraham, des patriarches, des chefs de tribus arabes, qui reproduisent encore l'image de la vie patriarcale ?

Un autre système de famille se présente, le *clan*, petite société dont il faut chercher le type en Écosse, en Irlande, et par laquelle probablement une grande portion du monde européen a passé. Ceci n'est plus la famille patriarcale. Il y a une grande diversité de situation entre le chef et le reste de la population ; ils ne mènent point la même vie ; la plupart cultivent et servent ; le chef est oisif et guerrier. Mais leur origine est commune ; ils portent tous le même nom ; des rapports de parenté, d'anciennes traditions, les mêmes souvenirs, des affections pareilles établissent entre tous les membres du clan un lien moral, une sorte d'égalité.

Voilà les deux principaux types de la société de famille que présente l'histoire. Est-ce là, je vous le demande, la famille féodale? Évidemment non. Il semble, au premier moment, qu'elle ait quelque rapport avec le clan; mais la différence est bien plus grande. La population qui entoure le possesseur de fief lui est parfaitement étrangère; elle ne porte pas son nom; il n'y a, entre elle et lui, point de parenté, point de lien historique ni moral. Ce n'est pas non plus la famille patriarcale. Le possesseur de fief ne mène pas la même vie, ne se livre point aux mêmes travaux que ceux qui l'entourent; il est oisif et guerrier, tandis que les autres sont laboureurs. La famille féodale n'est pas nombreuse; ce n'est point la tribu; elle se réduit à la famille proprement dite, à la femme, aux enfants; elle vit séparée du reste de la population, dans l'intérieur du château. Les colons, les serfs, n'en font point partie; l'origine est diverse, l'inégalité de condition prodigieuse. Cinq ou six individus, dans une situation à la fois supérieure et étrangère, voilà la famille féodale. Elle doit évidemment revêtir un caractère particulier. Elle est étroite, concentrée, sans cesse appelée à se défendre, à se méfier, à s'isoler du moins, même de ses serviteurs. La vie intérieure, les mœurs domestiques y prendront, à coup sûr, une grande prépondérance. Je sais que la brutalité des passions, l'habitude du chef de passer son temps à la guerre ou à la chasse, apporteront au développement des mœurs domestiques un assez grand obstacle. Mais cet obstacle sera vaincu; il faudra bien que le chef revienne habituellement chez lui; il y retrouvera toujours sa femme, ses enfants, et eux presque seuls; seuls, ils seront sa société permanente; seuls, ils partageront toujours ses intérêts, sa destinée. Il est impossible que l'existence domestique n'acquière pas un grand empire. Les preuves abondent. N'est-ce pas dans le sein de la famille féodale que l'importance des femmes s'est enfin développée ?. Dans toutes les sociétés anciennes ; je ne parle pas de celles où l'esprit de famille n'existait pas, mais dans celles-là même où il était puissant, dans la vie patriarcale, par exemple, les femmes ne tenaient pas à beaucoup près la place qu'elles ont acquise en Europe sous le régime féodal. C'est au développement, à la prépondérance nécessaire des mœurs domestiques dans la féodalité, qu'elles ont dû surtout ce changement, ce progrès de leur situation. On en a voulu chercher la cause dans les mœurs particulières des anciens Germains, dans un respect national qu'au milieu des forêts ils portaient, a-t-on dit, aux femmes. Sur une phrase de Tacite, le patriotisme germanique a élevé je ne sais quelle supériorité, quelle pureté primitive et ineffaçable des mœurs germaines dans les rapports des deux sexes. Pures chimères ! Des phrases pareilles à celles de Tacite, des sentiments, des usages analogues à ceux des anciens Germains, se rencontrent dans les récits d'une foule d'observateurs des peuples sauvages ou barbares. Il n'y a rien là de primitif, rien de propre à une certaine race. C'est dans les effets d'une situation sociale fortement déterminée, c'est dans les progrès, dans la prépondérance des mœurs domestiques que l'importance des femmes en Europe a pris sa source ; et la prépondérance des mœurs domestiques est devenue, de très bonne heure, un caractère essentiel du régime féodal.

Un second fait, nouvelle preuve de l'empire de l'existence domestique, caractérise également la famille féodale : c'est l'esprit d'hérédité, de perpétuité qui y domine évidemment. L'esprit d'hérédité est inhérent à l'esprit de famille; mais il n'a pris nulle part un aussi grand développement que dans la féodalité. Cela tient à la nature de la propriété à laquelle la famille était incorporée. Le fief n'était pas une propriété comme une autre; il avait constamment besoin d'un possesseur qui le défendît, qui le servît, qui s'acquittât des obligations inhérentes au domaine, et le maintînt ainsi à son rang dans l'association générale des maîtres du pays. De là une sorte d'identification entre le possesseur actuel du fief et le fief même, et toute la série de ses possesseurs futurs.

Cette circonstance a beaucoup contribué à fortifier, à resserrer les liens de famille, déjà si puissants par la nature de la famille féodale.

Je sors maintenant de la demeure seigneuriale; je descends au milieu de cette petite population qui l'entoure. Ici toutes choses ont un autre aspect. La nature de l'homme est si bonne, si féconde que, lorsqu'une situation sociale dure quelque temps, il s'établit inévitablement entre ceux qu'elle rapproche, et quelles que soient les conditions du rapprochement, un certain lien moral, des sentiments de protection, de bienveillance, d'affection. Ainsi il est arrivé dans la féodalité. Nul doute qu'au bout d'un certain temps ne se soient formées, entre les colons et le possesseur de fief, quelques relations morales, quelques habitudes affectueuses. Mais cela est arrivé en dépit de leur situation réciproque, et nullement par son influence. Considérée en elle-même, la situation était radicalement vicieuse. Rien de moralement commun entre le possesseur du fief et les colons; ils font partie de son domaine, ils sont sa propriété; et sous ce mot de propriété sont compris tous les droits que nous appelons aujourd'hui droits de souveraineté publique, aussi bien que les droits de propriété privée, le droit de donner des lois, de taxer, de punir, comme celui de disposer et de vendre. Il n'y a, entre le seigneur et les cultivateurs de ses domaines, autant du moins que cela peut se dire toutes les fois que des hommes sont en présence, point de droits, point de garanties, point de société.

De là, je crois, cette haine vraiment prodigieuse, invincible, que le peuple a portée de tout temps au régime féodal, à ses souvenirs, à son nom. Il n'est pas sans exemple que les hommes aient subi de pesants despotismes et s'y soient accoutumés, bien plus, qu'ils les aient acceptés. Le despotisme théocratique, le despotisme monarchique ont plus d'une fois obtenu l'aveu, presque l'affection de la population qui les subissait. Le despotisme féodal a toujours été repoussé, odieux; il a pesé sur les destinées sans jamais régner sur les âmes. C'est que, dans la théocratie, dans la monarchie, le pouvoir s'exerce en vertu de certaines croyances communes au maître et aux sujets; il est le représentant, le ministre d'un autre pouvoir, supérieur à tous les pouvoirs humains; il parle et agit au nom de la Divinité ou d'une idée générale, point au nom de l'homme lui-même, de l'homme seul. Le despotisme féodal est tout autre; c'est le pouvoir de l'individu sur l'individu, la domination de la volonté personnelle et capricieuse d'un homme. C'est là peut-être la seule tyrannie qu'à son éternel honneur l'homme ne veuille jamais accepter. Partout où, dans un maître, il ne voit qu'un homme, dès que la volonté qui pèse sur lui n'est qu'une volonté humaine, individuelle comme la sienne, il s'indigne, et ne supporte le joug qu'avec courroux. Tel était le véritable caractère, le caractère distinctif du pouvoir féodal; et telle est aussi l'origine morale de l'antipathie qu'il n'a cessé d'inspirer.

L'élément religieux qui s'y associait était peu propre à en adoucir le poids. Je ne crois pas que l'influence du prêtre, dans la petite société que je viens de décrire, fût grande, ni qu'il réussît beaucoup à légitimer les rapports de la population inférieure avec le seigneur. L'Église a exercé sur la civilisation européenne une très grande action, mais en procédant d'une manière générale, en changeant les dispositions générales des hommes. Quand on entre de près dans la petite société féodale proprement dite, l'influence du prêtre, entre le seigneur et les colons, est presque nulle. Le plus souvent il était lui-même grossier et subalterne comme un serf, et très peu en état ou en disposition de lutter contre l'arrogance du seigneur. Sans doute, appelé seul à entretenir, à développer dans la population inférieure quelque vie morale, il lui était cher et utile à ce titre ; il y répandait quelque consolation et quelque lumière ; mais il pouvait et faisait, je crois, très peu de chose pour sa destinée.

J'ai examiné la société féodale élémentaire ; j'ai mis sous vos yeux les principales conséquences qui en devaient découler, soit pour le possesseur du fief lui-même, soit pour sa famille, soit pour la population agglomérée autour de lui. Sortons à présent de cette étroite enceinte. La population du fief n'est pas seule sur le territoire ; il y a d'autres sociétés, analogues ou différentes, avec lesquelles elle est en relation. Que devient-elle alors ? Quelle influence doit exercer sur la civilisation cette société générale à laquelle elle appartient ?

Une courte observation avant de répondre. Il est vrai,

le possesseur de fief et le prêtre appartenaient l'un et l'autre à une société générale ; ils avaient au loin de nombreuses et fréquentes relations. Il n'en était pas de même des colons, des serfs ; toutes les fois que, pour désigner la population des campagnes, à cette époque, on se sert d'un mot général et qui semble impliquer une seule et même société, du mot *peuple* par exemple, on parle sans vérité. Il n'y avait pour cette population point de société générale ; son existence était purement locale. Hors du territoire qu'ils habitaient, les colons n'avaient affaire à personne, ne tenaient à personne et à rien. Il n'y avait pour eux point de destinée commune, point de patrie commune ; ils ne formaient point un peuple. Quand on parle de l'association féodale dans son ensemble, c'est des seuls possesseurs de fiefs qu'il s'agit.

Voyons quels étaient les rapports de la petite société féodale avec la société générale dans laquelle elle était engagée, et quelles conséquences ces rapports ont dû amener dans le développement de la civilisation.

Vous savez tous, Messieurs, quels liens unissaient entre eux les possesseurs de fiefs, quelles relations étaient attachées à leurs propriétés, quelles étaient les obligations de service d'une part, de protection de l'autre. Je n'entrerai pas dans le détail de ces obligations, il me suffit que vous en ayez une idée générale. De là devaient nécessairement découler, dans l'âme de chaque possesseur de fief, un certain nombre d'idées et de sentiments moraux, des idées de devoir, des sentiments d'affection. Que le principe de la fidélité, du dévouement, de la loyauté aux engagements, et tous les sentiments qui s'y peuvent joindre, aient été développés, entretenus par les relations des possesseurs de fiefs entre eux, le fait est évident.

Ces obligations, ces devoirs, ces sentiments ont tenté de se convertir en droits et en institutions. Il n'y a personne qui ne sache que la féodalité a voulu régler légalement quels étaient les services que le possesseur de fief devait à son suzerain ; quels services réciproques il en pouvait attendre ; dans quels cas le vassal devait à son suzerain une aide militaire ou une aide d'argent ; dans quelles formes le suzerain devait obtenir le consentement de ses vassaux, pour les services auxquels ils n'étaient pas tenus envers lui par la seule possession de leurs fiefs. On essaya de mettre tous ces droits sous la garantie d'institutions qui avaient pour but d'en assurer le respect. Ainsi, les juridictions seigneuriales étaient destinées à rendre la justice entre les possesseurs de fiefs, sur les réclamations portées devant leur suzerain commun. Ainsi tout seigneur un peu considérable réunissait ses vassaux en parlement, pour traiter avec eux des affaires qui exigeaient leur consentement ou leur concours. Il y avait, en un mot, un ensemble de moyens politiques, judiciaires, militaires, par lesquels on tentait d'organiser le régime féodal, de convertir les relations des possesseurs de fiefs en droits et en institutions.

Mais à ces droits, à ces institutions, nulle réalité, nulle garantie.

Quand on se demande ce que c'est qu'une garantie, une garantie politique, on est amené à reconnaître que son caractère fondamental, c'est la présence constante, au milieu de la société, d'une volonté, d'une force en disposition et en état d'imposer une loi aux volontés et aux forces particulières, de leur faire observer la règle commune, respecter le droit général.

Il n'y a que deux systèmes possibles de garanties politiques : il faut ou une volonté, une force particulière tellement supérieure à toutes les autres, qu'aucune ne puisse lui résister, et qu'elles soient toutes obligées de se soumettre dès qu'elle intervient ; ou une force, une volonté publique, qui soit le résultat du concours, du développement des volontés particulières, et se trouve également en état, quand une fois elle est sortie de leur sein, de s'imposer à tous, de se faire respecter de tous.

Tels sont les deux seuls systèmes de garanties politiques possibles : le despotisme d'un seul ou d'un corps, ou le gouvernement libre. Quand on passe les systèmes en revue, on trouve qu'ils rentrent tous dans l'un ou l'autre de ceux-là.

Eh bien! Messieurs, ni l'un ni l'autre n'existait, ne pouvait exister dans le régime féodal.

Sans doute, les possesseurs de fiefs n'étaient pas tous égaux entre eux ; il y en avait de beaucoup plus puissants, et beaucoup d'assez puissants pour opprimer les plus faibles. Il n'y en avait aucun, à commencer par le premier des suzerains, par le roi, qui fût en état d'imposer la loi à tous les autres, en état de se faire obéir. Remarquez que tous les moyens permanents de pouvoir et d'action manquaient : point de troupes permanentes, point d'impôts permanents, point de tribunaux permanents. Les forces, les institutions sociales étaient, en quelque sorte, obligées de recommencer, de se créer chaque fois qu'on en avait besoin. Il fallait créer des tribunaux pour chaque procès, créer une armée quand on avait une guerre à faire, se créer

9.

un revenu au moment où l'on avait besoin d'argent; tout était occasionnel, accidentel, spécial; il n'y avait aucun moyen de gouvernement central, permanent, indépendant. Il est clair que, dans un tel système, aucun individu n'était en mesure d'imposer aux autres sa volonté, de faire respecter de tous le droit général.

D'un autre côté, la résistance était aussi facile que la répression était difficile. Enfermé dans son habitation, ayant affaire à un petit nombre d'ennemis, trouvant facilement, chez les vassaux de même situation que lui, des moyens de coalition, des secours, le possesseur de fief se défendait très aisément.

Voilà donc le premier système des garanties politiques, le système qui place ces garanties dans l'intervention du plus fort, le voilà démontré impossible sous le régime féodal.

L'autre système, celui du gouvernement libre, d'un pouvoir public, d'une force publique, était également impraticable; il n'a jamais pu naître au sein de la féodalité. La cause en est simple. Quand nous parlons aujourd'hui d'un pouvoir public, de ce que nous appelons les droits de la souveraineté, le droit de donner des lois, de taxer, de punir, nous savons, nous pensons tous que ces droits n'appartiennent à personne, que personne n'a, pour son propre compte, le droit de punir les autres, de leur imposer une charge, une loi. Ce sont là des droits qui n'appartiennent qu'à la société en masse, qui sont exercés en son nom, qu'elle ne tient pas d'elle-même, qu'elle reçoit de plus haut. Ainsi, quand un individu arrive devant la force investie de ces droits; le sentiment qui domine en lui, peut-être à son insu, c'est qu'il est en présence d'un pouvoir public, légitime, qui a mission pour lui commander, et il est en quelque sorte soumis d'avance et intérieurement. Il en était tout autrement sous la féodalité. Le possesseur de fief, dans son domaine, sur les hommes qui l'habitaient, était investi de tous les droits de la souveraineté; ils étaient inhérents au domaine, matière de propriété privée. Ce que nous appelons aujourd'hui les droits publics, c'étaient des droits privés; ce que nous appelons des pouvoirs publics, c'étaient des pouvoirs privés. Quand un possesseur de fief, après avoir exercé la souveraineté en son nom, comme propriétaire, sur toute la population au milieu de laquelle il vivait, se rendait à une assemblée, à un parlement tenu auprès de son suzerain, parlement peu nombreux, en général, et composé de ses pareils ou à peu près, il n'apportait pas là, il n'en remportait pas l'idée d'un pouvoir public. Cette idée était en contradiction avec toute son existence, avec tout ce qu'il avait fait dans l'intérieur de ses domaines. Il ne voyait là que des hommes investis des mêmes droits que lui, dans la même situation que lui, agissant comme lui au nom de leur volonté personnelle. Rien ne le portait, ne le forçait à reconnaître, dans la portion la plus élevée du gouvernement, dans les institutions que nous appelons publiques, ce caractère de supériorité, de généralité, inhérent à l'idée que nous nous formons des pouvoirs politiques. Et s'il était mécontent de la décision, il refusait d'y concourir, ou en appelait à la force pour y résister.

La force, telle était, sous le régime féodal, la garantie véritable et habituelle du droit, si l'on peut appeler la force une garantie. Tous les droits recouraient sans cesse à la force pour se faire reconnaître ou respecter. Nulle institution n'y réussissait. On le sentait si bien qu'on ne s'adressait guère aux institutions. Si les cours seigneuriales et les parlements de vassaux avaient été en état d'agir, on les rencontrerait bien plus actifs, bien plus fréquents que ne les montre l'histoire ; leur rareté prouve leur nullité.

Il ne faut pas s'en étonner ; il y en a une raison plus décisive et plus profonde que celles que je viens d'indiquer.

De tous les systèmes de gouvernement et de garantie politique, à coup sûr le plus difficile à établir, à faire prévaloir, c'est le système fédératif ; ce système qui consiste à laisser dans chaque localité, dans chaque société particulière, toute la portion de gouvernement qui peut y rester, et à ne lui enlever que la portion indispensable au maintien de la société générale, pour la porter au centre de cette même société, et l'y constituer sous la forme de gouvernement central. Le système fédératif, logiquement le plus simple, est en fait le plus complexe : pour concilier le degré d'indépendance, de liberté locale qu'il laisse subsister, avec le degré d'ordre général, de soumission générale qu'il exige et suppose dans certains cas, il faut évidemment une civilisation très avancée ; il faut que la volonté de l'homme, la liberté individuelle concoure à l'établissement et au maintien du système, bien plus que dans aucun autre ; car les moyens coercitifs y sont bien moindres que partout ailleurs.

Le système fédératif est donc celui qui exige évidemment le plus grand développement de raison, de moralité, de civilisation, dans la société à laquelle il s'applique. Eh bien ! c'était cependant ce système que le régime féodal essayait d'établir ; la féodalité générale était une véritable fédération. Elle reposait sur les mêmes principes qui fondent aujourd'hui, par exemple, la fédération des États-Unis d'Amérique. Elle prétendait laisser, entre les mains de chaque seigneur, toute la portion de gouvernement, de souveraineté qui pouvait y rester, et ne porter au suzerain, ou à l'assemblée générale des barons, que la moindre portion possible de pouvoir, et uniquement dans les cas où cela était absolument nécessaire. Vous comprenez l'impossibilité d'établir un système pareil au milieu de l'ignorance, des passions brutales, en un mot, de l'état moral si imparfait de l'homme sous la féodalité. La nature même du gouvernement était en contradiction avec les idées et les mœurs des hommes mêmes auxquels on voulait l'appliquer. Qui s'étonnerait du mauvais succès de ces tentatives d'organisation?

Nous avons considéré la société féodale d'abord dans son élément le plus simple, dans son élément fondamental, puis dans son ensemble. Nous avons cherché, sous ces deux points de vue, ce qu'elle avait fait, ce qu'elle avait dû faire, ce qui avait découlé de sa nature quant à son influence sur le cours de la civilisation. Nous sommes, je crois, conduits à ce double résultat :

1° La féodalité a dû exercer une assez grande influence, et, à tout prendre, une influence salutaire sur le développement intérieur de l'individu : elle a suscité dans les âmes des idées, des sentiments énergiques, des besoins moraux, de beaux développements de caractère, de passion.

2° Sous le point de vue social, elle n'a pu fonder ni ordre légal, ni garanties politiques; elle était indispensable pour recommencer en Europe la société, tellement dissoute par la barbarie qu'elle n'était pas capable d'une forme plus régulière ni plus étendue; mais la forme féodale, radicalement mauvaise en soi, ne pouvait ni se régulariser, ni s'étendre. Le seul droit politique que le régime féodal ait su faire valoir dans la société européenne, c'est le droit de résistance : je ne dis pas de la résistance légale; il ne pouvait être question de résistance légale dans une société si peu avancée. Le progrès de la société est précisément de substituer, d'une part, les pouvoirs publics aux volontés particulières ; de l'autre, la résistance légale à la résistance individuelle. C'est là le grand but, le principal perfectionnement de l'ordre social; on laisse à la liberté personnelle une grande latitude ; puis, quand la liberté personnelle vient à faillir, quand il faut lui demander compte d'elle-même, on s'adresse uniquement à la raison publique ; on appelle la raison publique à vider le procès qu'on fait à la liberté de l'individu. Tel est le système de l'ordre légal et de la résistance légale. Vous comprenez sans peine que, sous la féodalité, il n'y avait lieu à rien de semblable. Le droit de résistance qu'a soutenu et pratiqué le régime féodal, c'est le droit de résistance personnelle : droit terrible, insociable, puisqu'il en appelle à la force, à la guerre, ce qui est la destruction de la société même ; droit qui, cependant, ne doit jamais être aboli au fond du cœur des hommes, car sa complète abolition, c'est l'acceptation de la servitude. Le sentiment du droit de résistance avait péri dans l'opprobre de la société romaine, et ne pouvait renaître de ses débris; il ne sortait pas non plus naturellement, à mon avis, des principes de la société chrétienne. La féodalité l'a fait rentrer dans les mœurs de l'Europe. C'est l'honneur de la civilisation de le rendre à jamais inactif et inutile ; c'est l'honneur du régime féodal de l'avoir constamment professé et défendu.

Tel est, Messieurs, si je ne m'abuse, le résultat de l'examen de la société féodale considérée en elle-même, dans ses éléments généraux, et indépendamment du développement historique. Si nous passons aux faits, à l'histoire, nous verrons qu'il est arrivé ce qui devait arriver, que le régime féodal a fait ce qu'il devait faire, que sa destinée a été conforme à sa nature. Les événements peuvent être apportés en preuve de toutes les conjectures, de toutes les inductions que je viens de tirer de la nature même de ce régime.

Jetons un coup d'œil sur l'histoire générale de la féodalité du Xe au XIIIe siècle : il est impossible de méconnaître qu'elle a exercé sur le développement individuel de l'homme, sur le développement des sentiments, des caractères, des idées, une grande et salutaire influence. On ne peut ouvrir l'histoire de ce temps sans rencontrer une foule de sentiments nobles, de grandes actions, de beaux développements de l'humanité, nés évidemment du sein des mœurs féodales. La chevalerie ne ressemble guère, en fait, à la féodalité; cependant elle en est la fille : c'est de la féodalité qu'est sorti cet idéal des sentiments élevés, généreux, fidèles. Il dépose en faveur de son berceau.

Portez d'un autre côté votre vue : les premiers élans de l'imagination européenne, les premiers essais de poésie, de littérature, les premiers plaisirs intellectuels que l'Europe ait goûtés au sortir de la barbarie, c'est à l'abri, sous les ailes de la féodalité, c'est dans l'intérieur des châteaux que vous les voyez naître. Pour ce genre de développement de l'humanité, il faut du mouvement dans l'âme, dans la vie, du loisir, mille conditions qui ne pouvaient se rencontrer dans l'existence pénible, triste, grossière, dure, du commun peuple. En France, en Angleterre, en Allemagne, c'est aux temps féodaux que se rattachent les premiers souvenirs littéraires, les premières jouissances intellectuelles de l'Europe.

En revanche, si nous consultons l'histoire sur l'influence sociale de la féodalité, elle nous répondra, toujours d'accord avec nos conjectures, que partout le régime féodal a été opposé tant à l'établissement de l'ordre général qu'à l'extension de la liberté générale. Sous quelque point de vue que vous considériez le progrès de la société, vous rencontrez le régime féodal comme obstacle. Aussi, dès que la société féodale existe, les deux forces qui ont été les grands mobiles du développement de l'ordre et de la liberté, d'une part le pouvoir monarchique, de l'autre le pouvoir populaire, la royauté et le peuple, l'attaquent et luttent sans relâche contre elle. Quelques tentatives ont été faites à diverses époques pour la régulariser, pour en faire un état un peu légal, un peu général : en Angleterre, par Guillaume le Conquérant et ses fils, en France par saint Louis, en Allemagne par plusieurs des empereurs. Tous les essais, tous les efforts ont échoué. La nature même de la société féodale repoussait l'ordre et la légalité. Dans les siècles modernes, quelques hommes d'esprit ont tenté de réhabiliter la féodalité comme système social ; ils ont voulu y voir un état légal, réglé, progressif ; ils s'en sont fait un âge d'or. Demandez-leur où ils le placent ; sommez-les de lui assigner un lieu, un temps ; ils n'y réussiront point ; c'est une utopie sans date, c'est un drame pour lequel on ne trouve, dans le passé, ni théâtre ni acteurs. La cause de l'erreur est facile à découvrir ; et elle explique également la méprise de ceux qui ne peuvent prononcer le nom de la féodalité sans y joindre un anathème absolu. Les uns et les autres n'ont pas pris soin de considérer la double face sous laquelle la féodalité se présente ; de distinguer, d'une part, son influence sur le développement individuel de l'homme, sur les sentiments, les caractères, les passions; de l'autre, son influence sur l'état social. Les uns n'ont pu se figurer qu'un système social dans lequel on trouvait tant de beaux sentiments, tant de vertus, dans lequel on voyait naître toutes les littératures, les mœurs prendre quelque élévation, quelque grandeur, qu'un tel système fût aussi mauvais, aussi fatal qu'on le prétendait. Les autres n'ont vu que le mal fait par la féodalité à la masse de la population, l'obstacle apporté à l'établissement de l'ordre et de la liberté; et ils n'ont pu croire qu'il en fût sorti de beaux caractères, de grandes vertus, un progrès quelconque. Les uns et les autres ont méconnu le double élément de la civilisation; ils ont méconnu qu'elle consistait dans deux développements, dont l'un pouvait, pendant un certain temps, se produire indépendamment de l'autre, quoiqu'au bout des siècles, et par la longue série des faits, ils dussent s'appeler et s'amener réciproquement.

Du reste, Messieurs, ce qu'a été la féodalité, elle devait l'être; ce qu'elle a fait, elle devait le faire. L'individualité, l'énergie de l'existence personnelle, tel était le fait dominant parmi les vainqueurs du monde romain; le développement de l'individualité devait donc résulter, avant tout, du régime social fondé par eux et pour eux. Ce que l'homme lui-même apporte dans un système social, au moment où il y entre, ses dispositions intérieures, morales, influent puissamment sur la situation où il s'établit. La situation, à son tour, réagit sur les dispositions, et les fortifie et les développe. L'individu dominait dans la société germaine; c'est au profit du développement de l'individu que la société féodale, fille de la société germaine, a déployé son influence. Nous retrouverons le même fait dans les divers éléments de la civilisation ; ils sont demeurés fidèles à leur principe ; ils ont avancé et poussé le monde dans la route où ils étaient entrés d'abord. Dans notre prochaine réunion, l'histoire de l'Église et de son influence, du v° au xii° siècle, sur la civilisation européenne, nous en fournira un nouvel et éclatant exemple.

CINQUIÈME LEÇON.

Objet de la leçon. — La religion est un principe d'association. — La coaction n'est pas de l'essence du gouvernement. — Conditions de la légitimité d'un gouvernement : 1° le pouvoir aux mains des plus dignes ; 2° le respect de la liberté des gouvernés. — L'Église, étant un corps, et non une caste, a rempli la première de ces conditions. — Des divers modes de nomination et d'élection en vigueur dans son sein. — Elle a manqué à l'autre condition par l'extension illégitime du principe de l'autorité, et par l'emploi abusif de la force. — Mouvement et liberté d'esprit dans le sein de l'Église. — Rapports de l'Église avec les princes. — L'indépendance du pouvoir spirituel posée en principe. — Prétentions et efforts de l'Église pour envahir le pouvoir temporel.

MESSIEURS,

Nous avons examiné la nature et l'influence du régime féodal ; c'est de l'Église chrétienne, du ve au xiie siècle, que nous nous occuperons aujourd'hui ; je dis de l'*Église*, et j'en ai déjà fait la remarque, parce que ce n'est point du christianisme proprement dit, du christianisme comme système religieux, mais de l'Église comme société ecclésiastique, du clergé chrétien, que je me propose de vous entretenir.

Au ve siècle, cette société était à peu près complétement organisée ; non qu'elle n'ait subi depuis cette époque de nombreux et importants changements ; mais on peut dire que dès lors l'Église, considérée comme corporation, comme gouvernement du peuple chrétien, était parvenue à une existence complète et indépendante.

Il suffit d'un premier regard pour reconnaître, entre l'état de l'Église au v° siècle, et celui des autres éléments de la civilisation européenne, une différence immense. J'ai indiqué, comme éléments fondamentaux de notre civilisation, le régime municipal, le régime féodal, la royauté et l'Église. Le régime municipal, au v°° siècle, n'était plus qu'un débris de l'Empire romain, une ombre sans vie et sans forme arrêtée. Le régime féodal ne sortait pas encore du chaos. La royauté n'existait que de nom. Tous les éléments civils de la société moderne étaient dans la décadence ou l'enfance. L'Église seule était à la fois jeune et constituée ; seule elle avait acquis une forme définitive, et conservait toute la vigueur du premier âge ; seule elle possédait à la fois le mouvement et l'ordre, l'énergie et la règle, c'est-à-dire les deux grands moyens d'influence. N'est-ce pas, je vous le demande, par la vie morale, par le mouvement intérieur, d'une part, et par l'ordre, par la discipline, de l'autre, que les institutions s'emparent des sociétés ? L'Église avait remué d'ailleurs toutes les grandes questions qui intéressent l'homme ; elle s'était inquiétée de tous les problèmes de sa nature, de toutes les chances de sa destinée. Aussi son influence sur la civilisation moderne a-t-elle été très grande, plus grande peut-être que ne l'ont faite même ses plus ardents adversaires ou ses plus zélés défenseurs. Occupés de la servir ou de la combattre, ils ne l'ont considérée que sous un point de vue polémique, et n'ont su, je crois, ni la juger avec équité, ni la mesurer dans toute son étendue.

L'Église se présente au v⁵ siècle comme une société indépendante, fortement constituée, interposée entre les maîtres du monde, les souverains, les possesseurs du pouvoir temporel d'une part, et les peuples de l'autre, servant de lien entre eux et agissant sur tous.

Pour connaître et comprendre complétement son action, il faut donc la considérer sous trois aspects : il faut la voir d'abord en elle-même, se rendre compte de ce qu'elle était, de sa constitution intérieure, des principes qui y dominaient, de sa nature. Il faut ensuite l'examiner dans ses rapports avec les souverains temporels, rois, seigneurs ou autres ; enfin, dans ses rapports avec les peuples. Et lorsque de ce triple examen nous aurons déduit un tableau complet de l'Église, de ses principes, de sa situation, de l'influence qu'elle a dû exercer, nous vérifierons nos assertions par l'histoire ; nous rechercherons si les faits, les événements proprement dits, du v⁵ au xii⁵ siècle, sont d'accord avec les résultats que nous aura livrés l'étude de la nature de l'Église et de ses rapports, soit avec les maîtres du monde, soit avec les peuples.

Occupons-nous d'abord de l'Église en elle-même, de son état intérieur, de sa nature.

Le premier fait qui frappe, et le plus important peut-être, c'est son existence même, l'existence d'un gouvernement de la religion, d'un clergé, d'une corporation ecclésiastique, d'un sacerdoce, d'une religion à l'état sacerdotal.

Pour beaucoup d'hommes éclairés, ces mots seuls, corps de prêtres, sacerdoce, gouvernement de la religion, paraissent juger la question. Ils pensent qu'une religion qui a abouti à un corps de prêtres, à un clergé légalement constitué, une religion gouvernée enfin exerce une influence, à tout prendre, plus nuisible qu'utile. A leur avis, la religion est un rapport purement individuel de l'homme à Dieu; et toutes les fois que ce rapport perd ce caractère, toutes les fois qu'une autorité extérieure s'interpose entre l'individu et l'objet des croyances religieuses, c'est-à-dire Dieu, la religion s'altère et la société est en péril.

Nous ne pouvons nous dispenser, Messieurs, d'examiner cette question. Pour savoir quelle a été l'influence de l'Église chrétienne, il faut savoir quelle doit être, par la nature même de l'institution, l'influence d'une Église, d'un clergé. Pour apprécier cette influence, il faut chercher avant tout si la religion est en effet purement individuelle, si elle ne provoque et n'enfante rien de plus qu'un rapport intime entre chaque homme et Dieu, ou bien si elle devient nécessairement, entre les hommes, une source de rapports nouveaux, desquels découlent nécessairement une société religieuse et un gouvernement de cette société.

Si l'on réduit la religion au sentiment religieux proprement dit, à ce sentiment très réel, mais un peu vague, un peu incertain dans son objet, qu'on ne peut guère caractériser qu'en le nommant, à ce sentiment qui s'adresse tantôt à la nature extérieure, tantôt aux parties les plus intimes de l'âme, aujourd'hui à la poésie, demain aux mystères de l'avenir, qui se promène partout, en un mot, cherchant partout à se satisfaire, et ne se fixant nulle part, si l'on réduit la religion à ce sentiment, il me paraît évident qu'elle doit rester purement individuelle. Un tel sentiment peut bien provoquer entre les hommes une association momentanée; il peut, il doit même prendre plaisir à la sympathie, s'en nourrir et s'y fortifier; mais par sa nature flottante, douteuse, il se refuse à devenir le principe d'une association permanente, étendue, à s'accommoder d'aucun système de préceptes, de pratiques, de formes ; en un mot, à enfanter une société et un gouvernement religieux.

Mais, Messieurs, ou je m'abuse étrangement, ou ce sentiment religieux n'est point l'expression complète de la nature religieuse de l'homme. La religion est, je crois, tout autre chose, et beaucoup plus.

Il y a dans la nature humaine, dans la destinée humaine, des problèmes dont la solution est hors de ce monde, qui se rattachent à un ordre de choses étranger au monde visible, qui tourmentent invinciblement l'âme de l'homme ; et qu'elle veut absolument résoudre. La solution de ces problèmes, les croyances, les dogmes qui la contiennent, qui s'en flattent du moins, tel est le premier objet, la première source de la religion.

Une autre route y conduit les hommes. Pour ceux d'entre vous qui ont fait des études philosophiques un peu étendues, il est, je crois, évident aujourd'hui que la morale existe indépendamment des idées religieuses ; que la distinction du bien et du mal moral, l'obligation de fuir le mal, de faire le bien, sont des lois que l'homme reconnaît dans sa propre nature aussi bien que les lois de la logique, et qui ont en lui leur principe, comme, dans sa vie actuelle, leur application. Mais ces faits constatés, la morale rendue à son indépendance, une question s'élève dans l'esprit humain : D'où vient la morale ? où mène-t-elle ? Cette obligation de faire le bien, qui subsiste par elle-même, est-elle un fait isolé, sans auteur, sans but ? Ne cache-t-elle pas, ou plutôt ne révèle-t-elle pas à l'homme une origine, une destinée qui dépasse ce monde ? Question spontanée, inévitable, et par laquelle la morale, à son tour, mène l'homme à la porte de la religion et lui ouvre une sphère dont il ne l'a point empruntée.

Ainsi, d'une part, les problèmes de notre nature, de l'autre la nécessité de chercher à la morale une sanction, une origine, un but, voilà pour la religion des sources fécondes, assurées. Elle se présente donc sous de bien autres aspects que celui d'un pur sentiment tel qu'on l'a décrit ; elle se présente comme un ensemble : 1° de doctrines suscitées par les problèmes que l'homme porte en lui-même ; 2° de préceptes qui correspondent à ces doctrines, et donnent à la morale naturelle un sens et une sanction ; 3° de promesses, enfin, qui s'adressent aux espérances d'avenir de l'humanité. Voilà ce qui constitue vraiment la religion ; voilà ce qu'elle est au fond, et non une pure forme de la sensibilité, un élan de l'imagination, une variété de la poésie.

Ainsi ramenée à ses vrais éléments, à son essence, la religion apparaît, non plus comme un fait purement individuel, mais comme un puissant et fécond principe d'association. La considérez-vous comme un système de croyances, de dogmes ? la vérité n'appartient à personne ; elle est universelle comme absolue ; les hommes ont besoin de la chercher et de la professer en commun. S'agit-il des préceptes qui s'associent aux doctrines ? une loi obligatoire pour un individu l'est pour tous ; il faut la promulguer, il faut amener tous les hommes sous son empire. Il en est de même des promesses que fait la religion au nom de ses croyances et de ses préceptes : il faut les répandre, il faut que tous soient appelés à en recueillir les fruits. Des éléments essentiels de la religion vous voyez donc naître la société religieuse ; et elle en découle si infailliblement que le mot qui exprime le sentiment social le plus énergique, le besoin le plus impérieux de propager des idées, d'étendre une société, c'est le mot de *prosélytisme*, mot qui s'applique surtout aux croyances religieuses, et leur semble presque exclusivement consacré.

La société religieuse une fois née, quand un certain nombre d'hommes se sont réunis dans des croyances religieuses communes, sous la loi de préceptes religieux communs, dans des espérances religieuses communes, il leur faut un gouvernement. Il n'y a pas une société qui subsiste huit jours, que dis-je! une heure, sans un gouvernement. A l'instant même où la société se forme, et par le seul fait de sa formation, elle appelle un gouvernement qui proclame la vérité commune, lien de la société, qui promulgue et maintienne les préceptes que cette vérité doit enfanter. La nécessité d'un pouvoir, d'un gouvernement de la société religieuse, comme de toute autre, est impliquée dans le fait de l'existence de la société. Et non-seulement le gouvernement est nécessaire, mais il se forme tout naturellement. Je ne puis m'arrêter longtemps à expliquer comment le gouvernement naît et s'établit dans la société en général. Je me bornerai à dire que, lorsque les choses suivent leurs lois naturelles, quand la force ne s'en mêle pas, le pouvoir va aux plus capables, aux meilleurs, à ceux qui mèneront la société à son but. S'agit-il d'une expédition de guerre? ce sont les plus braves qui prennent le pouvoir. L'association a-t-elle pour objet une recherche, une entreprise savante? le plus habile sera le maître. En tout, dans le monde livré à son cours naturel, l'inégalité naturelle des hommes se déploie librement, et chacun prend la place qu'il est capable d'occuper. Eh bien! sous le rapport religieux, les hommes ne sont pas plus égaux en talents, en facultés, en puissance, que partout ailleurs : tel sera plus capable que tout autre de mettre en lumière les doctrines religieuses, et de les faire généralement adopter; tel autre porte en lui plus d'autorité pour faire observer les préceptes religieux; tel autre excellera à entretenir, à animer dans les âmes les émotions et les espérances religieuses. La même inégalité de facultés et d'influence qui fait naître le pouvoir dans la société civile, le fait naître également dans la société religieuse. Les missionnaires se font, se déclarent comme les généraux. En sorte que, d'une part, de la nature de la société religieuse découle nécessairement le gouvernement religieux; de l'autre, il s'y développe naturellement par le seul effet des facultés humaines et de leur inégale répartition. Ainsi, dès que la religion naît dans l'homme, la société religieuse se développe; dès que la société religieuse paraît, elle enfante son gouvernement.

Mais une objection fondamentale s'élève : il n'y a ici rien à ordonner, à imposer; rien de coercitif ne peut être légitime. Il n'y a pas lieu à gouvernement, puisque la liberté doit subsister tout entière.

Messieurs, c'est, je crois, se faire du gouvernement en général une bien petite et grossière idée que de croire qu'il réside uniquement, qu'il réside même surtout dans la force qu'il déploie pour se faire obéir, dans son élément coercitif.

Je sors du point de vue religieux; je prends le gouvernement civil. Suivez, je vous prie, avec moi le simple cours des faits. La société existe : il y a quelque chose à faire, n'importe quoi, dans son intérêt, en son nom; il y a une loi à rendre, une mesure à prendre, un jugement à prononcer. A coup sûr, il y a aussi une bonne manière de suffire à ces besoins sociaux ; il y a une bonne loi à faire, un bon parti à prendre, un bon jugement à prononcer. De quelque chose qu'il s'agisse, quel que soit l'intérêt mis en question, il y a en toute occasion une vérité qu'il faut connaître, et qui doit décider de la conduite.

La première affaire du gouvernement, c'est de chercher cette vérité, de découvrir ce qui est juste, raisonnable, ce qui convient à la société. Quand il l'a trouvé, il le proclame. Il faut alors qu'il tâche de le faire entrer dans les esprits, qu'il se fasse approuver des hommes sur lesquels il agit, qu'il leur persuade qu'il a raison. Y a-t-il dans tout cela quelque chose de coercitif ? Nullement. Maintenant supposez que la vérité qui doit décider de l'affaire, n'importe laquelle, supposez, dis-je, que cette vérité une fois trouvée et proclamée, tout à coup toutes les intelligences soient convaincues, toutes les volontés déterminées, que tous reconnaissent que le gouvernement a raison, et lui obéissent spontanément ; il n'y a point encore de coaction, il n'y a pas lieu à employer la force. Est-ce que par hasard le gouvernement ne subsisterait pas ? est-ce que, dans tout cela, il n'y aurait point eu de gouvernement ? Évidemment il y aurait eu gouvernement et il aurait accompli sa tâche. La coaction ne vient que lorsque la résistance des volontés individuelles se présente, lorsque l'idée, le parti que le pouvoir a adopté n'obtient pas l'approbation ou la soumission volontaire de tous. Le gouvernement emploie alors la force pour se faire obéir : c'est le résultat nécessaire de l'imperfection humaine, imperfection qui réside à la fois et dans le pouvoir et dans la société. Il n'y aura jamais aucun moyen de l'éviter absolument ; les gouvernements civils seront toujours obligés de recourir, dans une certaine mesure, à la coaction. Mais évidemment la coaction ne les constitue pas; toutes les fois qu'ils peuvent s'en passer, ils s'en passent, et au grand bien de tous; et leur plus beau perfectionnement, c'est de s'en passer, de se renfermer dans les moyens purement moraux, dans l'action exercée sur les intelligences; en sorte que, plus le gouvernement se dispense de la coaction, plus il est fidèle à sa vraie nature et s'acquitte bien de sa mission. Il ne se réduit point, il ne se retire point alors, comme on le répète vulgairement; il agit d'une autre manière, et d'une manière infiniment plus générale et plus puissante. Les gouvernements qui emploient le plus la coaction font bien moins de choses que ceux qui ne l'emploient guère. En s'adressant aux intelligences, en déterminant les volontés libres, en agissant par des moyens purement intellectuels, le gouvernement au lieu de se réduire, s'étend, s'élève; c'est alors qu'il accomplit le plus de choses, et de grandes choses. C'est, au contraire, lorsqu'il est obligé d'employer sans cesse la coaction qu'il se resserre, se rapetisse, et fait très peu, et fait mal ce qu'il fait.

L'essence du gouvernement ne réside donc nullement dans la coaction, dans l'emploi de la force; ce qui le constitue avant tout, c'est un système de moyens et de pouvoirs, conçu dans le dessein d'arriver à la découverte de ce qu'il convient de faire dans chaque occasion, à la découverte de la vérité qui a droit de gouverner la société, pour la faire entrer ensuite dans les esprits et la faire adopter volontairement, librement. La nécessité et la présence d'un gouvernement sont donc très concevables, quand même il n'y aurait lieu à aucune coaction, quand elle y serait absolument interdite.

Eh bien! Messieurs, tel est aussi le gouvernement de la

société religieuse. Sans doute la coaction lui est interdite ; sans doute, par cela seul qu'il a pour unique domaine la conscience humaine, l'emploi de la force y est illégitime, quel qu'en soit le but : mais le gouvernement n'en subsiste pas moins, il n'en a pas moins à accomplir tous les actes qui viennent de passer sous vos yeux. Il faut qu'il cherche quelles sont les doctrines religieuses qui résolvent les problèmes de la destinée humaine ; ou, s'il y a déjà un système général de croyances dans lequel ces problèmes soient résolus, il faut que, dans chaque cas particulier, il découvre et mette en lumière les conséquences du système ; il faut qu'il promulgue et maintienne les préceptes qui correspondent à ses doctrines ; il faut qu'il les prêche, qu'il les enseigne, que, lorsque la société s'en écarte, il les lui rappelle. Rien de coactif ; mais la recherche, la prédication, l'enseignement des vérités religieuses ; au besoin, les admonitions, la censure : c'est là la tâche du gouvernement religieux, c'est là son devoir. Supprimez aussi complétement que vous voudrez la coaction, vous verrez toutes les questions essentielles de l'organisation du gouvernement s'élever et réclamer une solution. La question de savoir, par exemple, s'il faut un corps de magistrats religieux, ou s'il est possible de se fier à l'inspiration religieuse des individus, cette question qui se débat entre la plupart des sociétés religieuses et celle des quakers, elle existera toujours, il faudra toujours la traiter. De même la question de savoir si, quand on est convenu qu'un corps de magistrats religieux est nécessaire, on doit préférer un système d'égalité, des ministres de la religion égaux entre eux et délibérant en commun, ou une constitution hiérarchique, divers degrés de pouvoir, cette question-là ne périra point parce que vous aurez retiré aux magistrats ecclésiastiques, quels qu'ils soient, tout pouvoir coercitif. Au lieu donc de dissoudre la société religieuse pour avoir le droit de détruire le gouvernement religieux, il faut reconnaître que la société religieuse se forme naturellement, que le gouvernement religieux découle aussi naturellement de la société religieuse ; et que le problème à résoudre, c'est de savoir à quelles conditions ce gouvernement doit exister, quelles sont les bases, les principes, les conditions de sa légitimité. C'est là la véritable recherche qu'impose l'existence nécessaire du gouvernement religieux comme de tout autre.

Messieurs, les conditions de la légitimité sont les mêmes pour le gouvernement de la société religieuse que pour tout autre ; elles peuvent être ramenées à deux : la première, que le pouvoir parvienne et demeure constamment, dans les limites du moins de l'imperfection des choses humaines, aux mains des meilleurs, des plus capables ; que les supériorités légitimes qui existent dispersées dans la société y soient cherchées, mises au jour et appelées à découvrir la loi sociale, à exercer le pouvoir : la seconde, que le pouvoir, légitimement constitué, respecte les libertés légitimes de ceux sur qui il s'exerce. Un bon système de formation et d'organisation du pouvoir, un bon système de garanties pour la liberté, dans ces deux conditions réside la bonté du gouvernement en général, religieux ou civil. Ils doivent tous être jugés d'après ce *criterium*.

Au lieu donc de reprocher à l'Église, au gouvernement du monde chrétien son existence, il faut rechercher comment il était constitué, et si ses principes correspondaient aux deux conditions essentielles de tout bon gouvernement. Examinons l'Église sous ce double rapport.

Quant au mode de formation et de transmission du pouvoir dans l'Église, il y a un mot dont on s'est souvent servi en parlant du clergé chrétien, et que j'ai besoin d'écarter : c'est celui de *caste*. On a souvent appelé le corps des magistrats ecclésiastiques une caste. Cette expression n'est pas juste : l'idée d'hérédité est inhérente à l'idée de caste. Parcourez le monde ; prenez tous les pays dans lesquels le régime des castes s'est produit, dans l'Inde, en Égypte, vous verrez partout la caste essentiellement héréditaire ; c'est la transmission de la même situation, du même pouvoir de père en fils. Là où il n'y a pas d'hérédité, il n'y a pas de caste, il y a corporation ; l'esprit de corps a ses inconvénients, mais il est très différent de l'esprit de caste. On ne peut appliquer le mot de caste à l'Église chrétienne. Le célibat des prêtres a empêché que le clergé chrétien ne devînt une caste.

Vous entrevoyez déjà les conséquences de cette différence. Au système de caste, au fait de l'hérédité, est attaché inévitablement le privilége ; cela découle de la définition même de la caste. Quand les mêmes fonctions, les mêmes pouvoirs deviennent héréditaires dans le sein des mêmes familles, il est clair que le privilége s'y attache, que personne ne peut les acquérir indépendamment de son origine. C'est en effet ce qui est arrivé : là où le gouvernement religieux est tombé aux mains d'une caste, il est devenu matière de privilége ; personne n'y est entré que ceux qui appartenaient aux familles de la caste. Rien de semblable ne s'est rencontré dans l'Église chrétienne ; et non seulement rien de semblable ne s'y est rencontré, mais l'Église a constamment maintenu le principe de l'égale admissibilité de tous les hommes, quelle que fût leur origine, à toutes ses charges, à toutes ses dignités. La carrière ecclésiastique, particulièrement du v° au xii° siècle, était ouverte à tous. L'Église se recrutait dans tous les rangs, dans les inférieurs comme dans les supérieurs, plus souvent même dans les inférieurs. Autour d'elle, tout était placé sous le régime du privilége ; elle maintenait seule le principe de l'égalité, de la concurrence ; elle appelait toutes les supériorités légitimes à la possession du pouvoir. C'est la première grande conséquence qui ait découlé naturellement de ce qu'elle était un corps et non une caste.

En voici une seconde : il y a un esprit inhérent aux castes, c'est l'esprit d'immobilité. L'assertion n'a pas besoin de preuve. Ouvrez toutes les histoires, vous verrez l'esprit d'immobilité s'emparer de toutes les sociétés, politiques ou religieuses, où le régime des castes domine. La crainte du progrès s'est bien introduite, à une certaine époque et jusqu'à un certain point, dans l'Église chrétienne. On ne peut pas dire qu'elle y ait dominé ; on ne peut pas dire que l'Église chrétienne soit restée immobile et stationnaire ; pendant de longs siècles, au contraire, elle a été en mouvement et en progrès, tantôt provoquée par les attaques d'une opposition extérieure, tantôt déterminée, dans son propre sein, par des besoins de réforme et de développement intérieur. A tout prendre, c'est une société qui a constamment changé, marché, qui a une histoire variée et progressive. Nul doute que l'égale admission de tous les hommes aux charges ecclésiastiques, que le continuel recrutement de l'Église par un principe d'égalité, n'aient puissamment concouru à y entretenir, à y ranimer sans cesse le mouvement et la vie, à prévenir le triomphe de l'esprit d'immobilité.

Comment l'Église, qui admettait tous les hommes au

pouvoir, s'assurait-elle qu'ils y avaient droit? Comment découvrait-on et allait-on puiser, dans le sein de la société religieuse, les supériorités légitimes qui devaient prendre part à son gouvernement?

Deux principes étaient en vigueur dans l'Église : 1° l'élection de l'inférieur par le supérieur, le choix, la nomination; 2° l'élection du supérieur par les subordonnés, ou l'élection proprement dite, telle que nous la concevons aujourd'hui.

L'ordination des prêtres, par exemple, la faculté de faire un homme prêtre, appartenait au supérieur seul; le choix se faisait du supérieur à l'inférieur. De même, dans la collation de certains bénéfices ecclésiastiques, entre autres des bénéfices attachés à des concessions féodales, c'était le supérieur, roi, pape ou seigneur, qui nommait le bénéficier. Dans d'autres cas, le principe de l'élection proprement dite agissait. Les évêques ont été longtemps et étaient souvent encore, à l'époque qui nous occupe, élus par le corps du clergé; les fidèles y intervenaient même quelquefois. Dans l'intérieur des monastères, l'abbé était élu par les moines. A Rome, les papes étaient élus par le collége des cardinaux, et même auparavant tout le clergé romain y prenait part. Vous trouvez donc les deux principes, le choix de l'inférieur par le supérieur et l'élection du supérieur par les subordonnés, reconnus et en action dans l'Église, particulièrement à l'époque qui nous occupe; c'était par l'un ou l'autre de ces moyens qu'elle désignait les hommes appelés à exercer une portion du pouvoir ecclésiastique.

Non seulement ces deux principes coexistaient, mais, essentiellement différents, ils étaient en lutte. Après bien des siècles, après bien des vicissitudes, c'est la désignation de l'inférieur par le supérieur qui l'a emporté dans l'Église chrétienne. Mais, en général, du Vᵉ au XIIᵉ siècle, c'était l'autre principe, le choix du supérieur par les subordonnés, qui prévalait encore. Et ne vous étonnez pas, Messieurs, de la coexistence de ces deux principes si divers; regardez à la société en général, au cours naturel du monde, à la manière dont le pouvoir s'y transmet; vous verrez que cette transmission s'opère, tantôt suivant l'un de ces modes, tantôt suivant l'autre. L'Église ne les a point inventés; elle les a trouvés dans le gouvernement providentiel des choses humaines; elle les lui a empruntés. Il y a du vrai, de l'utile dans l'un et dans l'autre. Leur combinaison serait souvent le meilleur moyen de découvrir le pouvoir légitime. C'est un grand malheur, à mon avis, qu'un seul des deux, le choix de l'inférieur par le supérieur, l'ait emporté dans l'Église; le second, cependant, n'y a jamais complétement péri; et sous des noms divers, avec plus ou moins de succès, il s'est reproduit à toutes les époques, assez du moins pour protester et interrompre la prescription.

L'Église chrétienne, Messieurs, puisait, à l'époque qui nous occupe, une force immense dans son respect de l'égalité et des supériorités légitimes. C'était la société la plus populaire, la plus accessible, la plus ouverte à tous les talents, à toutes les nobles ambitions de la nature humaine. De là surtout dérivait sa puissance, bien plus que de ses richesses et des moyens illégitimes qu'elle a trop souvent employés.

Quant à la seconde condition d'un bon gouvernement, le respect de la liberté, celui de l'Église laissait beaucoup à désirer.

Deux mauvais principes s'y rencontraient : l'un avoué,

incorporé pour ainsi dire dans les doctrines de l'Eglise; l'autre introduit dans son sein par la faiblesse humaine, nullement par une conséquence légitime des doctrines.

Le premier, c'était la dénégation des droits de la raison individuelle, la prétention de transmettre les croyances de haut en bas dans toute la société religieuse, sans que personne eût le droit de les examiner pour son propre compte. Il est plus aisé de poser en principe cette prétention que de la faire réellement prévaloir. Une conviction n'entre point dans l'intelligence humaine si l'intelligence ne lui ouvre la porte; il faut qu'elle se fasse accepter. De quelque manière qu'une croyance se présente, quel que soit le nom qu'elle invoque, la raison y regarde; et si la croyance pénètre, c'est qu'elle est acceptée par la raison. Ainsi, il y a toujours, sous quelque forme qu'on la cache, action de la raison individuelle sur les idées qu'on prétend lui imposer. Il est très vrai cependant que la raison peut être altérée; elle peut, jusqu'à un certain point, s'abdiquer, se mutiler; on peut l'induire à faire un mauvais usage de ses facultés, à n'en pas faire tout l'usage qu'elle a le droit d'en faire. Telle a été en effet la conséquence du mauvais principe admis par l'Église; mais quant à l'action pure et complète de ce principe, elle n'a jamais eu lieu, elle n'a jamais pu avoir lieu.

Le second mauvais principe, c'est le droit de coaction que s'arrogeait l'Église, droit contraire à la nature de la société religieuse, à l'origine de l'Église même, à ses maximes primitives; droit contesté par plusieurs des plus illustres Pères, par saint Ambroise, saint Hilaire, saint Martin, mais qui prévalait cependant et devenait un fait dominant: La prétention de forcer à croire, si l'on peut mettre ces deux mots ensemble, ou de punir matériellement la croyance, la persécution de l'hérésie, c'est-à-dire le mépris de la liberté légitime de la pensée humaine, c'est là l'erreur qui, déjà bien avant le Ve siècle, s'était introduite dans l'Église et lui a coûté le plus cher.

Si donc on considère l'Église dans ses rapports avec la liberté de ses membres, on reconnaît que ses principes à cet égard étaient moins légitimes, moins salutaires que ceux qui présidaient à la formation du pouvoir ecclésiastique. Il ne faut pas croire cependant qu'un mauvais principe vicie radicalement une institution, ni même qu'il y fasse tout le mal qu'il porte dans son sein. Rien ne fausse plus l'histoire que la logique : quand l'esprit humain s'est arrêté sur une idée, il en tire toutes les conséquences possibles, lui fait produire tout ce qu'en effet elle pourrait produire, et puis se la représente dans l'histoire avec tout ce cortége. Il n'en arrive point ainsi ; les événements ne sont pas si prompts dans leurs déductions que l'esprit humain. Il y a dans toutes choses un mélange de bien et de mal si profond, si invincible, que, quelque part que vous pénétriez, quand vous descendez dans les derniers éléments de la société ou de l'âme, vous y trouverez ces deux ordres de faits coexistants, se développant l'un à côté de l'autre, se combattant, mais sans s'exterminer. La nature humaine ne va jamais jusqu'aux dernières limites, ni du mal ni du bien ; elle passe sans cesse de l'un à l'autre, se redressant au moment où elle semble plus près de la chute, faiblissant au moment où elle semble marcher le plus droit. Nous retrouvons encore ici ce caractère de discordance, de variété, de lutte, que j'ai fait remarquer comme le caractère fondamental de la civilisation européenne. Il y a de plus un fait général qui caractérise le gouvernement de l'Église, et dont il faut se bien rendre compte.

Aujourd'hui, Messieurs, quand l'idée d'un gouvernement se présente à nous, quel qu'il soit, nous savons qu'il n'a guère la prétention de gouverner autre chose que les actions extérieures de l'homme, les rapports civils des hommes entre eux : les gouvernements font profession de ne s'appliquer qu'à cela. Quant à la pensée humaine, à la conscience humaine, à la moralité proprement dite, quant aux opinions individuelles et aux mœurs privées, ils ne s'en mêlent pas; cela tombe dans le domaine de la liberté.

Messieurs, l'Église chrétienne faisait, voulait faire directement le contraire : ce qu'elle entreprenait de gouverner, c'était la pensée humaine, la liberté humaine, les mœurs privées, les opinions individuelles. Elle ne faisait pas un code, comme les nôtres, pour n'y définir que les actions à la fois moralement coupables et socialement dangereuses, et ne les punir que sous la condition qu'elles porteraient ce double caractère : elle dressait un catalogue de toutes les actions moralement coupables, et, sous le nom de péchés, elle les punissait toutes, elle avait l'intention de les réprimer toutes ; en un mot, le gouvernement de l'Église ne s'adressait pas, comme les gouvernements modernes, à l'homme extérieur, aux rapports purement civils des hommes entre eux; il s'adressait à l'homme intérieur, à la pensée, à la conscience, c'est-à-dire à ce qu'il y a de plus intime, de plus libre, de plus rebelle à la contrainte. L'Église était donc, par la nature même de son entreprise, combinée avec la nature de quelques uns des principes sur lesquels se fondait son gouvernement, mise en péril de tyrannie, d'un emploi illégitime de la force. Mais en même temps la force rencontrait là une résistance qu'elle ne pouvait vaincre. Pour peu qu'on leur laisse de mouvement et d'espace, la pensée et la liberté humaine réagissent énergiquement contre toute tentative de les assujettir, et elles contraignent le despotisme même qu'elles subissent à s'abdiquer lui-même à chaque instant. C'est ce qui arrivait au sein de l'Église chrétienne. Vous avez vu la proscription de l'hérésie, la condamnation du droit d'examen, le mépris de la raison individuelle, le principe de la transmission impérative des doctrines par la voie de l'autorité. Eh bien ! trouvez une société où la raison individuelle se soit plus hardiment développée que dans l'Église ! Que sont donc les sectes, les hérésies, sinon le fruit des opinions individuelles ? Les sectes, Messieurs, les hérésies, tout ce parti de l'opposition dans l'Église chrétienne, sont la preuve incontestable de la vie, de l'activité morale qui y régnait ; vie orageuse, douloureuse, semée de périls, d'erreurs, de crimes, mais noble et puissante, et qui a donné lieu aux plus beaux développements d'intelligence et de volonté. Sortez de l'opposition, entrez dans le gouvernement ecclésiastique lui-même, vous le trouverez constitué, agissant d'une tout autre manière que ne semblent l'indiquer quelques uns de ses principes. Il nie le droit d'examen, il veut retirer à la raison individuelle sa liberté ; et c'est à la raison qu'il en appelle sans cesse ; c'est le fait de la liberté qui y domine. Quels sont ses institutions, ses moyens d'action ? Les conciles provinciaux, les conciles nationaux, les conciles généraux, une correspondance continuelle, la publication continuelle de lettres, d'admonitions, d'écrits. Jamais gouvernement n'a procédé à ce point par la discussion, par la délibération commune. Vous vous croiriez dans le sein des écoles de la philosophie grecque; et pourtant ce n'est pas d'une pure discussion, de la pure recherche de la vérité qu'il s'agit; il s'agit d'autorité, de mesures à prendre, de décrets à rendre, d'un gouvernement enfin. Mais telle est, dans le sein de ce gouvernement, l'énergie de la vie intellectuelle, qu'elle devient le fait dominant, universel, auquel cèdent tous les autres, et que ce qui éclate de toutes parts, c'est l'exercice de la raison et de la liberté.

Je suis fort loin d'en conclure, Messieurs, que les mauvais principes que j'ai essayé de démêler, et qui existaient, à mon avis, dans le système de l'Église, y soient restés sans effet. A l'époque qui nous occupe, ils portaient déjà des fruits très amers; ils en ont porté plus tard de bien plus amers encore; mais ils n'ont pas fait tout le mal dont ils étaient capables, ils n'ont pas étouffé le bien qui croissait dans le même sol.

Telle était l'Église, Messieurs, considérée en elle-même, dans son intérieur, dans sa nature. Je passe à ses rapports avec les souverains, avec les maîtres du pouvoir temporel : c'est le second point de vue sous lequel je me suis promis de la considérer.

Quand l'empire fut tombé, Messieurs; quand, au lieu de l'ancien régime romain, de ce gouvernement au milieu duquel l'Église était née, avec lequel elle avait grandi, avec lequel elle avait des habitudes communes, d'anciens liens, elle se vit en face de ces rois barbares, de ces chefs barbares errant sur le territoire ou fixés dans leurs châteaux, et auxquels rien ne l'unissait encore, ni traditions, ni croyances, ni sentiments, son danger fut grand et son effroi aussi.

Une seule idée devint dominante dans l'Église : ce fut de prendre possession de ces nouveau-venus, de les convertir. Les relations de l'Église avec les Barbares n'eurent d'abord presque aucun autre but.

Pour agir sur les Barbares, c'était surtout à leurs sens, à leur imagination qu'il fallait s'adresser. Aussi voit-on, à cette époque, augmenter beaucoup le nombre, la pompe, la variété des cérémonies du culte. Les chroniques prouvent que c'était surtout par ce moyen que l'Église agissait sur les Barbares; elle les convertissait par de beaux spectacles.

Quand une fois ils furent établis et convertis, quand il y eut quelques liens entre eux et l'Église, elle ne cessa pas de courir, de leur part, d'assez grands dangers. La brutalité, l'irréflexion des Barbares étaient telles que les nouvelles croyances, les nouveaux sentiments qu'on leur avait inspirés, exerçaient sur eux très peu d'empire. Bientôt la violence reprenait le dessus, et l'Église en était victime comme le reste de la société. Pour s'en défendre, elle proclama un principe déjà posé sous l'Empire, quoique plus vaguement, la séparation du pouvoir spirituel et du pouvoir temporel, et leur indépendance réciproque. C'est à l'aide de ce principe que l'Église a vécu libre à côté des Barbares; elle a maintenu que la force n'avait aucune action sur le système des croyances, des espérances, des promesses religieuses, que le monde spirituel et le monde temporel étaient complétement distincts.

Vous voyez tout de suite quelles salutaires conséquences ont découlé de ce principe. Indépendamment de l'utilité temporaire dont il a été pour l'Église, il a eu cet inestimable effet de fonder en droit la séparation des pouvoirs, de les contrôler l'un par l'autre. De plus, en soutenant l'indépendance du monde intellectuel en général dans son ensemble, l'Église a préparé l'indépendance du monde intellectuel individuel, l'indépendance de la pensée. L'Église disait que le système des croyances religieuses ne pouvait tomber sous le joug de la force; chaque individu a été amené à tenir pour son propre compte la langage de l'Église. Le principe du libre examen, de la liberté de la pensée individuelle, est exactement le même que celui de l'indépendance de l'autorité spirituelle générale, à l'égard du pouvoir temporel.

Malheureusement il est aisé de passer du besoin de la liberté à l'envie de la domination. C'est ce qui est arrivé dans le sein de l'Église : par le développement naturel de l'ambition, de l'orgueil humain, l'Église a tenté d'établir non seulement l'indépendance, mais la domination du pouvoir spirituel sur le pouvoir temporel. Il ne faut pas croire cependant que cette prétention n'ait eu d'autre source que les faiblesses de l'humanité; il y en a de plus profondes, et qu'il importe de connaître.

Quand la liberté règne dans le monde intellectuel; quand la pensée, la conscience humaine ne sont point assujetties à un pouvoir qui leur conteste le droit de débattre, de décider, et qui emploie la force contre elles; quand il n'y a point de gouvernement spirituel visible, constitué, réclamant et exerçant le droit de dicter les opinions, alors l'idée de la domination de l'ordre spirituel sur l'ordre temporel ne peut guère naître. Tel est à peu près aujourd'hui l'état du monde. Mais quand il existe, comme il existait au Xe siècle, un gouvernement de l'ordre spirituel; quand la pensée, la conscience tombent sous des lois, sous des institutions, sous des pouvoirs qui s'arrogent le droit de les commander et de les contraindre; en un mot, quand le pouvoir spirituel est constitué, quand il a pris effectivement possession, au nom du droit et de la force, de la raison et de la conscience humaines, il est naturel qu'il soit conduit à prétendre la domination sur l'ordre temporel, et qu'il dise : « Comment ! j'ai droit, j'ai action sur ce qu'il y a de plus élevé, de plus indépendant dans l'homme, sur sa pensée, sur sa volonté intérieure, sur sa conscience, et je n'aurais pas droit sur ses intérêts extérieurs, matériels, passagers ! Je suis l'interprète de la justice, de la vérité, et je ne pourrais pas régler les rapports mondains selon la justice et la vérité ! » Il devait arriver, par la seule vertu de ce raisonnement, que l'ordre spirituel tendît à envahir l'ordre temporel. Et cela devait arriver d'autant plus que l'ordre spirituel embrassait alors tous les développements possibles de la pensée humaine; il n'y avait qu'une science, la théologie, qu'un ordre spirituel, l'ordre théologique; toutes les autres sciences, la rhétorique, l'arithmétique, la musique même, tout rentrait dans la théologie. Le pouvoir spirituel, se trouvant ainsi à la tête de toute l'activité de la pensée humaine, devait naturellement s'arroger le gouvernement général du monde.

Une seconde cause l'y poussait également : l'état épouvantable de l'ordre temporel, la violence, l'iniquité qui présidaient au gouvernement temporel des sociétés.

Depuis quelques siècles, on parle à son aise des droits du pouvoir temporel; mais à l'époque qui nous occupe, le pouvoir temporel, c'était la force pure, un brigandage intraitable. L'Église, quelque imparfaites que fussent encore ses notions de morale et de justice, était infiniment supérieure à un tel gouvernement temporel; le cri des peuples venait continuellement la presser de prendre sa place. Lorsqu'un pape ou des évêques proclamaient qu'un souverain avait perdu ses droits, que ses sujets étaient déliés du serment de fidélité, cette intervention, sans doute sujette à de graves abus, était souvent, dans le cas particulier, légitime et salutaire. En général, Messieurs, quand la liberté a manqué aux hommes, c'est la religion qui s'est chargée de la remplacer. Au Xe siècle, les peuples n'étaient point en état de se défendre, de faire valoir leurs droits contre la violence civile : la religion intervenait au nom du ciel. C'est une des causes qui ont le plus contribué aux victoires du principe théocratique.

Il y en a une troisième, à mon avis, trop peu remarquée : c'est la complexité de la situation des chefs de l'Église, la variété des aspects sous lesquels ils se présentaient dans la société. D'une part, ils étaient prélats, membres de l'ordre ecclésiastique, portion du pouvoir spirituel, et, à ce titre, indépendants ; de l'autre, ils étaient vassaux, et, comme tels, engagés dans les liens de la féodalité civile. Ce n'est pas tout : outre qu'ils étaient vassaux, ils étaient sujets ; quelque chose des anciennes relations des empereurs romains avec les évêques, avec le clergé, avait passé dans celles du clergé avec les souverains barbares. Par une série de causes qu'il serait trop long de développer, les évêques avaient été conduits à regarder, jusqu'à un certain point, les souverains barbares comme les successeurs des empereurs romains, et à leur en attribuer tous les droits. Les chefs du clergé avaient donc un triple caractère : un caractère ecclésiastique, et, comme tel, indépendant ; un caractère féodal, et, comme tel, engagé à certains devoirs, tenu à de certains services ; enfin un caractère de simples sujets, et, comme tels, tenus d'obéir à un souverain absolu. Voici ce qui en arrivait. Les souverains temporels, qui n'étaient pas moins avides ni moins ambitieux que les évêques, se prévalaient souvent de leurs droits, comme seigneurs ou comme souverains, pour attenter à l'indépendance spirituelle, et pour s'emparer de la collation des bénéfices, de la nomination aux évêchés, etc. De leur côté, les évêques se retranchaient souvent dans l'indépendance spirituelle, pour se refuser à leurs obligations comme vassaux ou comme sujets; en sorte qu'il y avait des deux côtés une pente presque inévitable qui portait les souverains à détruire l'indépendance spirituelle, les chefs de l'Église à faire de l'indépendance spirituelle un moyen de domination universelle.

Ce résultat a éclaté dans des faits que personne n'ignore : dans la querelle des investitures, dans la lutte du sacerdoce et de l'Empire. Les diverses situations des chefs de l'Église et la difficulté de les concilier ont été la vraie source de l'incertitude et du combat de toutes ces prétentions.

Enfin, l'Église avait avec les souverains un troisième rapport, pour elle le moins favorable et le plus funeste. Elle prétendait à la coaction, au droit de contraindre et de punir l'hérésie; mais elle n'avait aucun moyen de le faire : elle ne disposait d'aucune force matérielle; quand elle avait condamné l'hérétique, elle n'avait rien pour faire exécuter son jugement. Que faisait-elle? Elle invoquait ce qu'on a appelé le bras séculier; elle empruntait la force du pouvoir civil comme moyen de coaction. Elle se mettait par là, vis-à-vis du pouvoir civil, dans une situation de dépendance et d'infériorité. Nécessité déplorable, où l'a conduite l'adoption du mauvais principe de la coaction et de la persécution.

Je m'arrête, Messieurs; l'heure est trop avancée pour que j'épuise aujourd'hui la question de l'Église. Il me reste à vous faire connaître ses rapports avec les peuples, quels principes y présidaient, quelles conséquences en devaient résulter pour la civilisation générale. J'essaierai ensuite de confirmer par l'histoire, par les faits, par les vicissitudes de la destinée de l'Église du ve au xiie siècle, les inductions que nous tirons ici de la nature même de ses institutions et de ses principes.

SIXIÈME LEÇON.

Objet de la leçon. — Séparation des gouvernants et des gouvernés dans l'Église. — Influence indirecte des laïques sur le clergé. — Le clergé recruté dans tous les états de la société. — Influence de l'Église sur l'ordre public et sur la législation. — Son système pénitentiaire. — Le développement de l'esprit humain est tout théologique. — L'Église se range en général du côté du pouvoir. — Rien d'étonnant ; les religions ont pour but de régler la liberté humaine. — Divers états de l'Église du ve au xiie siècle : — 1° L'Église impériale. — 2° L'Église barbare ; développement du principe de la séparation des deux pouvoirs ; de l'ordre monastique. — 3° L'Église féodale ; tentatives d'organisation ; besoin de réforme ; Grégoire VII. — 4° L'Église théocratique. — Renaissance de l'esprit d'examen ; Abailard. — Mouvement des communes. — Nulle liaison entre ces deux faits.

MESSIEURS,

Nous n'avons pu, dans notre dernière réunion, terminer l'examen de l'état de l'Église du ve au xiie siècle. Après avoir établi qu'elle devait être considérée sous trois aspects principaux, d'abord en elle-même, dans sa constitution intérieure, dans sa nature comme société distincte et indépendante, ensuite dans ses rapports avec les souverains, avec le pouvoir temporel, enfin dans ses rapports avec les peuples, nous n'avons accompli que les deux premières parties de cette tâche. Il me reste aujourd'hui à vous faire connaître l'Église dans ses rapports avec les peuples. J'essaierai ensuite de tirer de ce triple examen une appréciation générale de l'influence de l'Église sur la civilisation européenne, du Ve au XIIe siècle. Nous vérifierons enfin nos assertions par l'examen des faits, par l'histoire même de l'Église à cette époque.

Vous comprenez sans peine qu'en parlant des rapports de l'Église avec les peuples, je suis obligé de m'en tenir à des termes très généraux. Je ne puis entrer dans le détail des pratiques de l'Église, des rapports journaliers du clergé avec les fidèles. Ce sont les principes dominants et les grands effets du système et de la conduite de l'Église envers le peuple chrétien, que je dois mettre sous vos yeux.

Le fait caractéristique, et, il faut le dire, le vice radical des relations de l'Église avec les peuples, c'est la séparation des gouvernants et des gouvernés, la non-influence des gouvernés sur leur gouvernement, l'indépendance du clergé chrétien à l'égard des fidèles.

Il faut que ce mal fût bien provoqué par l'état de l'homme et de la société, car il s'est introduit dans l'Église chrétienne de très bonne heure. La séparation du clergé et du peuple chrétien n'était pas tout à fait consommée à l'époque qui nous occupe; il y avait encore, en certaines occasions, dans l'élection des évêques, par exemple, quelquefois du moins, intervention directe du peuple chrétien dans son gouvernement. Mais cette intervention devenait de plus en plus faible, rare; et c'est dès le second siècle de notre ère qu'elle avait commencé à s'affaiblir visiblement, rapidement. La tendance à l'isolement, à l'indépendance du clergé, est en quelque sorte l'histoire même de l'Église depuis son berceau.

De là, Messieurs, on ne peut se le dissimuler, la plupart des abus qui, dès cette époque, et bien davantage plus tard, ont coûté si cher à l'Église. Il ne faut cependant pas les lui imputer absolument, ni regarder cette tendance à l'isolement comme particulière au clergé chrétien. Il y a, dans la nature même de la société religieuse, une forte pente à élever les gouvernants fort au-dessus des gouvernés, à attribuer aux gouvernants quelque chose de distinct, de divin. C'est l'effet de la mission même dont ils sont chargés, du caractère sous lequel ils se présentent aux yeux des peuples. Un tel effet cependant est plus fâcheux dans la société religieuse que dans toute autre. De quoi s'agit-il là pour les gouvernés ? De leur raison, de leur conscience, de leur destinée à venir, c'est-à-dire de ce qu'il y a en eux de plus intime, de plus individuel, de plus libre. On conçoit jusqu'à certain point, quoiqu'il doive en résulter un grand mal, que l'homme puisse abandonner à une autorité extérieure la direction de ses intérêts matériels, de sa destinée temporelle. On comprend ce philosophe à qui l'on vient annoncer que le feu est à la maison, et qui répond : « Allez » le dire à ma femme ; je ne me mêle pas des affaires du » ménage. » Mais quand il y va de la conscience, de la pensée, de l'existence intérieure, abdiquer le gouvernement de soi-même, se livrer à un pouvoir étranger, c'est un véritable suicide moral, c'est une servitude cent fois pire que celle du corps, que celle de la glèbe.

Tel était pourtant le mal qui, sans prévaloir complétement, comme je le ferai voir tout à l'heure, envahissait de plus en plus l'Église chrétienne dans les relations du clergé avec les fidèles. Vous avez déjà vu, Messieurs, que, pour les clercs eux-mêmes et dans le sein de l'Église, la liberté manquait de garantie. C'était bien pis hors de l'Église, et pour les laïques. Entre ecclésiastiques, du moins, il y avait discussion, délibération, déploiement des facultés individuelles ;

le mouvement du combat suppléait en partie à la liberté. Rien de pareil entre le clergé et le peuple. Les laïques assistaient au gouvernement de l'Église comme simples spectateurs. Aussi voit-on germer et prévaloir de bonne heure cette idée, que la théologie, les questions et les affaires religieuses sont le domaine privilégié du clergé, que le clergé seul a droit non seulement d'en décider, mais de s'en occuper ; qu'en aucune façon les laïques n'y doivent intervenir. A l'époque qui nous occupe, cette théorie, Messieurs, était déjà en pleine puissance ; et il a fallu des siècles et des révolutions terribles pour la vaincre, pour faire rentrer en quelque sorte les questions et les sciences religieuses dans le domaine public.

En principe donc, comme en fait, la séparation légale du clergé et du peuple chrétien était, avant le XIIe siècle, à peu près consommée.

Je ne voudrais cependant pas, Messieurs, que vous crussiez le peuple chrétien sans influence, même à cette époque, sur son gouvernement. L'intervention légale lui manquait, mais non l'influence. Cela est à peu près impossible dans tout gouvernement, bien plus encore dans un gouvernement fondé sur des croyances communes aux gouvernants et aux gouvernés. Partout où cette communauté d'idées se développe, où un même mouvement intellectuel emporte le gouvernement et le peuple, il y a entre eux un lien nécessaire, et qu'aucun vice d'organisation ne saurait rompre absolument. Pour m'expliquer clairement, je prendrai un exemple près de nous et dans l'ordre politique : à aucune époque, dans l'histoire de France, le peuple français n'a eu moins d'action légale, par la voie des institutions, sur son gouvernement, dans les XVIIe et XVIIIe siècles, que sous

Louis XIV et Louis XV. Personne n'ignore que presque toute intervention directe et officielle du pays dans l'exercice de l'autorité avait péri à cette époque. Nul doute, cependant, que le public, le pays, n'aient exercé alors sur le gouvernement bien plus d'influence que dans d'autres temps, dans des temps, par exemple, où les États généraux étaient assez souvent convoqués, où les parlements se mêlaient beaucoup de politique, où la participation légale du peuple au pouvoir était bien plus grande.

C'est qu'il y a, Messieurs, une force qui ne s'enferme pas dans les lois, qui, au besoin, sait se passer d'institutions : la force des idées, de l'intelligence publique, de l'opinion. Dans la France du XVII° et du XVIII° siècle, il y avait une opinion publique beaucoup plus puissante qu'à aucune autre époque. Quoiqu'elle fût dépourvue de moyens légaux pour agir sur le gouvernement, elle agissait indirectement, par l'empire des idées communes aux gouvernants et aux gouvernés, par l'impossibilité où se trouvaient les gouvernants de ne pas tenir compte de l'opinion des gouvernés. Un fait semblable avait lieu dans l'Église chrétienne du V° au XII° siècle : le peuple chrétien manquait, il est vrai, d'action légale ; mais il y avait un grand mouvement d'esprit en matière religieuse ; ce mouvement emportait les laïques et les ecclésiastiques ensemble, et par là le peuple agissait sur le clergé.

En tout, Messieurs, dans l'étude de l'histoire, il faut tenir grand compte des influences indirectes ; elles sont beaucoup plus efficaces et quelquefois plus salutaires qu'on ne se le figure communément. Il est naturel aux hommes de vouloir que leur action soit prompte, apparente ; d'aspirer au plaisir d'assister à leur succès, à leur pouvoir, à leur triomphe. Cela n'est pas toujours possible, ni même toujours utile. Il y a des temps, des situations où les influences indirectes, inaperçues, sont seules bonnes et praticables. Je prendrai encore un exemple dans l'ordre politique : plus d'une fois, notamment en 1641, le parlement d'Angleterre a réclamé, comme beaucoup d'autres assemblées dans des crises analogues, le droit de nommer directement les grands officiers de la couronne, les ministres, les conseillers d'État, etc. ; il regardait cette action directe dans le gouvernement comme une immense et précieuse garantie. Il l'a quelquefois exercée, et l'épreuve a toujours mal réussi. Les choix étaient mal concertés, les affaires mal gouvernées. Qu'arrive-t-il pourtant aujourd'hui en Angleterre ? N'est-ce pas l'influence des chambres qui décide de la formation du ministère, de la nomination de tous les grands officiers de la couronne? Oui ; mais c'est une influence indirecte, générale, au lieu d'une intervention spéciale. L'effet auquel l'Angleterre a longtemps aspiré est produit, mais par une autre voie ; la première n'avait jamais conduit à bien.

Il y en a une raison, Messieurs, sur laquelle je vous demande la permission de vous arrêter un moment : l'action directe suppose, dans ceux à qui elle est confiée, beaucoup plus de lumières, de raison, de prudence ; comme ils atteindront le but sur-le-champ et de plein saut, il faut qu'ils soient à peu près sûrs de ne le point manquer. Les influences indirectes, au contraire, ne s'exercent qu'à travers des obstacles, après des épreuves qui les contiennent et les rectifient ; elles sont condamnées, avant de réussir, à subir la discussion, à se voir combattues, contrôlées; elles ne triomphent que lentement, à condition, dans une certaine mesure. C'est pourquoi, lorsque les esprits ne sont pas encore assez avancés, assez mûrs pour que l'action directe leur puisse être remise avec sécurité, les influences indirectes, souvent insuffisantes, sont pourtant préférables. C'était ainsi que le peuple chrétien agissait sur son gouvernement, très incomplétement, beaucoup trop peu, j'en suis convaincu : cependant il agissait.

Il y avait aussi, Messieurs, une autre cause de rapprochement entre l'Église et les laïques : c'était la dispersion, pour ainsi dire, du clergé chrétien dans toutes les conditions sociales. Presque partout, quand une Église s'est constituée indépendante du peuple qu'elle gouvernait, le corps des prêtres a été formé d'hommes à peu près dans la même situation : non qu'il ne se soit introduit parmi eux d'assez grandes inégalités; cependant, à tout prendre, le pouvoir a appartenu à des colléges de prêtres vivant en commun, et gouvernant, du fond d'un temple, le peuple soumis à leurs lois. L'Église chrétienne était tout autrement organisée. Depuis la misérable habitation du colon, du serf, au pied du château féodal, jusqu'auprès du roi, partout il y avait un prêtre, un membre du clergé. Le clergé était associé à toutes les conditions humaines. Cette diversité dans la situation des prêtres chrétiens, ce partage de toutes les fortunes, a été un grand principe d'union entre le clergé et les laïques, principe qui a manqué à la plupart des Églises investies du pouvoir. Les évêques, les chefs du clergé chrétien étaient, de plus, comme vous l'avez vu, engagés dans l'organisation féodale, membres de la hiérarchie civile en même temps que de la hiérarchie ecclésiastique. De là des intérêts, des habitudes, des mœurs communes entre l'ordre civil et l'ordre religieux. On s'est beaucoup plaint, et avec raison, des évêques qui allaient à la guerre, des prêtres qui menaient la vie des laïques. A coup sûr c'était un grand abus : abus bien-moins fâcheux pourtant que n'a été ailleurs l'existence de ces prêtres qui ne sortaient jamais du temple, dont la vie était tout à fait séparée de la vie commune. Des évêques associés jusqu'à un certain point aux désordres civils valent mieux que des prêtres complétement étrangers à la population, à ses affaires, à ses mœurs. Il y a eu, sous ce rapport, entre le clergé et le peuple chrétien, une parité de destinée et de situation qui a, sinon corrigé, du moins atténué le mal de la séparation des gouvernants et des gouvernés.

Maintenant, Messieurs, cette séparation une fois admise et ses limites déterminées, comme je viens d'essayer de le faire, cherchons comment l'Église chrétienne gouvernait, de quelle manière elle agissait sur les peuples soumis à son empire. Que faisait-elle, d'une part, pour le développement de l'homme, le progrès intérieur de l'individu ; de l'autre, pour l'amélioration de l'état social ?

Quant au développement de l'individu, je ne crois pas, à vrai dire, qu'à l'époque qui nous occupe, l'Église s'en inquiétât beaucoup : elle tâchait d'inspirer aux puissants du monde des sentiments plus doux, plus de justice dans leurs relations avec les faibles; elle entretenait, dans les faibles, la vie morale, des sentiments et des espérances d'un ordre plus élevé que ceux auxquels les condamnait leur destinée de tous les jours. Je ne crois pas cependant que, pour le développement individuel proprement dit, pour mettre en valeur la nature personnelle des hommes, l'Église fît beaucoup à cette époque, du moins pour les laïques. Ce qu'elle faisait se renfermait dans le sein de la société ecclésiastique ;

elle s'inquiétait fort du développement du clergé, de l'instruction des prêtres; elle avait pour eux des écoles, et toutes les institutions que permettait le déplorable état de la société. Mais c'étaient des écoles ecclésiastiques, destinées à l'instruction du seul clergé ; hors de là, l'Église agissait indirectement, et par des voies fort lentes, pour le progrès des idées et des mœurs. Sans doute elle provoquait l'activité générale des esprits par la carrière qu'elle ouvrait à tous ceux qu'elle jugeait capables de la servir; mais c'était là à peu près tout ce qu'elle faisait, à cette époque, pour le développement intellectuel des laïques.

Elle agissait, je crois, davantage et d'une manière plus efficace pour l'amélioration de l'état social. Nul doute qu'elle ne luttât obstinément contre les grands vices de l'état social, par exemple contre l'esclavage. On a beaucoup répété que l'abolition de l'esclavage dans le monde moderne était due complétement au christianisme. Je crois que c'est trop dire : l'esclavage a subsisté longtemps au sein de la société chrétienne, sans qu'elle s'en soit fort étonnée, ni fort irritée. Il a fallu une multitude de causes, un grand développement d'autres idées, d'autres principes de civilisation, pour abolir cette iniquité des iniquités. Cependant, on ne peut douter que l'Église n'employât son influence à la restreindre. Il y en a une preuve irrécusable : la plupart des formules d'affranchissement, à diverses époques, se fondent sur un motif religieux; c'est au nom des idées religieuses, des espérances de l'avenir, de l'égalité religieuse des hommes, que l'affranchissement est presque toujours prononcé.

L'Église travaillait également à la suppression d'une foule de pratiques barbares, à l'amélioration de la législation criminelle et civile. Vous savez à quel point, malgré quelques principes de liberté, cette législation était alors absurde et funeste ; vous savez que de folles épreuves, le combat judiciaire, le simple serment de quelques hommes, étaient considérés comme les seuls moyens d'arriver à la découverte de la vérité. L'Église s'efforçait d'y substituer des moyens plus rationnels, plus légitimes. J'ai déjà parlé de la différence qu'on remarque entre les lois des Visigoths, issues en grande partie des conciles de Tolède, et les autres lois barbares. Il est impossible de les comparer sans être frappé de l'immense supériorité des idées de l'Église en matière de législation, de justice, dans tout ce qui intéresse la recherche de la vérité et la destinée des hommes. Sans doute la plupart de ces idées étaient empruntées à la législation romaine ; mais si l'Église ne les avait pas gardées et défendues, si elle n'avait pas travaillé à les propager, ces idées auraient péri. S'agit-il, par exemple, de l'emploi du serment dans la procédure, ouvrez la loi des Visigoths, vous verrez avec quelle sagesse elle en use :

« Que le juge, pour bien connaître la cause, interroge
» d'abord les témoins et examine ensuite les écritures, afin
» que la vérité se découvre avec plus de certitude, et qu'on
» n'en vienne pas facilement au serment. La recherche de
» la vérité et de la justice veut que les écritures de part et
» d'autre soient bien examinées, et que la nécessité du
» serment, suspendue sur la tête des parties, n'arrive
» qu'inopinément. Que le serment soit déféré seulement
» dans les causes où le juge ne sera parvenu à découvrir
» aucune écriture, aucune preuve ni aucun indice certain
» de la vérité. » (*For. Jud.*, L. II, tit. 1, l. 21.)

En matière criminelle, le rapport des peines aux délits

est déterminé d'après des notions philosophiques et morales assez justes. On y reconnaît les efforts d'un législateur éclairé qui lutte contre la violence et l'irréflexion des mœurs barbares. Le titre *De cæde et morte hominum*, comparé aux lois correspondantes des autres peuples, en est un exemple très remarquable. Ailleurs, c'est le dommage presque seul qui semble constituer le crime, et la peine est cherchée dans cette réparation matérielle qui résulte de la composition. Ici, le crime est ramené à son élément moral et véritable ; l'intention. Les diverses nuances de criminalité, l'homicide absolument involontaire, l'homicide par inadvertance, l'homicide provoqué, l'homicide avec ou sans préméditation, sont distingués et définis à peu près aussi bien que dans nos Codes, et les peines varient dans une proportion assez équitable. La justice du législateur a été plus loin. Il a essayé, sinon d'abolir, du moins d'atténuer cette diversité de valeur légale établie entre les hommes par les autres lois barbares. La seule distinction qu'il ait maintenue est celle de l'homme libre et de l'esclave. A l'égard des hommes libres, la peine ne varie ni selon l'origine, ni selon le rang du mort, mais uniquement selon les divers degrés de culpabilité morale du meurtrier. A l'égard des esclaves, n'osant retirer complétement aux maîtres le droit de vie et de mort, on a du moins tenté de le restreindre, en l'assujettissant à une procédure publique et régulière. Le texte de la loi mérite d'être cité :

« Si nul coupable ou complice d'un crime ne doit de-
» meurer impuni, à combien plus forte raison ne doit-on pas
» réprimer celui qui a commis un homicide méchamment et
» avec légèreté ! Ainsi, comme des maîtres, dans leur orgueil,
» mettent souvent à mort leurs esclaves, sans aucune faute

» de ceux-ci, il convient d'extirper tout à fait cette licence,
» et d'ordonner que la présente loi sera éternellement ob-
» servée de tous. Nul maître ou maîtresse ne pourra mettre
» à mort, sans jugement public, aucun de ses esclaves
» mâles ou femelles, ni aucune personne dépendante de
» lui. Si un esclave, ou tout autre serviteur, commet un
» crime qui puisse attirer sur lui une condamnation capi-
» tale, son maître, ou son accusateur en informera sur-le-
» champ le juge du lieu où l'action a été commise, ou le
» comte, ou le duc. Après la discussion de l'affaire, si le
» crime est prouvé, que le coupable subisse, soit par le
» juge, soit par son propre maître, la sentence de mort
» qu'il a méritée; de telle sorte, cependant, que si le juge
» ne veut pas mettre à mort l'accusé, il dressera par écrit
» contre lui une sentence capitale, et alors il sera au pou-
» voir du maître de le tuer ou de lui laisser la vie. A la
» vérité, si l'esclave, par une fatale audace, résistant à son
» maître, l'a frappé ou tenté de le frapper d'une arme,
» d'une pierre, ou de tout autre coup, et si le maître, en
» voulant se défendre, a tué l'esclave dans sa colère, le
» maître ne sera nullement tenu de la peine de l'homicide.
» Mais il faudra prouver que le fait s'est passé ainsi; et
» cela, par le témoignage ou le serment des esclaves, mâles
» ou femelles, qui se seront trouvés présents, et par le ser-
» ment de l'auteur même du fait. Quiconque, par pure
» méchanceté, et de sa propre main ou par celle d'un autre,
» aura tué son esclave sans jugement public, sera noté d'in-
» famie, déclaré incapable de paraître en témoignage, tenu
» de passer le reste de sa vie dans l'exil et la pénitence, et
» ses biens iront aux plus proches parents à qui la loi en
» accorde l'héritage. » (*For. Jud.*, L. VI, tit. v, l. 12.)

Il y a, Messieurs, dans les institutions de l'Église, un fait en général trop peu remarqué : c'est son système pénitentiaire ; système d'autant plus curieux à étudier aujourd'hui qu'il est, quant aux principes et aux applications du droit pénal, presque complétement d'accord avec les idées de la philosophie moderne. Si vous étudiez la nature des peines de l'Église, des pénitences publiques qui étaient son principal mode de châtiment, vous verrez qu'elles ont surtout pour objet d'exciter dans l'âme du coupable le repentir, dans celle des assistants, la terreur morale de l'exemple. Il y a bien une autre idée qui s'y mêle, une idée d'expiation. Je ne sais, en thèse générale, s'il est possible de séparer l'idée de l'expiation de celle de peine, et s'il n'y a pas dans toute peine, indépendamment du besoin de provoquer le repentir du coupable et de détourner ceux qui pourraient être tentés de le devenir, un secret et impérieux besoin d'expier le tort commis. Mais, laissant de côté cette question, il est évident que le repentir et l'exemple sont le but que se propose l'Église dans tout son système pénitentiaire. N'est-ce pas là aussi, Messieurs, le but d'une législation vraiment philosophique? N'est-ce pas au nom de ces principes que, dans le dernier siècle et de nos jours, les publicistes les plus éclairés ont réclamé la réforme de la législation pénale européenne ? Aussi ouvrez leurs livres, ceux de M. Bentham, par exemple, vous serez étonnés de toutes les ressemblances que vous rencontrerez entre les moyens pénaux qu'ils proposent et ceux qu'employait l'Église. Ils ne les lui ont, à coup sûr, point empruntés, et l'Église ne prévoyait guère qu'un jour son exemple serait invoqué à l'appui des plans des moins dévots philosophes.

Enfin, elle essayait également, par toutes sortes de voies,

de réprimer dans la société le recours à la violence, les guerres continuelles. Il n'y a personne qui ne sache ce que c'était que la trêve de Dieu, et une foule de mesures du même genre, par lesquelles l'Église luttait contre l'emploi de la force, et s'appliquait à introduire dans la société plus d'ordre, plus de douceur. Les faits sont ici tellement connus, que je puis me dispenser d'entrer dans aucun détail.

Tels sont, Messieurs, les points principaux que j'ai à mettre sous vos yeux quant aux rapports de l'Église avec les peuples. Nous l'avons considérée sous les trois aspects que je vous avais annoncés ; nous la connaissons maintenant au dedans et au dehors, dans sa constitution intérieure et dans sa double situation. Il nous reste à tirer de ce que nous savons, par voie d'induction, de conjecture, son influence générale sur la civilisation européenne. C'est là, si je ne me trompe, un travail à peu près fait, ou du moins fort avancé ; le simple énoncé des faits, des principes dominants dans l'Église, révèle et explique son influence ; les résultats ont en quelque sorte passé déjà sous vos yeux avec les causes. Cependant, si nous essayons de les résumer, nous serons conduits, je crois, à deux assertions générales.

La première, c'est que l'Église a dû exercer une très grande influence sur l'ordre moral et intellectuel dans l'Europe moderne, sur les idées, les sentiments et les mœurs publiques. Le fait est évident ; le développement moral et intellectuel de l'Europe a été essentiellement théologique. Parcourez l'histoire du ve au xvie siècle : c'est la théologie qui possède et dirige l'esprit humain ; toutes les opinions sont empreintes de théologie ; les questions philosophiques, politiques, historiques, sont toujours considérées sous un point de vue théologique. L'Église est tellement souveraine dans l'ordre intellectuel, que même les sciences mathématiques et physiques sont tenues de se soumettre à ses doctrines. L'esprit théologique est en quelque sorte le sang qui a coulé dans les veines du monde européen, jusqu'à Bacon et Descartes. Pour la première fois, Bacon en Angleterre, et Descartes en France, ont jeté l'intelligence hors des voies de la théologie.

Le même fait se retrouve dans toutes les branches de la littérature; les habitudes, les sentiments, le langage théologiques y éclatent à chaque instant.

À tout prendre, cette influence a été salutaire : non seulement elle a entretenu, fécondé le mouvement intellectuel en Europe; mais le système de doctrines et de préceptes au nom desquels elle imprimait le mouvement était très supérieur à tout ce que le monde ancien avait jamais connu. Il y avait à la fois mouvement et progrès.

La situation de l'Église a de plus donné, au développement de l'esprit humain dans le monde moderne, une étendue, une variété qu'il n'avait point eues jusqu'alors. En Orient, l'intelligence est toute religieuse; dans la société grecque, elle est presque exclusivement humaine : là, l'humanité proprement dite, sa nature et sa destinée actuelle, disparaissent; ici, c'est l'homme, ce sont ses passions, ses sentiments, ses intérêts actuels qui occupent tout le terrain. Dans le monde moderne, l'esprit religieux s'est mêlé à tout, mais sans rien exclure. L'intelligence moderne est empreinte à la fois d'humanité et de divinité. Les sentiments, les intérêts humains tiennent une grande place dans nos littératures; et cependant le caractère religieux de l'homme, la portion de son existence qui se rattache à un autre monde, y paraissent à chaque pas : en sorte que les deux grandes sources du développement de l'homme, l'humanité et la religion, ont coulé en même temps et avec abondance ; et que, malgré tout le mal, tous les abus qui s'y sont mêlés, malgré tant d'actes de tyrannie, sous le point de vue intellectuel, l'influence de l'Église a plus développé que comprimé, plus étendu que resserré.

Sous le point de vue politique, c'est autre chose. Nul doute qu'en adoucissant les sentiments et les mœurs, en expulsant un grand nombre de pratiques barbares, l'Église n'ait puissamment contribué à l'amélioration de l'état social ; mais dans l'ordre politique proprement dit, quant aux relations du gouvernement avec les sujets, du pouvoir avec la liberté, je ne crois pas qu'à tout prendre son influence ait été bonne. Sous ce rapport, l'Église s'est toujours présentée comme l'interprète, le défenseur de deux systèmes, du système théocratique ou du système impérial romain, c'est-à-dire du despotisme, tantôt sous la forme religieuse, tantôt sous la forme civile. Prenez toutes ses institutions, toute sa législation ; prenez ses canons, sa procédure : vous retrouverez toujours comme principe dominant la théocratie ou l'Empire. Faible, l'Église se mettait à couvert sous le pouvoir absolu des empereurs ; forte, elle le revendiquait pour son propre compte, au nom de son pouvoir spirituel. Il ne faut pas s'arrêter à quelques faits, à certains cas particuliers. Sans doute l'Église a souvent invoqué les droits des peuples contre le mauvais gouvernement des souverains ; souvent même elle a approuvé et provoqué l'insurrection. Souvent aussi elle a soutenu auprès des souverains les droits et les intérêts des peuples. Mais quand la question des garanties politiques s'est posée entre le pouvoir et la liberté, quand il s'est agi d'établir un système d'institutions permanentes qui missent véritablement la liberté à l'abri des invasions du pouvoir, en général l'Église s'est rangée du côté du despotisme.

Il ne faut pas trop s'en étonner, ni s'en prendre trop à la faiblesse humaine dans le clergé, ou à quelque vice particulier de l'Église chrétienne. Il y en a une cause plus profonde et plus puissante.

A quoi prétend une religion, Messieurs, quelle qu'elle soit? Elle prétend à gouverner les passions humaines, la volonté humaine. Toute religion est un frein, un pouvoir, un gouvernement. Elle vient, au nom de la loi divine, pour dompter la nature humaine. C'est donc à la liberté humaine qu'elle a surtout affaire; c'est la liberté humaine qui lui résiste et qu'elle veut vaincre. Telle est l'entreprise de la religion, sa mission, son espoir.

A la vérité, en même temps que c'est à la liberté humaine que les religions ont affaire, en même temps qu'elles aspirent à réformer la volonté de l'homme, elles n'ont, pour agir sur l'homme, d'autre moyen moral que lui-même, sa volonté, sa liberté. Quand elles agissent par des moyens extérieurs, par la force, la séduction, par des moyens, en un mot, étrangers au libre concours de l'homme, elles le traitent comme on traite l'eau, le vent, comme une force toute matérielle; elles ne vont point à leur but, elles n'atteignent et ne gouvernent point la volonté. Pour que les religions accomplissent réellement leur tâche, il faut qu'elles se fassent accepter de la liberté même; il faut que l'homme se soumette, mais volontairement, librement, et qu'il conserve sa liberté au sein de sa soumission. C'est là le double problème que les religions sont appelées à résoudre.

Elles l'ont trop souvent méconnu; elles ont considéré la

liberté comme obstacle et non comme moyen ; elles ont oublié la nature de la force à laquelle elles s'adressaient ; et se sont conduites avec l'âme humaine comme avec une force matérielle. C'est par suite de cette erreur qu'elles ont été amenées à se ranger presque toujours du côté du pouvoir, du despotisme, contre la liberté humaine ; la considérant uniquement comme un adversaire, et s'inquiétant beaucoup plus de la dompter que de la garantir. Si les religions s'étaient bien rendu compte de leurs moyens d'action, si elles ne s'étaient pas laissé entraîner à une pente naturelle, mais trompeuse, elles auraient vu qu'il faut garantir la liberté pour la régler moralement ; que la religion ne peut, ne doit agir que par des moyens moraux ; elles auraient respecté la volonté de l'homme, en s'appliquant à la gouverner. Elles l'ont trop oublié, et le pouvoir religieux a fini par en souffrir lui-même, aussi bien que la liberté.

Je ne pousserai pas plus loin, Messieurs, l'examen des conséquences générales de l'influence de l'Église sur la civilisation européenne ; je les ai résumées dans ce double résultat : grande et salutaire influence sur l'ordre intellectuel et moral ; influence plutôt fâcheuse qu'utile sur l'ordre politique proprement dit. Nous avons maintenant à contrôler nos assertions par les faits, à vérifier par l'histoire ce que nous avons déduit de la nature même et de la situation de la société ecclésiastique. Voyons quelle a été, du Ve au XIIe siècle, la destinée de l'Église chrétienne, et si, en effet, les principes que j'ai mis sous vos yeux, les résultats que j'ai essayé d'en tirer, se sont développés tels que j'ai cru les pressentir.

Gardez-vous de croire, Messieurs, que ces principes, ces conséquences, aient apparu à la fois et aussi clairement que je les ai présentés. C'est une grande et trop commune erreur, quand on considère le passé à des siècles de distance, d'oublier la chronologie morale, d'oublier (singulier oubli!) que l'histoire est essentiellement successive. Prenez la vie d'un homme, de Cromwell, de Gustave-Adolphe, du cardinal de Richelieu. Il entre dans la carrière, il marche, il avance; de grands événements agissent sur lui, il agit sur de grands événements; il arrive au terme : nous le connaissons alors, mais dans son ensemble, tel qu'il est sorti, en quelque sorte, après un long travail, de l'atelier de la Providence. Or, en commençant, il n'était point ce qu'il est ainsi devenu; il n'a pas été complet, achevé un seul moment de sa vie; il s'est fait successivement. Les hommes se font moralement comme physiquement; ils changent tous les jours; leur être se modifie sans cesse. Le Cromwell de 1650 n'était pas le Cromwell de 1640. Il y a bien toujours un fond d'individualité, le même homme qui persiste; mais que d'idées, que de sentiments, que de volontés ont changé en lui! que de choses il a perdues et acquises! A quelque moment que nous considérions la vie de l'homme, il n'y en a aucun où il ait été tel que nous le voyons quand le terme est atteint.

C'est pourtant là, Messieurs, l'erreur où sont tombés la plupart des historiens; parce qu'ils ont acquis une idée complète de l'homme, ils le voient tel dans tout le cours de sa carrière; pour eux, c'est le même Cromwell qui entre en 1628 dans le parlement, et qui meurt trente ans après dans le palais de White-Hall. Et en fait d'institutions, d'influences générales, on commet sans cesse la même méprise. Prenons soin de nous en défendre, Messieurs; je vous ai présenté dans leur ensemble les principes de l'Église et le développement des conséquences. Sachez bien qu'historiquement ce tableau n'est pas vrai. Tout cela a été partiel, successif, jeté çà et là dans l'espace et le temps. Ne vous attendez pas à retrouver, dans le récit des faits, cet ensemble, cet enchaînement prompt et systématique. Nous verrons poindre ici tel principe, là tel autre ; tout sera incomplet, inégal, épars ; il faudra arriver aux temps modernes, au bout de la carrière, pour retrouver l'ensemble. Je vais mettre sous vos yeux les divers états par lesquels l'Église a passé du ve au xiie siècle ; nous n'y puiserons pas la démonstration complète des assertions que je vous ai présentées ; cependant nous en verrons assez, je crois, pour pressentir leur légitimité.

Le premier état dans lequel l'Église se montre au ve siècle, c'est l'état d'Église impériale, d'Église de l'Empire romain. Quand l'Empire romain est tombé, l'Église se croyait au terme de sa carrière, à son triomphe définitif. Elle avait enfin complétement vaincu le paganisme. Le dernier empereur qui ait pris la qualité de souverain pontife, dignité païenne, c'est l'empereur Gratien, mort à la fin du ive siècle. Gratien était encore appelé souverain pontife, comme Auguste et Tibère. L'Église se croyait également au bout de sa lutte contre les hérétiques, contre les ariens surtout, la principale des hérésies du temps. L'empereur Théodose instituait contre eux, à la fin du ive siècle, une législation complète et rigoureuse. L'Église était donc en possession du gouvernement et de la victoire sur ses deux plus grands ennemis. C'est à ce moment qu'elle vit l'Empire romain lui manquer, et se trouva en présence d'autres païens, d'autres hérétiques, en présence des Barbares, des Goths, des Vandales, des Bourguignons, des Francs. La chute était immense. Vous concevez sans peine qu'un vif attachement pour l'Empire dut se conserver dans le sein de l'Église. Aussi la voit-on adhérer fortement à ce qui en reste, au régime municipal et au pouvoir absolu. Et quand elle a réussi à convertir les Barbares, elle essaie de ressusciter l'Empire; elle s'adresse aux rois barbares, elle les conjure de se faire empereurs romains, de prendre tous les droits des empereurs romains, d'entrer avec l'Église dans les mêmes relations où elle était avec l'Empire romain. C'est là le travail des évêques du ve et du vi^e siècle. C'est l'état général de l'Église.

La tentative ne pouvait réussir ; il n'y avait pas moyen de refaire la société romaine avec des Barbares. Comme le monde civil, l'Église elle-même tomba dans la barbarie. C'est son second état. Quand on compare les écrits des chroniqueurs ecclésiastiques du viiie siècle avec ceux des siècles précédents, la différence est immense. Tout débris de civilisation romaine a disparu, même le bon langage ; on se sent enfoncer, pour ainsi dire, dans la barbarie. D'une part des Barbares entrent dans le clergé, deviennent prêtres, évêques ; de l'autre, des évêques adoptent la vie barbare, et, sans quitter leur évêché, se font chefs de bandes, et errent dans le pays, pillant, guerroyant comme les compagnons de Clovis. Vous voyez dans Grégoire de Tours plusieurs évêques, entre autres Salone et Sagittaire, qui passent ainsi leur vie.

Deux faits importants se sont développés au sein de cette Église barbare. Le premier, c'est la séparation du pouvoir spirituel et du pouvoir temporel. C'est à cette époque que ce principe a pris son développement. Rien de plus naturel. L'Église n'ayant pas réussi à ressusciter le pouvoir absolu de l'Empire romain, il a bien fallu, pour le partager, qu'elle cherchât son salut dans l'indépendance. Il a fallu qu'elle se défendît par elle-même partout, car elle était à chaque instant menacée. Chaque évêque, chaque prêtre, voyait ses voisins barbares intervenir sans cesse dans les affaires de l'Église pour envahir ses richesses, ses domaines, son pouvoir; il n'avait d'autre moyen de se défendre que de dire : « L'ordre spirituel est complétement séparé de l'ordre temporel; vous n'avez pas le droit de vous en mêler. » Ce principe est devenu, sur tous les points, l'arme défensive de l'Église contre la barbarie.

Un second fait important appartient à la même époque : c'est le développement de l'ordre monastique en Occident. Ce fut, comme on sait, au commencement du VIe siècle que saint Benoît donna sa règle aux moines d'Occident, encore peu nombreux, et qui se sont dès lors prodigieusement étendus. Les moines, à cette époque, n'étaient pas encore membres du clergé; on les regardait encore comme des laïques. On allait bien chercher parmi eux des prêtres, des évêques même; mais c'est seulement à la fin du Ve siècle et au commencement du VIe que les moines, en général, ont été considérés comme faisant partie du clergé proprement dit. On a vu alors des prêtres et des évêques se faire moines, croyant faire un nouveau progrès dans la vie religieuse. Aussi l'ordre monastique prit-il tout à coup en Europe un extrême développement. Les moines frappaient l'imagination des Barbares bien plus que le clergé séculier; leur nombre imposait, ainsi que la singularité de leur vie. Le clergé séculier, l'évêque, le simple prêtre étaient un peu usés pour l'imagination des Barbares, accoutumés à les voir, à les maltraiter, à les piller. C'était une plus grande affaire de s'attaquer à un monastère, à tant de saints hommes réunis dans un saint lieu. Les monastères ont été, pendant l'époque barbare, un lieu d'asile pour l'Église, comme l'Église était un lieu d'asile pour les laïques. Les hommes pieux s'y sont réfugiés, comme, en Orient, ils s'étaient réfugiés dans la Thébaïde, pour échapper à la vie mondaine et à la corruption de Constantinople.

Tels sont, dans l'histoire de l'Église, les deux grands faits qui appartiennent à l'époque barbare : d'une part, le développement du principe de la séparation du pouvoir spirituel et du pouvoir temporel; de l'autre, le développement du système monastique dans l'Occident.

Vers la fin de l'époque barbare, il y eut une nouvelle tentative de ressusciter l'Empire romain : c'est la tentative de Charlemagne. L'Église et le souverain civil contractèrent de nouveau une étroite alliance. Ce fut une époque de grande docilité, et aussi de grands progrès pour la papauté. La tentative échoua encore une fois; l'Empire de Charlemagne tomba; mais les avantages que l'Église avait retirés de son alliance lui restèrent. La papauté se vit définitivement à la tête de la chrétienté.

A la mort de Charlemagne, le chaos recommence; l'Église y retombe comme la société civile : elle en sort de même en entrant dans les cadres de la féodalité. C'est son troisième état. Il arriva, par la dissolution de l'empire de Charlemagne, dans l'ordre ecclésiastique, à peu près la même chose que dans l'ordre civil : toute unité disparut, tout devint local, partiel, individuel. On voit commencer alors, dans la situation du clergé, une lutte qu'on n'a guère rencontrée jusqu'à cette époque : c'est la lutte des sentiments et de l'intérêt du possesseur de fief avec les sentiments et l'intérêt du prêtre. Les chefs de l'Église sont placés entre ces deux situations : l'une tend à prévaloir sur l'autre ; l'esprit ecclésiastique n'est plus si puissant ni si universel ; l'intérêt individuel tient plus de place ; le goût de l'indépendance, les habitudes de la vie féodale relâchent les liens de la hiérarchie ecclésiastique. Il se fait alors dans le sein de l'Église une tentative pour prévenir les effets de ce relâchement. On essaie sur divers points, par un système de fédération, par les assemblées et les délibérations communes, d'organiser des Églises nationales. C'est à cette époque, c'est sous le régime féodal qu'on rencontre la plus grande quantité de conciles, de convocations, d'assemblées ecclésiastiques, provinciales, nationales. C'est en France surtout que cet essai d'unité paraît suivi avec le plus d'ardeur. L'archevêque Hincmar, de Reims, peut être considéré comme le représentant de cette idée ; il a constamment travaillé à organiser l'Église française ; il a cherché, employé tous les moyens de correspondance et d'union qui pouvaient ramener dans l'Église féodale un peu d'unité. On voit Hincmar maintenir, d'un côté, l'indépendance de l'Église à l'égard du pouvoir temporel, de l'autre son indépendance à l'égard de la papauté ; c'est lui qui, sachant que le pape veut venir en France, et menace d'excommunier des évêques, dit : *Si excommunicaturus venerit, excommunicatus abibit.*

Mais la tentative d'organiser ainsi l'Église féodale ne réussit pas mieux que n'avait réussi la réorganisation de l'Église impériale. Il n'y avait pas moyen de rétablir quelque unité dans cette Église. La dissolution allait toujours augmentant. Chaque évêque, chaque prélat, chaque abbé, s'isolait de plus en plus dans son diocèse ou dans son monastère. Le désordre croissait par la même cause. C'est le temps des plus grands abus de la simonie, de la disposition tout à fait arbitraire des bénéfices ecclésiastiques, du plus grand désordre de mœurs parmi les prêtres.

Ce désordre choquait extrêmement et le peuple et la meilleure portion du clergé. Aussi voit-on de bonne heure poindre dans l'Église un certain esprit de réforme, le besoin de chercher quelque autorité qui rallie tous ces éléments et leur impose la règle. Claude, évêque de Turin, Agobard, archevêque de Lyon, font dans leur diocèse quelques essais de ce genre ; mais ils n'étaient pas en état d'accomplir une telle œuvre ; il n'y avait dans le sein de l'Église qu'une seule force qui pût y réussir : c'était la cour de Rome, la papauté. Aussi ne tarda-t-elle pas à prévaloir. L'Église passa, dans le courant du xi° siècle, à son quatrième état, à l'état d'Église théocratique et monastique. Le créateur de cette nouvelle forme de l'Église, autant qu'il appartient à un homme de créer, c'est Grégoire VII.

Nous sommes accoutumés, Messieurs, à nous représenter Grégoire VII comme un homme qui a voulu rendre toutes choses immobiles, comme un adversaire du développement intellectuel, du progrès social, comme un homme qui prétendait retenir le monde dans un système stationnaire ou rétrograde. Rien n'est moins vrai, Messieurs : Grégoire VII était un réformateur par la voie du despotisme, comme Charlemagne et Pierre le Grand. Il a été à peu près, dans l'ordre ecclésiastique, ce que Charlemagne en France et Pierre le Grand en Russie ont été dans l'ordre civil. Il a voulu réformer l'Église, et par l'Église la société civile, y introduire plus de moralité, plus de justice, plus de règle ; il a voulu le faire par le saint-siége et à son profit.

En même temps qu'il tentait de soumettre le monde civil à l'Église, et l'Église à la papauté, dans un but de réforme, de progrès, non dans un but stationnaire et rétrograde, une tentative de même nature, un mouvement pareil se produisaient dans le sein des monastères. Le besoin de l'ordre, de la discipline, de la rigidité morale, y éclatait avec ardeur. C'est le temps où Robert de Molême introduisait une règle sévère à Cîteaux ; le temps de saint Norbert et de la réforme des chanoines ; le temps de la réforme de Cluny ; enfin, de la grande réforme de saint Bernard. Une fermentation générale règne dans les monastères ; les vieux moines se défendent, trouvent cela très mauvais, disent qu'on attente à leur liberté, qu'il faut s'accommoder aux mœurs du temps, qu'il est impossible de revenir à la primitive Église, et traitent tous ces réformateurs d'insensés, de rêveurs, de tyrans. Ouvrez l'histoire de Normandie, d'Orderic Vital, vous y rencontrerez sans cesse ces plaintes.

Tout semblait donc tourner au profit de l'Église, de son unité, de son pouvoir. Mais pendant que la papauté cherchait à s'emparer du gouvernement du monde, pendant que les monastères se réformaient sous le point de vue moral, quelques hommes puissants, bien qu'isolés, réclamaient pour la raison humaine le droit d'être quelque chose dans l'homme, le droit d'intervenir dans ses idées. La plupart d'entre eux n'attaquaient pas les opinions reçues, les croyances religieuses ; ils disaient seulement que la raison avait le droit de les prouver, qu'il ne suffisait pas qu'elles fussent affirmées par l'autorité. Jean Érigène, Roscelin, Abailard, voilà par quels interprètes la raison individuelle a recommencé à réclamer son héritage ; voilà les premiers auteurs du mouvement de liberté qui s'est associé au mouvement de réforme d'Hildebrand et de saint Bernard. Quand on cherche le caractère dominant de ce mou-

vement, on voit que ce n'était pas un changement d'opinion, une révolte contre le système des croyances publiques ; c'était simplement le droit de raisonner revendiqué pour la raison. « Les élèves d'Abailard lui demandaient, nous
» dit-il lui-même dans son *Introduction à la théologie*,
» des arguments philosophiques et propres à satisfaire la
» raison, le suppliant de les instruire, non à répéter ce qu'il
» leur apprenait, mais à le comprendre ; car nul ne saurait
» croire sans avoir compris, et il est ridicule d'aller prê-
» cher aux autres des choses que ne peuvent entendre ni
» celui qui professe, ni celui qui enseigne.... Quel peut
» être le but de l'étude de la philosophie, sinon de con-
» duire à celle de Dieu, auquel tout doit se rapporter ? Dans
» quelle vue permet-on aux fidèles la lecture des écrits trai-
» tant des choses du siècle, et celle des livres des Gentils,
» sinon pour les former à l'intelligence des vérités de la
» sainte Écriture, et à l'habileté nécessaire pour les défen-
» dre?.... C'est dans ce but surtout qu'il faut s'aider de
» toutes les forces de la raison, afin d'empêcher que, sur
» des questions aussi difficiles et aussi compliquées que celles
» qui font l'objet de la foi chrétienne, les subtilités de ses
» ennemis ne parviennent trop aisément à altérer la pureté
» de notre foi. »

L'importance de ce premier essai de liberté, de cette renaissance de l'esprit d'examen, fut bientôt sentie. Occupée de se réformer elle-même, l'Église n'en prit pas moins l'alarme ; elle déclara sur-le-champ la guerre à ces réformateurs nouveaux, dont les méthodes la menaçaient bien plus que leurs doctrines. C'est là le grand fait qui éclate à la fin du XIe et au commencement du XIIe siècle, au moment où l'Église se présente à l'état théocratique et monastique.

Pour la première fois, à cette époque, une lutte sérieuse s'est engagée entre le clergé et les libres penseurs. Les querelles d'Abailard et de saint Bernard, les conciles de Soissons et de Sens, où Abailard fut condamné, ne sont pas autre chose que l'expression de ce fait, qui a tenu dans l'histoire de la civilisation moderne une si grande place. C'est la principale circonstance de l'état de l'Église au XIIe siècle, au point où nous la laisserons aujourd'hui.

Au même moment, Messieurs, se produisait un mouvement d'une autre nature, le mouvement d'affranchissement des communes. Singulière inconséquence des mœurs ignorantes et grossières! Si l'on eût dit à ces bourgeois qui conquéraient avec passion leur liberté, qu'il y avait des hommes qui réclamaient le droit de la raison humaine, le droit d'examen, des hommes que l'Église traitait d'hérétiques, ils les auraient lapidés ou brûlés à l'instant. Plus d'une fois Abailard et ses amis coururent ce péril. D'un autre côté, ces mêmes écrivains, qui réclamaient le droit de la raison humaine, parlaient des efforts d'affranchissement des communes comme d'un désordre abominable, du renversement de la société. Entre le mouvement philosophique et le mouvement communal, entre l'affranchissement rationnel et l'affranchissement politique, la guerre semblait déclarée. Il a fallu des siècles pour réconcilier ces deux grandes puissances, pour leur faire comprendre la communauté de leurs intérêts. Au XIIe siècle, elles n'avaient rien de commun. En traitant, dans notre prochaine réunion, de l'affranchissement des communes, nous en serons bientôt convaincus.

SEPTIÈME LEÇON.

Objet de la leçon. — Tableau comparatif de l'état des communes au XII⁰ et au XVIII⁰ siècle. — Double question. — 1° De l'affranchissement des communes. — État des villes du V⁰ au X⁰ siècle. — Leur décadence et leur renaissance. — Insurrection communale. — Chartes. — Effets sociaux et moraux de l'affranchissement des communes. — 2° Du gouvernement intérieur des communes. — Assemblées du peuple. — Magistrats. — Haute et basse bourgeoisie. — Diversité de l'état des communes dans les divers pays de l'Europe.

MESSIEURS,

Nous avons conduit jusqu'au XII⁰ siècle l'histoire des deux premiers grands éléments de la civilisation moderne, le régime féodal et l'Église. C'est du troisième de ces éléments fondamentaux, je veux dire des communes, que nous avons à nous occuper aujourd'hui, également jusqu'au XII⁰ siècle, en nous renfermant dans la limite où, pour les deux autres, nous nous sommes arrêtés.

Nous nous trouvons, à l'égard des communes, dans une situation différente de celle où nous étions pour l'Église ou pour le régime féodal. Du V⁰ au XII⁰ siècle, le régime féodal et l'Église, bien qu'ils aient pris plus tard de nouveaux développements, se sont montrés à nous à peu près complets, dans un état définitif; nous les avons vus naître, grandir, atteindre à leur maturité. Il n'en est pas de même pour les communes. C'est seulement à la fin de l'époque dont nous nous sommes occupés, dans les XIᵉ et XIIᵉ siècles, qu'elles ont pris place dans l'histoire : non qu'elles n'aient eu auparavant une histoire qui mérite d'être étudiée ; non qu'il n'y ait, bien avant cette époque, des traces de leur existence ; mais c'est seulement au XIᵉ siècle qu'elles apparaissent clairement sur la grande scène du monde, et comme un élément important de la civilisation moderne. Ainsi, pour le régime féodal et l'Église, du Vᵉ au XIIᵉ siècle, nous avons vu les effets se développer, provenir des causes ; toutes les fois que, par voie d'induction, de conjecture, nous avons déduit des principes certains résultats, nous avons pu les vérifier par l'examen des faits mêmes. Pour les communes, cette facilité nous manque ; nous assistons à leur berceau ; je ne puis guère aujourd'hui vous entretenir que des causes, des origines. Ce que je dirai sur les effets de l'existence des communes, sur leur influence dans le cours de la civilisation européenne, je le dirai en quelque sorte par voie de prédiction. Je ne pourrai invoquer le témoignage de faits contemporains et connus. C'est plus tard, du XIIᵉ au XVᵉ siècle, que nous verrons les communes prendre leur développement, l'institution porter tous ses fruits, et l'histoire prouver nos assertions. J'insiste, Messieurs, sur cette différence de situation, pour vous prémunir moi-même contre ce qu'il pourra y avoir d'incomplet et de prématuré dans le tableau que je vais vous offrir.

Je suppose, Messieurs, qu'en 1789, au moment où commençait la terrible régénération de la France, un bourgeois du XIIᵉ siècle eût soudainement reparu au milieu de nous ; qu'on lui eût donné à lire, s'il avait su lire, un de ces pamphlets qui agitaient si puissamment les esprits, par exemple, le pamphlet de M. Sieyes : *Qu'est-ce que le tiers ?*

Ses yeux tombent sur cette phrase, qui est le fond du pamphlet : « Le tiers état, c'est la nation française, moins la » noblesse et le clergé. » Je vous le demande, Messieurs, quelle impression produira une telle phrase sur l'esprit d'un tel homme? Croyez-vous qu'il la comprenne? Non, il ne comprendra pas ces mots, *la nation française*, car ils ne lui représentent aucun des faits à lui connus, aucun des faits de son temps; et s'il comprenait la phrase, s'il y voyait clairement la souveraineté attribuée au tiers état sur la société tout entière, à coup sûr cela lui paraîtrait une proposition presque folle et impie, tant elle serait en contradiction avec ce qu'il aurait vu, avec l'ensemble de ses idées et de ses sentiments.

Maintenant, Messieurs, demandez à ce bourgeois étonné de vous suivre; conduisez-le dans quelqu'une des communes de France à cette époque, à Reims; à Beauvais, à Laon, à Noyon; un bien autre étonnement s'emparera de lui. Il entre dans la ville; il n'aperçoit ni tours, ni remparts, ni milice bourgeoise, aucun moyen de défense; tout est ouvert, tout est livré au premier venu, au premier occupant. Le bourgeois s'inquiète de la sûreté de cette commune; il la trouve bien faible, bien mal garantie. Il pénètre dans l'intérieur, il s'enquiert de ce qui s'y passe, de la manière dont elle est gouvernée, du sort des habitants. On lui dit qu'il y a hors des murs un pouvoir qui les taxe comme il lui plaît, sans leur consentement, qui convoque leur milice et l'envoie à la guerre, aussi sans leur aveu. On lui parle des magistrats, du maire, des échevins; et il entend dire que les bourgeois ne les nomment pas. Il apprend que les affaires de la commune ne se décident pas dans la commune même; un homme du roi, un intendant, les administre seul et de loin. Bien plus, on lui dit que les habitants n'ont nul droit de s'assembler, de délibérer en commun sur ce qui les touche, que la cloche de leur église ne les appelle point sur la place publique. Le bourgeois du XIIe siècle demeure confondu. Tout à l'heure il était stupéfait, épouvanté de la grandeur, de l'importance que la nation communale, que le tiers état s'attribuait; et voilà qu'il la trouve, au sein de ses propres foyers, dans un état de servitude, de faiblesse, de nullité bien pire que tout ce qu'il connaît de plus fâcheux. Il passe d'un spectacle au spectacle contraire, de la vue d'une bourgeoisie souveraine à la vue d'une bourgeoisie impuissante : comment voulez-vous qu'il comprenne, qu'il concilie, que son esprit ne soit pas bouleversé?

Messieurs, retournons à notre tour dans le XIIe siècle, nous bourgeois du XIXe; nous assisterons, en sens contraire, à un double spectacle absolument pareil. Toutes les fois que nous regarderons aux affaires générales, à l'État, au gouvernement du pays, à l'ensemble de la société, nous ne verrons point de bourgeois, nous n'en entendrons pas parler ; ils ne se mêlent de rien, ils n'ont aucune importance. Et non seulement ils n'ont dans l'État aucune importance, mais si nous voulons savoir ce qu'ils en pensent eux-mêmes, comment ils en parlent, quelle est, à leurs propres yeux, leur situation dans leurs rapports avec le gouvernement de la France en général, nous trouverons leur langage d'une timidité, d'une humilité extraordinaires. Leurs anciens maîtres, les seigneurs, auxquels ils ont arraché leurs franchises, les traitent, en paroles du moins, avec une hauteur qui nous confond ; les bourgeois ne s'en étonnent et ne s'en irritent point.

Entrons dans la commune même, voyons ce qui s'y passe : la scène change ; nous sommes dans une espèce de place forte, défendue par des bourgeois armés : ces bourgeois se taxent, élisent leurs magistrats, jugent, punissent, s'assemblent pour délibérer sur leurs affaires ; tous viennent à ces assemblées ; ils font la guerre pour leur compte, contre leur seigneur ; ils ont une milice. En un mot, ils se gouvernent, ils sont souverains.

C'est le même contraste qui, dans la France du XVIIIe siècle, avait tant étonné le bourgeois du XIIe ; seulement les rôles sont déplacés. Ici la nation bourgeoise est tout, la commune rien ; là, la nation bourgeoise n'est rien, la commune tout.

Certes, Messieurs, il faut qu'entre le XIIe et le XVIIIe siècle, il se soit passé bien des choses, bien des événements extraordinaires, qu'il se soit accompli bien des révolutions, pour amener dans l'existence d'une classe sociale un changement si immense. Malgré ce changement, nul doute que le tiers état de 1789 ne fût, politiquement parlant, le descendant et l'héritier des communes du XIIe siècle. Cette nation si hautaine, si ambitieuse, qui élève ses prétentions si haut, qui proclame sa souveraineté avec tant d'éclat, qui prétend non seulement se régénérer, se gouverner elle-même, mais gouverner et régénérer le monde, cette nation descend incontestablement, en grande partie du moins, de ces communes qui se révoltaient au XIIe siècle, assez obscurément, quoique avec beaucoup de courage, dans l'unique but d'échapper, dans quelques coins du territoire, à l'obscure tyrannie de quelques seigneurs.

A coup sûr, Messieurs, ce n'est pas dans l'état des communes au XIIe siècle que nous trouverons l'explication d'une telle métamorphose ; elle s'est accomplie, elle a ses causes dans les événements qui se sont succédé du XIIe au XVIIIe siècle; c'est là que nous les rencontrerons en avançant. Cependant, Messieurs, l'origine du tiers état a joué un grand rôle dans son histoire ; quoique nous n'y devions pas apprendre tout le secret de sa destinée, nous en reconnaîtrons du moins le germe : ce qu'il a été d'abord se retrouve dans ce qu'il est devenu, beaucoup plus même peut-être que ne le feraient présumer les apparences. Un tableau, même incomplet, de l'état des communes au XIIe siècle vous en laissera, je crois, convaincus.

Pour bien connaître cet état, il faut considérer les communes sous deux points de vue principaux. Il y a là deux grandes questions à résoudre : la première, celle de l'affranchissement même des communes, la question de savoir comment la révolution s'est opérée, par quelles causes, quels changements elle a apportés dans la situation des bourgeois, ce qu'elle en a fait dans la société en général, au milieu des autres classes, dans l'État. La seconde question est relative au gouvernement même des communes, à l'état intérieur des villes affranchies, aux rapports des bourgeois entre eux, aux principes, aux formes, aux mœurs qui dominaient dans les cités.

C'est de ces deux sources, d'une part, du changement apporté dans la situation sociale des bourgeois, et, de l'autre, de leur gouvernement intérieur, de leur état communal, qu'a découlé toute leur influence sur la civilisation moderne. Il n'y a aucun des faits que cette influence a produits qui ne doive être rapporté à l'une ou à l'autre de ces deux causes. Quand donc nous nous en serons bien rendu compte, quand nous comprendrons bien l'affranchissement des communes, d'une part, et le gouvernement des communes, de l'autre, nous serons en possession, pour ainsi dire, des deux clefs de leur histoire.

Enfin, je dirai un mot de la diversité de l'état des communes en Europe. Les faits que je vais mettre sous vos yeux ne s'appliquent point indifféremment à toutes les communes du XIIe siècle, aux communes d'Italie, d'Espagne, d'Angleterre, de France. Il y a bien un certain nombre de faits qui conviennent à toutes; mais les différences sont grandes et importantes. Je les indiquerai en passant; nous les retrouverons plus tard dans le cours de la civilisation, et nous les étudierons alors de plus près.

Pour se rendre compte de l'affranchissement même des communes, il faut se rappeler quel était l'état des villes du ve au XIe siècle, depuis la chute de l'Empire romain jusqu'au moment où la révolution communale a commencé. Ici, je le répète, les diversités sont très grandes; l'état des villes a prodigieusement varié dans les différents pays de l'Europe; cependant il y a des faits généraux qu'on peut affirmer à peu près de toutes les villes, et je m'appliquerai à m'y renfermer. Quand j'en sortirai, ce que je dirai de plus spécial s'appliquera aux communes de la France, et surtout aux communes du nord de la France, au-dessus du Rhône et de la Loire : celles-là seront en saillie dans le tableau que j'essaierai de tracer.

Après la chute de l'Empire romain, Messieurs, du ve au Xe siècle, l'état des villes ne fut un état ni de servitude ni de liberté. On court dans l'emploi des mots la même chance d'erreur que je vous faisais remarquer l'autre jour dans la peinture des hommes et des événements. Quand une société a duré longtemps, et sa langue aussi, les mots prennent un sens complet, déterminé, précis, un sens légal, officiel en quelque sorte. Le temps a fait entrer dans le sens de chaque terme une multitude d'idées qui se réveillent dès qu'on le prononce, et qui ne portant pas toutes la même date, ne conviennent pas toutes au même temps. Les mots *servitude* et *liberté*, par exemple, appellent aujourd'hui dans notre esprit des idées infiniment plus précises, plus complètes que les faits correspondants des VIIIe, IXe ou Xe siècles. Si nous disons que les villes étaient au VIIIe siècle dans un état de liberté, nous disons beaucoup trop; nous attachons aujourd'hui au mot *liberté* un sens qui ne représente point le fait du VIIIe siècle. Nous tomberons dans la même erreur, si nous disons que les villes étaient dans la servitude, car ce mot implique tout autre chose que les faits municipaux de ce temps-là. Je le répète, les villes n'étaient alors dans un état ni de servitude ni de liberté; on y souffrait tous les maux qui accompagnent la faiblesse; on y était en proie aux violences, aux déprédations continuelles des forts; et pourtant, malgré tant et de si effroyables désordres, malgré leur appauvrissement, leur dépopulation, les villes avaient conservé et conservaient une certaine importance : dans la plupart, il y avait un clergé, un évêque qui exerçait un grand pouvoir, qui avait influence sur la population, servait de lien entre elle et les vainqueurs, maintenait ainsi la ville dans une sorte d'indépendance, et la couvrait du bouclier de la religion. Il restait de plus dans les villes de grands débris des institutions romaines. A cette époque (et les faits de ce genre ont été recueillis avec soin par MM. de Savigny, Hullmann, mademoiselle de Lézardière, etc.), on rencontre souvent la convocation du sénat, de la curie; il est question d'assemblées publiques, de magistrats municipaux. Les affaires de l'ordre civil, les testaments, les donations, une multitude d'actes de la vie civile, se consomment dans la curie, par ses magistrats ; comme cela se passait dans la municipalité romaine. Les restes d'activité et de liberté urbaine disparaissent, il est vrai, de plus en plus. La barbarie, le désordre, le malheur toujours croissant, accélèrent la dépopulation. L'établissement des maîtres du pays dans les campagnes, et la prépondérance naissante de la vie agricole, devinrent pour les villes une nouvelle cause de décadence. Les évêques eux-mêmes, quand ils furent entrés dans le cadre féodal, mirent à leur existence municipale moins d'importance. Enfin, quand la féodalité eut complétement triomphé, les villes, sans tomber dans la servitude des colons, se trouvèrent toutes sous la main d'un seigneur, enclavées dans quelque fief, et perdirent encore à ce titre quelque chose de l'indépendance qui leur était restée, même dans des temps plus barbares, dans les premiers siècles de l'invasion. En sorte que, du Ve siècle jusqu'au moment de l'organisation complète de la féodalité, l'état des villes alla toujours en empirant.

Quand une fois la féodalité fut bien établie, quand chaque homme eut pris sa place et se fut fixé sur une terre, quand la vie errante eut cessé, au bout d'un certain temps, les villes recommencèrent à acquérir quelque importance ; il s'y déploya de nouveau quelque activité. Il en est, vous le savez, de l'activité humaine comme de la fécondité de la terre : dès que le bouleversement cesse, elle reparaît, elle fait tout germer et fleurir. Qu'il y ait la moindre lueur d'ordre et de paix, l'homme reprend à l'espérance, et avec l'espérance au travail. C'est ce qui arriva dans les villes : dès que le régime féodal se fut un peu assis, il se forma parmi les possesseurs de fiefs de nouveaux besoins, un certain goût de progrès, d'amélioration : pour y satisfaire, un peu de commerce et d'industrie reparut dans les villes de leur domaine ; la richesse, la population y revenaient ; lentement, il est vrai, cependant elles y revenaient. Parmi les circonstances qui ont pu y contribuer, il y en a une, à mon avis, trop peu remarquée : c'est le droit d'asile des églises. Avant que les communes se fussent constituées, avant que, par leur force, par leurs remparts, elles pussent offrir un asile à la population désolée des campagnes, quand il n'y avait encore de sûreté que dans l'église, cela suffisait pour attirer dans les villes beaucoup de malheureux, de fugitifs. Ils venaient se réfugier soit dans l'église même, soit autour de l'église ; et c'étaient, non-seulement des hommes de la classe inférieure, des serfs, des colons, qui cherchaient un peu de sûreté, mais souvent des hommes considérables, des proscrits riches. Les chroniques du temps sont pleines de tels exemples. On voit des hommes, naguère puissants, poursuivis par un voisin plus puissant, ou par le roi lui-même, qui abandonnent leurs domaines, emportent tout ce qu'ils peuvent emporter, et vont s'enfermer dans une ville, et se mettre sous la protection d'une église ; ils deviennent des bourgeois. Les réfugiés de cette sorte n'ont pas été, je crois, sans influence sur le progrès des villes ; ils y ont introduit quelque richesse et quelques éléments d'une population supérieure à la masse de leurs habitants. Qui ne sait, d'ailleurs, que quand une fois un rassemblement un peu considérable s'est formé quelque part, les hommes y affluent, soit parce qu'ils y trouvent plus de sûreté, soit par le seul effet de cette sociabilité qui ne les abandonne jamais ?

Par le concours de toutes ces causes, dès que le régime

féodal se fut un peu régularisé, les villes reprirent un peu de force. Cependant la sécurité n'y revenait pas dans la même proportion. La vie errante avait cessé, il est vrai; mais la vie errante était pour les vainqueurs, pour les nouveaux propriétaires du sol, un grand moyen de satisfaire leurs passions. Quand ils avaient besoin de piller, ils faisaient une course, ils allaient au loin chercher une autre fortune, un autre domaine. Quand chacun se fut à peu près établi, quand il fallut renoncer au vagabondage conquérant, l'avidité ne cessa point pour cela; ni les besoins grossiers, ni la violence des désirs. Leur poids retomba sur les gens qui se trouvaient là sous la main, pour ainsi dire, des puissants du monde, sur les villes. Au lieu d'aller piller au loin, on pilla auprès. Les extorsions des seigneurs sur les bourgeois redoublent à partir du X° siècle. Toutes les fois que le propriétaire du domaine où une ville se trouvait enclavée avait quelque accès d'avidité à satisfaire, c'était sur les bourgeois que s'exerçait sa violence. C'est surtout à cette époque qu'éclatent les plaintes de la bourgeoisie contre le défaut absolu de sécurité du commerce. Les marchands, après avoir fait leur tournée, ne pouvaient rentrer en paix dans leur ville; les routes, les avenues étaient sans cesse assiégées par le seigneur et ses hommes. Le moment où l'industrie recommençait était précisément celui où la sécurité manquait le plus. Rien n'irrite plus l'homme que d'être ainsi troublé dans son travail, et dépouillé des fruits qu'il s'en était promis. Il s'en offense, il s'en courrouce beaucoup plus que lorsqu'on le fait souffrir dans une existence depuis longtemps fixe et monotone, lorsqu'on lui enlève ce qui n'a pas été le résultat de sa propre activité, ce qui n'a pas suscité en lui toutes les joies de l'espérance. Il y a, dans le mouvement progressif qui élève vers une fortune nouvelle un homme ou une population, un principe de résistance contre l'iniquité et la violence beaucoup plus énergique que dans toute autre situation.

Voici donc, Messieurs, où en étaient les villes dans le cours du xe siècle ; elles avaient plus de force, plus d'importance, plus de richesses, plus d'intérêts à défendre. Il leur était en même temps plus nécessaire que jamais de les défendre, car ces intérêts, cette force, ces richesses, devenaient un objet d'envie pour les seigneurs. Le danger et le mal croissaient avec les moyens d'y résister. De plus, le régime féodal donnait à tous ceux qui y assistaient l'exemple continuel de la résistance ; il ne présentait nullement aux esprits l'idée d'un gouvernement organisé, imposant, capable de tout régler, de tout dompter par sa seule intervention. C'était, au contraire, le continuel spectacle de la volonté individuelle refusant de se soumettre. Tel était l'état de la plupart des possesseurs de fiefs vis-à-vis de leurs suzerains, et des petits seigneurs envers les grands ; en sorte qu'au moment où les villes étaient opprimées, tourmentées, au moment où elles avaient de nouveaux et plus grands intérêts à soutenir, au même moment elles avaient sous les yeux une leçon continuelle d'insurrection. Le régime féodal a rendu ce service à l'humanité, de montrer sans cesse aux hommes la volonté individuelle se déployant dans toute son énergie. La leçon prospéra : malgré leur faiblesse, malgré la prodigieuse inégalité de condition qu'il y avait entre elles et leurs seigneurs, les villes s'insurgèrent de toutes parts.

Il est difficile d'assigner une date précise à l'événement.

On dit, en général, que l'affranchissement des communes a commencé au XI͏ᵉ siècle ; mais, dans les grands événements, que d'efforts inconnus et malheureux avant l'effort qui réussit ! En toutes choses, pour accomplir ses desseins, la Providence prodigue le courage, les vertus, les sacrifices, l'homme enfin ; et c'est seulement après un nombre inconnu de travaux ignorés ou perdus en apparence, après qu'une foule de nobles cœurs ont succombé dans le découragement, convaincus que leur cause était perdue, c'est alors seulement que la cause triomphe. Il en est sans doute arrivé ainsi pour les communes. Nul doute que dans les VIIIᵉ, IXᵉ et Xᵉ siècles, il y eut beaucoup de tentatives de résistance, d'élans vers l'affranchissement, qui ne réussirent pas, et dont la mémoire est restée sans gloire comme sans succès. A coup sûr, cependant, ces tentatives ont influé sur les événements postérieurs ; elles ont ranimé, entretenu l'esprit de liberté ; elles ont préparé la grande insurrection du XIᵉ siècle.

Je dis insurrection, Messieurs, et à dessein. L'affranchissement des communes au XIᵉ siècle a été le fruit d'une véritable insurrection, d'une véritable guerre, guerre déclarée par la population des villes à ses seigneurs. Le premier fait qu'on rencontre toujours dans de telles histoires, c'est la levée des bourgeois qui s'arment de tout ce qui se trouve sous leur main ; c'est l'expulsion des gens du seigneur qui venaient exercer quelque extorsion ; c'est une entreprise contre le château ; toujours les caractères de la guerre. Si l'insurrection échoue, que fait à l'instant le vainqueur ? Il ordonne la destruction des fortifications élevées par les bourgeois, non-seulement autour de leur ville, mais autour de chaque maison. On voit qu'au moment de la confédération, après s'être promis d'agir en commun, après avoir juré ensemble la *commune*, le premier acte de chaque bourgeois était de se mettre chez lui en état de résistance. Des communes dont le nom est aujourd'hui tout à fait obscur, par exemple, la petite commune de Vézelay dans le Nivernais, soutiennent contre leur seigneur une lutte très longue et très énergique. La victoire échoit à l'abbé de Vézelay ; sur-le-champ il enjoint la démolition des fortifications des maisons des bourgeois ; on a conservé les noms de plusieurs de ceux dont les maisons fortifiées furent ainsi immédiatement détruites.

Entrons dans l'intérieur même de ces habitations de nos aïeux ; étudions le mode de construction et le genre de vie qui s'y révèlent ; tout est voué à la guerre, tout a le caractère de la guerre.

Voici quelle était la construction d'une maison de bourgeois au XIIe siècle, autant qu'on peut aujourd'hui s'en rendre compte : Trois étages d'ordinaire, une seule pièce à chaque étage. La pièce du rez-de-chaussée servait de salle basse : la famille y mangeait. Le premier étage était très élevé, comme moyen de sûreté ; c'est la circonstance la plus remarquable de la construction. A cet étage, une pièce dans laquelle le bourgeois, le maître de la maison habitait avec sa femme. La maison était presque toujours flanquée d'une tour à l'angle, carrée le plus souvent : encore un symptôme de guerre, un moyen de défense. Au second étage, une pièce dont l'emploi est incertain, mais qui servait probablement pour les enfants et le reste de la famille. Au-dessus, très souvent, une petite plate-forme, destinée évidemment à servir d'observatoire. Toute la construction de la maison rappelle la guerre. C'est le caractère évident, le véritable nom du mouvement qui a produit l'affranchissement des communes.

Quand la guerre a duré un certain temps, quelles que soient les puissances belligérantes, elle amène nécessairement la paix. Les traités de paix des communes et de leurs adversaires, ce sont les chartes. Les chartes communales, Messieurs, sont de purs traités de paix entre les bourgeois et leurs seigneurs.

L'insurrection fut générale. Quand je dis *générale*, ce n'est pas à dire qu'il y eut concert, coalition, entre tous les bourgeois d'un pays ; pas le moins du monde. La situation des communes était partout à peu près la même ; elles se trouvaient à peu près toutes en proie au même danger, atteintes du même mal. Ayant acquis à peu près les mêmes moyens de résistance et de défense, elles les employèrent à peu près à la même époque. Il se peut aussi que l'exemple y ait été pour quelque chose, que le succès d'une ou deux communes ait été contagieux. Les chartes paraissent quelquefois taillées sur le même patron : celle de Noyon, par exemple, a servi de modèle à celles de Beauvais, de Saint-Quentin, etc. Je doute cependant que l'exemple ait agi autant qu'on le suppose communément. Les communications étaient difficiles, rares, les ouï-dire vagues et passagers ; il y a lieu de croire que l'insurrection fut plutôt le résultat d'une même situation, et d'un mouvement spontané, général ; c'est-à-dire qu'il eut lieu presque partout, car ce ne fut point, je le répète, un mouvement unanime et concerté ; tout était particulier, local ; chaque commune s'insurgeait pour son compte contre son seigneur ; tout se passait dans les localités.

Les vicissitudes de la lutte furent grandes. Non seulement les succès étaient alternatifs ; mais même après que la paix semblait faite, après que la charte avait été jurée de part et d'autre, on la violait, on l'éludait de toutes façons. Les rois ont joué un grand rôle dans les alternatives de cette lutte. J'en parlerai avec détail quand je traiterai de la royauté elle-même. On a tantôt prôné, et peut-être trop haut, tantôt contesté, et je crois trop rabaissé, son influence dans le mouvement d'affranchissement communal. Je me borne à dire aujourd'hui qu'elle y est souvent intervenue, invoquée tantôt par les communes, tantôt par les seigneurs ; qu'elle a très souvent joué les rôles contraires ; qu'elle a agi tantôt d'après un principe, tantôt d'après un autre ; qu'elle a changé sans cesse d'intentions, de desseins, de conduite ; mais qu'à tout prendre, elle a beaucoup agi, et avec plus de bons que de mauvais effets.

Malgré toutes ces vicissitudes, malgré la continuelle violation des chartes, dans le XII⁰ siècle l'affranchissement des communes fut consommé. L'Europe, et particulièrement la France, qui avait été pendant un siècle couverte d'insurrections, fut couverte de chartes ; elles étaient plus ou moins favorables ; les communes en jouissaient avec plus ou moins de sécurité ; mais enfin elles en jouissaient. Le fait prévalait, et le droit était reconnu.

Essayons maintenant, Messieurs, de reconnaître les résultats immédiats de ce grand fait, et quels changements il apporta dans la situation des bourgeois au milieu de la société.

Et d'abord il ne changea rien, en commençant du moins, aux relations des bourgeois avec le gouvernement général du pays, avec ce que nous appelons aujourd'hui l'État ; ils n'y intervinrent pas plus qu'auparavant : tout demeura local, renfermé dans les limites du fief.

Une circonstance pourtant doit faire modifier cette assertion : un lien commença alors à s'établir entre les bourgeois et le roi. Tantôt les bourgeois avaient invoqué l'appui du roi contre leur seigneur, ou la garantie du roi, quand la charte était promise ou jurée. Tantôt les seigneurs avaient invoqué le jugement du roi entre eux et les bourgeois. A la demande de l'une ou de l'autre des parties, par une multitude de causes différentes, la royauté était intervenue dans la querelle ; de là résulta une relation assez fréquente, quelquefois assez étroite, des bourgeois avec le roi. C'est par cette relation que la bourgeoisie s'est rapprochée du centre de l'État, qu'elle a commencé à s'introduire dans le gouvernement général.

Quoique tout demeurât local, il se créa pourtant, par l'affranchissement, une classe générale et nouvelle. Nulle coalition n'avait existé entre les bourgeois ; ils n'avaient, comme classe, aucune existence publique et commune. Mais le pays était couvert d'hommes engagés dans la même situation, ayant les mêmes intérêts, les mêmes mœurs, entre lesquels ne pouvait manquer de naître peu à peu un certain lien, une certaine unité qui devait enfanter la bourgeoisie. La formation d'une grande classe sociale, de la bourgeoisie, était le résultat nécessaire de l'affranchissement local des bourgeois.

Il ne faut pas croire que cette classe fût alors ce qu'elle est devenue depuis. Non-seulement sa situation a beaucoup changé, mais les éléments en étaient tout autres : au XIIe siècle elle ne se composait guère que de marchands, de négociants faisant un petit commerce, et de petits propriétaires, soit de maisons, soit de terres, qui avaient pris dans la ville leur habitation. Trois siècles après, la bourgeoisie comprenait, en outre des avocats, des médecins, des lettrés de tous genres, tous les magistrats locaux. La bourgeoisie s'est formée successivement, et d'éléments très divers : on n'a pas tenu compte, en général, dans son histoire, ni de la succession, ni de la diversité. Toutes les fois qu'on a parlé de la bourgeoisie, on a paru la supposer, à toutes les époques, composée des mêmes éléments. Supposition absurde. C'est peut-être dans la diversité de sa composition aux diverses époques de l'histoire qu'il faut chercher le secret de sa destinée. Tant qu'elle n'a compté ni magistrats, ni lettrés, tant qu'elle n'a pas été ce qu'elle est devenue au XVI° siècle, elle n'a eu dans l'État ni le même caractère, ni la même importance. Il faut voir naître successivement dans son sein de nouvelles professions, de nouvelles situations morales, un nouvel état intellectuel, pour comprendre les vicissitudes de sa fortune et de son pouvoir. Au XII° siècle, elle ne se composait, je le répète, que de petits marchands qui se retiraient dans les villes après avoir fait leurs achats et leurs ventes, et de propriétaires de maisons ou de petits domaines, qui y avaient fixé leur résidence. Voilà la classe bourgeoise européenne dans ses premiers éléments.

Le troisième grand résultat de l'affranchissement des communes, c'est la lutte des classes, lutte qui remplit l'histoire moderne. L'Europe moderne est née de la lutte des diverses classes de la société. Ailleurs, Messieurs, et je l'ai déjà fait pressentir, cette lutte a amené des résultats bien différents : en Asie, par exemple, une classe a complétement triomphé, et le régime des castes a succédé à celui des classes, et la société est tombée dans l'immobilité. Rien de tel, grâce à Dieu, n'est arrivé en Europe. Aucune des classes n'a pu vaincre ni assujettir les autres; la lutte, au lieu de devenir un principe d'immobilité, a été une cause de progrès; les rapports des diverses classes entre elles, la nécessité où elles se sont trouvées de se combattre et de se céder tour à tour; la variété de leurs intérêts, de leurs passions, le besoin de se vaincre, sans pouvoir en venir à bout, de là est sorti peut-être le plus énergique, le plus fécond principe de développement de la civilisation européenne. Les classes ont lutté constamment; elles se sont détestées; une profonde diversité de situation, d'intérêts, de mœurs, a produit entre elles une profonde hostilité morale; et cependant elles se sont progressivement rapprochées, assimilées, étendues; chaque pays de l'Europe a vu naître et se développer dans son sein un certain esprit général, une certaine communauté d'intérêts, d'idées, de sentiments qui ont triomphé de la diversité et de la guerre. En France, par exemple, dans les XVII° et XVIII° siècles, la séparation sociale et morale des classes était encore très profonde; nul doute cependant que la fusion ne fût dès lors très avancée, qu'il n'y eût dès lors une véritable nation française qui n'était pas telle classe exclusivement, mais qui les comprenait toutes, et toutes animées d'un certain sentiment commun, ayant une existence sociale commune, fortement empreintes enfin de nationalité.

Ainsi, du sein de la variété, de l'inimitié, de la guerre, est sortie dans l'Europe moderne l'unité nationale devenue aujourd'hui si éclatante, et qui tend à se développer, à s'épurer de jour en jour avec un éclat encore bien supérieur.

Tels sont, Messieurs, les grands effets extérieurs, apparents, sociaux, de la révolution qui nous occupe. Cherchons quels furent ses effets moraux, quels changements s'accomplirent dans l'âme des bourgeois eux-mêmes, ce qu'ils devinrent, ce qu'ils devaient devenir moralement dans leur nouvelle situation.

Il y a un fait dont il est impossible de n'être pas frappé quand on étudie les rapports de la bourgeoisie, non-seulement au XII° siècle, mais dans les siècles postérieurs, avec l'État en général, avec le gouvernement de l'État et les intérêts généraux du pays; je veux parler de la prodigieuse timidité d'esprit des bourgeois, de leur humilité, de l'excessive modestie de leurs prétentions quant au gouvernement de leur pays, de la facilité avec laquelle ils se contentent. Rien ne révèle en eux cet esprit vraiment politique qui aspire à influer, à réformer, à gouverner; rien n'atteste la hardiesse des pensées, la grandeur de l'ambition : on dirait de sages et honnêtes affranchis.

Il n'y a guère, Messieurs, que deux sources d'où puissent découler, dans la sphère politique, la grandeur de l'ambition et la fermeté de la pensée. Il faut avoir ou le sentiment d'une grande importance, d'un grand pouvoir exercé sur la destinée des autres, et dans un vaste horizon; ou bien il faut porter en soi un sentiment énergique d'une complète indépendance individuelle, la certitude de sa propre liberté, la conscience d'une destinée étrangère à toute autre volonté que celle de l'homme lui-même. A l'une ou à l'autre de ces deux conditions semblent attachés la hardiesse de l'esprit, la hauteur de l'ambition, le besoin d'agir dans une grande sphère et d'obtenir de grands résultats.

Ni l'une ni l'autre de ces conditions ne s'est rencontrée

dans la situation des bourgeois du moyen âge. Ils n'étaient, vous venez de le voir, importants que pour eux-mêmes; ils n'exerçaient, hors de leur ville et sur l'État en général, aucune grande influence. Ils ne pouvaient avoir non plus un grand sentiment d'indépendance individuelle. En vain ils avaient vaincu, en vain ils avaient obtenu une charte. Le bourgeois d'une ville, se comparant au petit seigneur qui habitait près de lui, et qui venait d'être vaincu, n'en sentait pas moins son extrême infériorité; il ne connaissait pas ce fier sentiment d'indépendance qui animait le propriétaire de fief; il tenait sa part de liberté non de lui seul, mais de son association avec d'autres, secours difficile et précaire. De là ce caractère de réserve, de timidité d'esprit, de modestie craintive, d'humilité dans le langage, même au milieu d'une conduite ferme, qui est si profondément empreint dans la vie, non seulement des bourgeois du XIIe siècle, mais de leurs plus lointains descendants. Ils n'ont point le goût des grandes entreprises; quand le sort les y jette, ils en sont inquiets et embarrassés; la responsabilité les trouble; ils se sentent hors de leur sphère, ils aspirent à y rentrer; ils traiteront à bon marché. Aussi, dans le cours de l'histoire de l'Europe, de la France surtout, voit-on la bourgeoisie estimée, considérée, ménagée, respectée même, mais rarement redoutée; elle a rarement produit sur ses adversaires l'impression d'une grande et fière puissance, d'une puissance vraiment politique. Il n'y a point à s'étonner de cette faiblesse de la bourgeoisie moderne; la principale cause en est dans son origine même, dans ces circonstances de son affranchissement que je viens de mettre sous vos yeux. La hauteur de l'ambition, indépendamment des conditions sociales, l'étendue et la fermeté de la pensée politique, le besoin d'intervenir dans les affaires du pays, la pleine conscience enfin de la grandeur de l'homme en tant qu'homme, et du pouvoir qui lui appartient, s'il est capable de l'exercer, ce sont là, Messieurs, en Europe, des sentiments, des dispositions toutes modernes, issues de la civilisation moderne, fruit de cette glorieuse et puissante généralité qui la caractérise, et qui ne saurait manquer d'assurer au public, dans le gouvernement du pays, une influence, un poids, qui ont constamment manqué et dû manquer aux bourgeois nos aïeux.

En revanche, ils acquirent et déployèrent, dans la lutte d'intérêts locaux qu'ils eurent à soutenir sous cet étroit horizon, un degré d'énergie, de dévouement, de persévérance, de patience, qui n'a jamais été surpassé. La difficulté de l'entreprise était telle, qu'il y fallut un déploiement de courage sans exemple. On se fait aujourd'hui une très fausse idée de la vie des bourgeois des XIIe et XIIIe siècles. Vous avez lu dans l'un des romans de Walter Scott, *Quentin Durward*, la peinture qu'il a faite du bourgeois de Liége : il en a fait un vrai bourgeois de comédie, gras, mou, sans expérience, sans audace, uniquement occupé de mener sa vie commodément. Les bourgeois de ce temps, Messieurs, avaient toujours la cotte de mailles sur la poitrine, la pique à la main; leur vie était presque aussi orageuse, aussi guerrière, aussi dure que celle des seigneurs qu'ils combattaient. C'est dans ces continuels périls, en luttant contre toutes les difficultés de la vie pratique, qu'ils avaient acquis ce mâle caractère, cette énergie obstinée, qui se sont un peu perdus dans la molle activité des temps modernes.

Messieurs, aucun de ces effets sociaux ou moraux de l'affranchissement des communes n'avait pris, au XIIe siècle, tout son développement; c'est dans les siècles suivants qu'ils ont clairement apparu, et qu'on a pu les discerner. Il est certain cependant que le germe en était déposé dans la situation originaire des communes, dans le mode de leur affranchissement et la place que prirent alors les bourgeois dans la société. J'ai donc été en droit de les faire pressentir dès aujourd'hui. Pénétrons maintenant dans l'intérieur même de la commune du XIIe siècle ; voyons comment elle était gouvernée, quels principes et quels faits dominaient dans les rapports des bourgeois entre eux.

Vous vous rappelez, Messieurs, qu'en parlant du régime municipal légué par l'Empire romain au monde moderne, j'ai eu l'honneur de vous dire que le monde romain avait été une grande coalition de municipalités, municipalités autrefois souveraines comme Rome elle-même. Chacune de ces villes avait eu d'abord la même existence que Rome ; chacune avait été une petite république indépendante, faisant la paix, la guerre, se gouvernant à son gré. A mesure qu'elles s'incorporèrent dans le monde romain, les droits qui constituent la souveraineté, le droit de paix et de guerre, le droit de législation, le droit de taxe, etc., sortirent de chaque ville et allèrent se concentrer à Rome. Il ne resta qu'une municipalité souveraine, Rome, régnant sur un grand nombre de municipalités qui n'avaient plus qu'une existence civile. Le régime municipal changea de caractère ; et au lieu d'être un gouvernement politique, un régime de souveraineté, il devint un mode d'administration. C'est la grande révolution qui s'est consommée sous l'Empire romain. Le régime municipal, devenu un mode d'administration, fut réduit au gouvernement des affaires locales, des intérêts civils de la cité. C'est dans cet état que la chute de l'Empire romain laissa les villes et leurs institutions. Au milieu du chaos de la barbarie, toutes les idées se brouillèrent, comme tous les faits; toutes les attributions de la souveraineté et de l'administration se confondirent. Il ne fut plus question d'aucune de ces distinctions. Les affaires furent livrées au cours de la nécessité. On fut souverain ou administrateur dans chaque lieu, suivant le besoin. Quand les villes s'insurgèrent, pour reprendre quelque sécurité, elles prirent la souveraineté. Ce ne fut pas du tout pour obéir à une théorie politique, ni par un sentiment de leur dignité : ce fut pour avoir les moyens de résister aux seigneurs contre lesquels elles s'insurgeaient, qu'elles s'approprièrent le droit de lever des milices, de se taxer pour faire la guerre, de nommer leurs chefs et leurs magistrats, en un mot de se gouverner elles-mêmes. Le gouvernement dans l'intérieur des villes, c'était la condition de la défense, le moyen de sécurité. La souveraineté rentra ainsi dans le régime municipal, dont elle était sortie par les conquêtes de Rome. Les communes redevinrent souveraines. C'est là le caractère politique de leur affranchissement.

Ce n'est pas à dire que cette souveraineté fût complète. Il resta toujours quelque trace d'une souveraineté extérieure : tantôt le seigneur conserva le droit d'envoyer un magistrat dans la ville, lequel prenait pour assesseurs les magistrats municipaux; tantôt il eut droit de percevoir certains revenus; ailleurs, un tribut lui fut assuré. Quelquefois la souveraineté extérieure de la commune passa dans les mains du roi.

Les communes elles-mêmes, entrées à leur tour dans les cadres de la féodalité, eurent des vassaux, devinrent suzeraines, et, à ce titre, elles possédèrent la part de souveraineté qui était inhérente à la suzeraineté. Il se fit une confusion entre les droits qu'elles tenaient de leur position féodale, et ceux qu'elles avaient conquis par leur insurrection; et, à ce double titre, la souveraineté leur appartint.

Voici, autant qu'on en peut juger par des monuments fort incomplets, comment se passait, au moins dans les premiers temps, le gouvernement dans l'intérieur d'une commune. La totalité des habitants formait l'assemblée de la commune; tous ceux qui avaient juré la commune (et quiconque habitait dans ses murs était obligé de la jurer) étaient convoqués au son de la cloche en assemblée générale. Là on nommait les magistrats. Le nombre et la forme des magistratures étaient très variables. Les magistrats une fois nommés, l'assemblée se dissolvait; et les magistrats gouvernaient à peu près seuls, assez arbitrairement, sans autre responsabilité que les élections nouvelles, ou bien les émeutes populaires, qui étaient le grand mode de responsabilité du temps.

Vous voyez que l'organisation intérieure des communes se réduisait à deux éléments fort simples, l'assemblée générale des habitants, et un gouvernement investi d'un pouvoir à peu près arbitraire, sous la responsabilité de l'insurrection, des émeutes. Il fut impossible, surtout à cause de l'état des mœurs, d'établir un gouvernement régulier, de véritables garanties d'ordre et de durée. La plus grande partie de la population des communes était à un degré d'ignorance, de brutalité, de férocité, tel qu'elle était très difficile à gouverner. Au bout de très peu de temps, il y eut, dans l'intérieur de la commune, presque aussi peu de sécurité qu'il y en avait auparavant dans les relations des bourgeois avec le seigneur. Il s'y forma cependant assez vite une bourgeoisie supérieure. Vous en comprenez sans peine les causes. L'état des idées et des relations sociales amena l'établissement des professions industrielles légalement constituées, des corporations. Le régime du privilége s'introduisit dans l'intérieur des communes, et à sa suite une grande inégalité. Il y eut bientôt partout un certain nombre de bourgeois considérablement riches, et une population ouvrière plus ou moins nombreuse, qui, malgré son infériorité, avait une grande part d'influence dans les affaires de la commune. Les communes se trouvèrent donc divisées en une haute bourgeoisie, et une population sujette à toutes les erreurs, tous les vices d'une populace. La bourgeoisie supérieure se vit pressée entre la prodigieuse difficulté de gouverner cette population inférieure, et les tentatives continuelles de l'ancien maître de la commune, qui cherchait à ressaisir son pouvoir. Telle a été cette situation, non seulement en France, mais en Europe, jusqu'au XVI° siècle. C'est là peut-être la principale cause qui a empêché les communes de prendre, dans plusieurs des pays de l'Europe, et spécialement en France, toute l'importance politique qu'elles auraient pu avoir. Deux esprits s'y combattaient sans cesse : dans la population inférieure, un esprit démocratique aveugle, effréné, féroce ; et, par contre-coup, dans la population supérieure, un esprit de timidité, de transaction, une excessive facilité à s'arranger, soit avec le roi, soit avec les anciens seigneurs, afin de rétablir dans l'intérieur de la commune quelque ordre, quelque paix. Ni l'un ni l'autre de ces esprits ne pouvait faire prendre aux communes une grande place dans l'État.

Tous ces effets n'avaient pas éclaté au xiie siècle ; cependant on pouvait les pressentir dans le caractère même de l'insurrection, dans la manière dont elle avait commencé, dans l'état des divers éléments de la population communale.

Tels sont, Messieurs, si je ne m'abuse, les principaux caractères, les résultats généraux et de l'affranchissement des communes, et de leur gouvernement intérieur. J'ai eu l'honneur de vous prévenir que ces faits n'avaient pas été aussi uniformes, aussi universels que je les ai exposés. Il y a de grandes diversités dans l'histoire des communes d'Europe. Par exemple, en Italie et dans le midi de la France, le régime municipal romain domina ; la population n'était pas à beaucoup près aussi divisée, aussi inégale que dans le nord. Aussi l'organisation communale fut beaucoup meilleure, soit à cause des traditions romaines, soit à cause du meilleur état de la population. Au nord, c'est le régime féodal qui prévaut dans l'existence communale. Là, tout semble subordonné à la lutte contre les seigneurs. Les communes du midi se montrent beaucoup plus occupées de leur organisation intérieure, d'améliorations, de progrès. On sent qu'elles deviendront des républiques indépendantes. La destinée des communes du nord, en France surtout, s'annonce plus rude, plus incomplète, destinée à de moins beaux développements. Si nous parcourions les communes d'Allemagne, d'Espagne, d'Angleterre, nous y reconnaîtrions bien d'autres différences. Je ne saurais entrer dans ces détails ; nous en remarquerons quelques uns à mesure que nous avancerons dans l'histoire de la civilisation. A leur origine, Messieurs, toutes choses sont à peu près confondues dans une même physionomie ; ce n'est que par le développement successif que la variété se prononce. Puis commence un développement nouveau qui pousse les sociétés vers cette unité haute et libre, but glorieux des efforts et des vœux du genre humain.

HUITIÈME LEÇON.

Objet de la leçon. — Coup d'œil sur l'histoire générale de la civilisation européenne. — Son caractère distinctif et fondamental. — Époque où ce caractère commence à paraître. — État de l'Europe du XIIᵉ au XVIᵉ siècle. — Caractère des croisades. — Leurs causes morales et sociales. — Ces causes n'existent plus à la fin du XIIIᵉ siècle. — Effets des croisades pour la civilisation.

MESSIEURS,

Je n'ai pas encore mis sous vos yeux le plan entier de mon cours. J'ai commencé par en indiquer l'objet, puis j'ai marché devant moi sans considérer dans son ensemble la civilisation européenne, sans vous indiquer à la fois le point de départ, la route et le but, le commencement, le milieu et la fin. Nous voici cependant arrivés à une époque où cette vue d'ensemble, cette esquisse générale du monde que nous parcourons, devient nécessaire. Les temps que nous avons étudiés jusqu'ici s'expliquent en quelque sorte par eux-mêmes, ou par des résultats prochains et clairs. Ceux où nous allons entrer ne sauraient être compris, ni même exciter un vif intérêt, si on ne les rattache à leurs conséquences les plus indirectes, les plus éloignées. Il arrive, dans une si vaste étude, un moment où l'on ne peut plus se résoudre à marcher en n'ayant devant soi que de l'inconnu, que des ténèbres ; on veut savoir non-seulement d'où l'on vient et où l'on est, mais où l'on va. C'est ce que nous sentons aujourd'hui. L'époque que nous abordons n'est intelligible, son importance n'est appréciable que par les rapports qui la lient aux temps modernes. Son vrai sens n'a été révélé que fort tard.

Nous sommes en possession de presque tous les éléments essentiels de la civilisation européenne. Je dis presque, car je ne vous ai pas encore entretenus de la royauté. La crise décisive du développement de la royauté n'a guère eu lieu qu'au XIIe et même au XIIIe siècle ; c'est alors seulement que l'institution s'est vraiment constituée, et a commencé à prendre, dans la société moderne, sa place définitive. Voilà pourqui je n'en ai pas traité plutôt ; elle sera l'objet de ma prochaine leçon. Sauf celui-là, nous tenons, je le répète, tous les grands éléments de la civilisation européenne : vous avez vu naître sous vos yeux l'aristocratie féodale, l'Église, les communes ; vous avez entrevu les institutions qui devaient correspondre à ces faits ; et non seulement les institutions, mais aussi les principes, les idées que les faits devaient susciter dans les esprits. A propos de la féodalité, vous avez assisté au berceau de la famille moderne, aux foyers de la vie domestique ; vous avez compris, dans toute son énergie, le sentiment de l'indépendance individuelle, et quelle place il avait dû tenir dans notre civilisation. A l'occasion de l'Église, vous avez vu apparaître la société purement religieuse, ses rapports avec la société civile, le principe théocratique ; la séparation du pouvoir spirituel et du pouvoir temporel, les premiers coups de la persécution, les premiers cris de la liberté de conscience. Les communes naissantes vous ont laissé entrevoir une association fondée sur de tout autres principes que ceux de la féodalité ou de l'Église, la diversité des classes sociales, leurs luttes, les premiers et profonds caractères des mœurs bourgeoises modernes, la timidité d'esprit à côté de l'énergie de l'âme, l'esprit démagogique à côté de l'esprit légal. Tous les éléments, en un mot, qui ont concouru à la formation de la société européenne, tout ce qu'elle a été, tout ce dont elle a parlé, pour ainsi dire, ont déjà frappé vos regards.

Transportons-nous cependant, Messieurs, au sein de l'Europe moderne; je ne dis pas même de l'Europe actuelle, après la prodigieuse métamorphose dont nous avons été témoins, mais dans les XVIIe et XVIIIe siècles. Je vous le demande, reconnaîtrez-vous la société que nous venons de voir au XIIe? Quelle immense différence! J'ai déjà insisté sur cette différence par rapport aux communes : je me suis appliqué à vous faire sentir combien le tiers état du XVIIIe siècle ressemblait peu à celui du XIIe. Faites le même essai sur la féodalité et sur l'Église; vous serez frappés de la même métamorphose. Il n'y avait pas plus de ressemblance entre la noblesse de la cour de Louis XV et l'aristocratie féodale, entre l'Église du cardinal de Bernis et celle de l'abbé Suger, qu'entre le tiers état du XVIIIe siècle et la bourgeoisie du XIIe. Entre ces deux époques, quoiqu'elle fût déjà en possession de tous ses éléments, la société tout entière a été transformée.

Je voudrais démêler clairement le caractère général, essentiel, de cette transformation.

Du Ve au XIIe siècle, la société contenait tout ce que j'y ai trouvé et décrit, des rois, une aristocratie laïque, un clergé, des bourgeois, des colons, les pouvoirs religieux, civil, les germes, en un mot, de tout ce qui fait une nation et un gouvernement; et pourtant point de gouvernement, point de nation. Un peuple proprement dit, un gouvernement véritable, dans le sens qu'ont aujourd'hui ces mots pour nous, il n'y a rien de semblable dans toute l'époque dont nous nous sommes occupés. Nous avons rencontré une multitude de forces particulières, de faits spéciaux, d'institutions locales; mais rien de général, rien de public, point de politique proprement dite, point de vraie nationalité.

Regardons au contraire l'Europe au XVII° et au XVIII° siècle; nous voyons partout se produire sur la scène du monde deux grandes figures, le gouvernement et le peuple. L'action d'un pouvoir général sur le pays tout entier, l'influence du pays sur le pouvoir qui le gouverne, c'est là la société, c'est là l'histoire : les rapports de ces deux grandes forces, leur alliance ou leur lutte, voilà ce que l'histoire trouve, ce qu'elle raconte. La noblesse, le clergé, les bourgeois, toutes ces classes, toutes ces forces particulières ne paraissent plus qu'en seconde ligne, presque comme des ombres effacées par ces deux grands corps, le peuple et son gouvernement.

C'est là, Messieurs, si je ne m'abuse, le trait essentiel qui distingue l'Europe moderne de l'Europe primitive; voilà la métamorphose qui s'est accomplie du XIII° au XVI° siècle.

C'est donc du XIII° au XVI° siècle, c'est-à-dire dans l'époque où nous entrons, qu'il en faut chercher le secret; c'est le caractère distinctif de cette époque, qu'elle a été employée à faire de l'Europe primitive l'Europe moderne : de là son importance et son intérêt historique. Si l'on ne la considérait pas sous ce point de vue, si l'on n'y cherchait pas surtout ce qui en est sorti, non seulement on ne la comprendrait pas, mais on s'en lasserait, on s'en ennuie-

fait promptement. Vue en elle-même en effet, et à part de ses résultats, c'est un temps sans caractère, un temps où la confusion va croissant sans qu'on en aperçoive les causes, temps de mouvement sans direction, d'agitation sans résultat : royauté, noblesse, clergé, bourgeois, tous les éléments de l'ordre social semblent tourner dans le même cercle, également incapables de progrès et de repos. On fait des tentatives de tout genre ; toutes échouent : on tente d'asseoir les gouvernements, de fonder les libertés publiques ; on tente même des réformes religieuses : rien ne réussit, rien n'aboutit. Si jamais le genre humain a paru voué à une destinée agitée et pourtant stationnaire, à un travail sans relâche et pourtant stérile, c'est du XIII° au XV° siècle que telle est la physionomie de sa condition et de son histoire.

Je ne connais qu'un ouvrage où cette physionomie soit reproduite avec vérité : c'est l'*Histoire des ducs de Bourgogne*, de M. de Barante. Je ne parle pas de la vérité qui brille dans la peinture des mœurs, dans le récit détaillé des événements, mais de cette vérité générale qui fait du livre entier une image fidèle, un miroir sincère de toute l'époque, dont il révèle en même temps le mouvement et la monotonie.

Considérée, au contraire, dans son rapport avec ce qui l'a suivie, comme la transition de l'Europe primitive à l'Europe moderne, cette époque s'éclaire et s'anime ; on y découvre un ensemble, une direction, un progrès ; son unité et son intérêt résident dans le travail lent et caché qui s'y est accompli.

L'histoire de la civilisation européenne peut donc se résumer, Messieurs, en trois grandes périodes : 1° Une période que j'appellerai celle des origines, de la formation ;

temps où les divers éléments de notre société se dégagent du chaos, prennent consistance, et se montrent sous leurs formes natives avec les principes qui les animent; ce temps se prolonge presque jusqu'au XIIe siècle. 2° La seconde période est un temps d'essai, de tentative, de tâtonnement; les éléments divers de l'ordre social se rapprochent, se combinent, se tâtent, pour ainsi dire, sans pouvoir rien enfanter de général, de régulier, de durable : cet état ne finit, à vrai dire, qu'au XVIe siècle. 3° Enfin, la période du développement proprement dit, où la société humaine prend en Europe une forme définitive, suit une direction déterminée, marche rapidement et d'ensemble vers un but clair et précis; c'est celle qui a commencé au XVIe siècle et qui poursuit maintenant son cours.

Tel m'apparaît, Messieurs, dans son ensemble, le spectacle de la civilisation européenne; tel j'essaierai de vous le reproduire. C'est dans la seconde période que nous entrons aujourd'hui. Nous avons à y chercher les grandes crises, les causes déterminantes de la transformation sociale qui en a été le résultat.

Le premier grand événement qui se présente à nous, qui ouvre pour ainsi dire l'époque dont nous parlons, ce sont les croisades. Elles commencent à la fin du XIe siècle, et remplissent le XIIe et le XIIIe. Grand événement, à coup sûr, car, depuis qu'il est consommé, il n'a cessé d'occuper les historiens philosophes; tous, même avant de s'en rendre compte, ont pressenti qu'il y avait là une de ces influences qui changent la condition des peuples, et qu'il faut absolument étudier pour comprendre le cours général des faits.

Le premier caractère des croisades, c'est leur universalité; l'Europe entière y a concouru; elles ont été le premier événement européen. Avant les croisades, on n'avait jamais vu l'Europe s'émouvoir d'un même sentiment, agir dans une même cause; il n'y avait pas d'Europe. Les croisades ont révélé l'Europe chrétienne. Les Français faisaient le fond de la première armée de croisés; mais il y avait aussi des Allemands, des Italiens, des Espagnols, des Anglais. Suivez la seconde, la troisième croisade : tous les peuples chrétiens s'y engagent. Rien de pareil ne s'était encore vu.

Ce n'est pas tout : de même que les croisades sont un événement européen, de même, dans chaque pays, elles sont un événement national. Dans chaque pays, toutes les classes de la société s'animent de la même impression, obéissent à la même idée, s'abandonnent au même élan. Rois, seigneurs, prêtres, bourgeois, peuple des campagnes, tous prennent aux croisades le même intérêt, la même part. L'unité morale des nations éclate; fait aussi nouveau que l'unité européenne.

Quand de pareils événements se rencontrent dans la jeunesse des peuples, dans ces temps où les hommes agissent spontanément, librement, sans préméditation, sans intention ni combinaison politique, on y reconnaît ce que l'histoire appelle des événements héroïques, l'âge héroïque des nations. Les croisades sont, en effet, l'événement héroïque de l'Europe moderne, mouvement individuel et général à la fois, national et pourtant non dirigé.

Que tel soit vraiment leur caractère primitif, tous les documents le disent, tous les faits le prouvent. Quels sont les premiers croisés qui se mettent en mouvement? Des bandes populaires ; elles partent sous la conduite de Pierre l'Ermite, sans préparatifs, sans guides, sans chefs, suivies plutôt que conduites par quelques chevaliers obscurs ; elles traversent l'Allemagne, l'empire grec, et vont se disperser ou périr dans l'Asie Mineure.

La classe supérieure, la noblesse féodale, s'ébranle à son tour pour la croisade. Sous le commandement de Godefroi de Bouillon, les seigneurs et leurs hommes partent pleins d'ardeur. Lorsqu'ils ont traversé l'Asie Mineure, il prend aux chefs des croisés un accès de tiédeur et de fatigue ; ils ne se soucient pas de continuer leur route ; ils voudraient s'occuper d'eux-mêmes, faire des conquêtes, s'y établir. Le peuple de l'armée se soulève ; il veut aller à Jérusalem : la délivrance de Jérusalem est le but de la croisade ; ce n'est pas pour gagner des principautés à Raimond de Toulouse, ni à Boémond, ni à aucun autre, que les croisés sont venus. L'impulsion populaire, nationale, européenne, l'emporte sur toutes les intentions individuelles ; les chefs n'ont point sur les masses assez d'ascendant pour les soumettre à leurs propres intérêts. Les souverains, qui étaient restés étrangers à la première croisade, sont enfin emportés dans le mouvement comme les peuples. Les grandes croisades du XIIe siècle sont commandées par des rois.

Je passe tout à coup à la fin du XIIIe siècle. On parle encore en Europe des croisades, on les prêche même avec ardeur. Les papes excitent les souverains et les peuples ; on tient des conciles pour recommander la terre sainte ; mais personne n'y va plus, personne ne s'en soucie plus. Il s'est passé dans l'esprit européen, dans la société européenne, quelque chose qui a mis fin aux croisades. Il y a bien encore quelques expéditions particulières ; on voit bien quelques seigneurs, quelques bandes partir encore pour Jérusalem ; mais le mouvement général est évidemment arrêté. Cependant il semble que ni la nécessité ni la facilité de le continuer n'ont disparu. Les musulmans triomphent de plus en plus en Asie. Le royaume chrétien fondé à Jérusalem est tombé entre leurs mains. Il faut le reconquérir ; on a pour y réussir bien plus de moyens qu'on n'en avait au moment où les croisades ont commencé ; un grand nombre de chrétiens sont établis et encore puissants dans l'Asie Mineure, la Syrie, la Palestine. On connaît mieux les moyens de voyage et d'action. Cependant rien ne peut ranimer les croisades. Il est clair que les deux grandes forces de la société, les souverains d'une part, les peuples de l'autre, n'en veulent plus.

On a beaucoup dit que c'était lassitude, que l'Europe était fatiguée de se ruer ainsi sur l'Asie. Messieurs, il faut s'entendre sur ce mot *lassitude*, dont on se sert souvent en pareille occasion ; il est étrangement inexact. Il n'est pas vrai que les générations humaines soient lasses de ce qu'elles n'ont pas fait, lasses des fatigues de leurs pères. La lassitude est personnelle, elle ne se transmet pas comme un héritage. Les hommes du XIII° siècle n'étaient point fatigués des croisades du XII°; une autre cause agissait sur eux. Un grand changement s'était opéré dans les idées, dans les sentiments, dans les situations sociales. On n'avait plus les mêmes besoins, les mêmes désirs. On croyait plus, on ne voulait plus les mêmes choses. C'est par de telles métamorphoses politiques ou morales, et non par la fatigue, que s'explique la conduite différente des générations successives. La prétendue lassitude qu'on leur attribue est une métaphore sans vérité.

Deux grandes causes, Messieurs, l'une morale, l'autre sociale, avaient lancé l'Europe dans les croisades.

La cause morale, vous le savez, c'était l'impulsion des sentiments et des croyances religieuses. Depuis la fin du VII° siècle, le christianisme luttait contre le mahométisme; il l'avait vaincu en Europe, après en avoir été dangereusement menacé; il était parvenu à le confiner en Espagne. Là encore, il travaillait constamment à l'expulser. On a présenté les croisades comme une espèce d'accident, comme un événement imprévu, inouï, né des récits que faisaient les pèlerins au retour de Jérusalem, et des prédications de Pierre l'Ermite. Il n'en est rien. Les croisades, Messieurs, ont été la continuation, le zénith de la grande lutte engagée depuis quatre siècles entre le christianisme et le mahométisme. Le théâtre de cette lutte avait été jusque-là en Europe; il fut transporté en Asie. Si je mettais quelque prix à ces comparaisons, à ces parallélismes dans lesquels on se plaît quelquefois à faire entrer, de gré ou de force, les faits historiques, je pourrais vous montrer le christianisme fournissant exactement en Asie la même carrière, subissant la même destinée que le mahométisme en Europe. Le mahométisme s'est établi en Espagne, il y a conquis et fondé un royaume et des principautés. Les chrétiens ont fait cela en Asie. Ils s'y sont trouvés, à l'égard des mahométans, dans la même situation que ceux-ci en Espagne à l'égard des chrétiens. Le royaume de Jérusalem et le royaume de Grenade se correspondent. Peu importent, du reste, ces similitudes. Le grand fait, c'est la lutte des deux systèmes religieux et sociaux. Les croisades en ont été la principale crise. C'est là leur caractère historique, le lien qui les rattache à l'ensemble des faits.

Une autre cause, l'état social de l'Europe au XI° siècle, ne contribua pas moins à les faire éclater. J'ai pris soin de bien expliquer pourquoi, du v° au xi° siècle, rien de général n'avait pu s'établir en Europe ; j'ai cherché à montrer comment tout était devenu local; comment les États, les existences, les esprits s'étaient renfermés dans un horizon fort étroit. Ainsi, le régime féodal avait prévalu. Au bout de quelque temps, un horizon si borné ne suffit plus ; la pensée et l'activité humaines aspirèrent à dépasser la sphère où elles étaient renfermées. La vie errante avait cessé, mais non le goût de son mouvement, de ses aventures. Les peuples se précipitèrent dans les croisades comme dans une nouvelle existence plus large, plus variée, qui tantôt rappelait l'ancienne liberté de la barbarie, tantôt ouvrait les perspectives d'un vaste avenir.

Telles furent, je crois, au xii° siècle, les deux causes déterminantes des croisades. A la fin du xiii° siècle, ni l'une ni l'autre de ces causes n'existait plus. L'homme et la société étaient tellement changés, que ni l'impulsion morale ni le besoin social qui avaient précipité l'Europe sur l'Asie ne se faisaient plus sentir. Je ne sais si beaucoup d'entre vous ont lu les historiens originaux des croisades, et s'il vous est quelquefois venu à l'esprit de comparer les chroniqueurs contemporains des premières croisades avec ceux de la fin du xii° et du xiii° siècle : par exemple, Albert d'Aix, Robert le Moine et Raymond d'Agiles, qui assistaient à la première croisade, avec Guillaume de Tyr et Jacques de Vitry. Quand on rapproche ces deux classes d'écrivains, il est impossible de n'être pas frappé de la distance qui les sépare. Les premiers sont des chroniqueurs animés, d'une imagination émue, et qui racontent les événements de la croisade avec passion. Mais ce sont des esprits prodigieusement étroits, sans aucune idée hors de la petite sphère dans laquelle ils ont vécu, étrangers à toute science, remplis de préjugés, incapables de porter un jugement quelconque sur ce qui se passe autour d'eux et sur les événements qu'ils racontent. Ouvrez, au contraire, l'histoire des croisades de Guillaume de Tyr ; vous serez étonnés de trouver presque un historien des temps modernes, un esprit développé, étendu, libre, une rare intelligence politique des événements, des vues d'ensemble, un jugement porté sur les causes et sur les effets. Jacques de Vitry offre l'exemple d'un autre genre de développement : c'est un savant qui ne s'enquiert pas seulement de ce qui se rapporte aux croisades, mais s'occupe de l'état des mœurs, de géographie, d'ethnographie, d'histoire naturelle, qui observe et décrit le monde. En un mot, il y a entre les chroniqueurs des premières croisades et les historiens des dernières, un intervalle immense, et qui révèle dans l'état des esprits une révolution véritable.

Cette révolution éclate surtout dans la manière dont les uns et les autres parlent des mahométans. Pour les premiers chroniqueurs, et, par conséquent, pour les premiers croisés, dont les premiers chroniqueurs ne sont que l'expression, les mahométans ne sont qu'un objet de haine ; il est clair que ceux qui en parlent ne les connaissent point, ne les jugent point, ne les considèrent que sous le point de vue de l'hostilité religieuse qui existe entre eux ; on ne découvre la trace d'aucune relation sociale ; ils les détestent et les combattent, rien de plus. Guillaume de Tyr, Jacques de Vitry, Bernard le trésorier, parlent des musulmans tout autrement : on sent que, tout en les combattant, ils ne les voient plus comme des monstres, qu'ils sont entrés jusqu'à un certain point dans leurs idées, qu'ils ont vécu avec eux, qu'il s'est établi entre eux des relations, et même une sorte de sympathie. Guillaume de Tyr fait un bel éloge de Noureddin, et Bernard le trésorier de Saladin. Ils vont même quelquefois jusqu'à opposer les mœurs et la conduite des musulmans aux mœurs et à la conduite des chrétiens; ils adoptent les musulmans pour faire la satire des chrétiens, comme Tacite peignait les mœurs des Germains en contraste avec les mœurs de Rome. Vous voyez quel changement immense a dû s'opérer entre les deux époques, puisque vous trouvez dans la dernière, sur les ennemis mêmes des chrétiens, sur ceux contre lesquels les croisades étaient dirigées, une liberté, une impartialité d'esprit qui eût saisi les premiers croisés de surprise et de colère.

C'est là, Messieurs, le premier, le principal effet des croisades, un grand pas vers l'affranchissement de l'esprit, un grand progrès vers des idées plus étendues, plus libres. Commencées au nom et sous l'influence des croyances religieuses, les croisades ont enlevé aux idées religieuses, je ne dirai pas leur part légitime d'influence, mais la possession exclusive et despotique de l'esprit humain. Ce résultat, bien imprévu sans doute, est né de plusieurs causes. La première, c'est évidemment la nouveauté, l'étendue, la variété du spectacle qui s'est offert aux yeux des croisés. Il leur est arrivé ce qui arrive aux voyageurs. C'est un lieu commun de dire que l'esprit des voyageurs s'affranchit, que l'habitude d'observer des peuples divers, des mœurs, des opinions différentes, étend les idées, dégage le jugement des anciens préjugés. Le même fait s'est accompli chez ces peuples voyageurs qu'on a appelés les croisés : leur esprit s'est ouvert et élevé par cela seul qu'ils ont vu une multitude de choses différentes, qu'ils ont connu d'autres mœurs que les leurs. Ils se sont trouvés d'ailleurs en relation avec deux civilisations non seulement différentes, mais plus avancées : la société grecque d'une part, la société musulmane de l'autre. Nul doute que la société grecque, quoique sa civilisation fût énervée, pervertie, mourante, ne fît sur les croisés l'effet d'une société plus avancée, plus polie, plus éclairée que la leur. La société musulmane leur fut un spectacle de même nature. Il est curieux de voir dans les chroniques l'impression que produisirent les croisés sur les musulmans : ceux-ci les regardèrent au premier abord comme des barbares, comme les hommes les plus grossiers, les plus féroces, les plus stupides qu'ils eussent jamais vus. Les croisés, de leur côté, furent frappés de ce qu'il y avait de richesses, d'élégance de mœurs chez les musulmans. A cette première impression succédèrent bientôt entre les deux peuples de fréquentes relations. Elles s'étendirent, et devinrent beaucoup plus importantes qu'on ne le croit communément. Non seulement les chrétiens d'Orient avaient avec les musulmans des rapports habituels, mais l'Occident et l'Orient se connurent, se visitèrent, se mêlèrent. Il n'y a pas longtemps qu'un des savants qui honorent la France aux yeux de l'Europe, M. Abel Remusat, a mis à découvert les relations des empereurs mongols avec les rois chrétiens. Des ambassadeurs mongols furent envoyés aux rois francs, à saint Louis entre autres, pour les engager à entrer en alliance et à recommencer des croisades dans l'intérêt commun des Mongols et des chrétiens contre les Turcs. Et non seulement des relations diplomatiques, officielles, s'établissaient ainsi entre les souverains, mais elles tenaient à des relations de peuples fréquentes et variées. Je cite textuellement M. Abel Remusat (¹) :

« Beaucoup de religieux italiens, français, flamands, furent chargés de missions diplomatiques auprès du grand khan. Des Mongols de distinction vinrent à Rome, à Barcelone, à Valence, à Lyon, à Paris, à Londres, à Northampton ; et un franciscain du royaume de Naples fut archevêque de Péking. Son successeur fut un professeur de théologie de la Faculté de Paris. Mais combien d'autres personnages moins connus furent entraînés à la suite de ceux-là, ou comme esclaves, ou attirés par l'appât du gain, ou guidés par la curiosité dans des contrées jusqu'alors inconnues ! Le hasard a conservé les noms de quelques uns. Le premier envoyé qui vint trouver le roi de Hongrie de la part des Tartares était un Anglais banni de son pays pour certains crimes, et qui, après avoir erré dans toute l'Asie, avait fini par prendre du service chez les Mongols. Un cordelier flamand rencontra dans le fond de la Tartarie une femme de Metz, nommée *Paquette*, qui avait été enlevée en Hongrie, un orfévre parisien dont le frère était établi à Paris, sur le grand pont, et un jeune homme des environs de Rouen, qui s'était trouvé à la prise de Belgrade. Il y vit aussi des Russes, des Hongrois et des Flamands. Un chantre, nommé *Robert*, après avoir parcouru l'Asie orientale, revint mourir dans la cathédrale de Chartres. Un Tartare était fournisseur de casques dans les armées de Philippe le Bel. Jean de Plancarpin trouva près de Gayouk un gen-

---

(¹) *Mémoires sur les relations politiques des princes chrétiens avec les empereurs mongols.*
Deuxième mémoire, p. 154-157.

» tilhomme russe qu'il nomme *Temer*, qui servait d'inter-
» prète; plusieurs marchands de Breslaw, de Pologne,
» d'Autriche, l'accompagnèrent dans son voyage en Tar-
» tarie. D'autres revinrent avec lui par la Russie : c'étaient
» des Génois, des Pisans, des Vénitiens. Deux marchands
» de Venise, que le hasard avait conduits à Bokhara, se
» laissèrent aller à suivre un ambassadeur mongol que
» Koulagou envoyait à Khoubilaï. Ils séjournèrent plusieurs
» années tant en Chine qu'en Tartarie, revinrent avec des
» lettres du grand khan pour le pape, retournèrent auprès
» du grand khan, emmenant avec eux le fils de l'un d'eux,
» le célèbre Marc-Pol, et quittèrent encore une fois la
» cour de Khoubilaï pour s'en revenir à Venise. Des voyages
» de ce genre ne furent pas moins fréquents dans le siècle
» suivant. De ce nombre sont ceux de Jean de Mandeville,
» médecin anglais, d'Oderic de Frioul, de Pegoletti, de
» Guillaume de Bouldeselle, et de plusieurs autres. On
» peut bien croire que ceux dont la mémoire s'est conservée
» ne sont que la moindre partie de ceux qui furent entre-
» pris, et qu'il y eut dans ce temps plus de gens en état
» d'exécuter des courses lointaines que d'en écrire la rela-
» tion. Beaucoup de ces aventuriers durent se fixer et
» mourir dans les contrées qu'ils étaient allés visiter. D'au-
» tres revinrent dans leur patrie, aussi obscurs qu'aupara-
» vant, mais l'imagination remplie de ce qu'ils avaient vu,
» le racontant à leur famille, l'exagérant sans doute, mais
» laissant autour d'eux, au milieu de fables ridicules, des
» souvenirs utiles et des traditions capables de fructifier.
» Ainsi furent déposées en Allemagne, en Italie, en France,
» dans les monastères, chez les seigneurs et jusque dans
» les derniers rangs de la société, des semences précieuses

» destinées à germer un peu plus tard. Tous ces voyageurs
» ignorés, portant les arts de leur patrie dans les contrées
» lointaines, en rapportaient d'autres connaissances non
» moins précieuses, et faisaient, sans s'en apercevoir, des
» échanges plus avantageux que tous ceux du commerce.
» Par là, non seulement le trafic des soieries, des porce-
» laines, des denrées de l'Indoustan, s'étendait et devenait
» plus praticable ; il s'ouvrait de nouvelles routes à l'in-
» dustrie et à l'activité commerciale : mais ce qui valait
» mieux encore, des mœurs étrangères, des nations incon-
» nues, des productions extraordinaires venaient s'offrir en
» foule à l'esprit des Européens, resserré, depuis la chute
» de l'Empire romain, dans un cercle trop étroit. On com-
» mença à compter pour quelque chose la plus belle, la
» plus peuplée et la plus anciennement civilisée des quatre
» parties du monde. On songea à étudier les arts, les
» croyances, les idiomes des peuples qui l'habitaient, et
» il fut même question d'établir une chaire de langue
» tartare dans l'université de Paris. Des relations roma-
» nesques, bientôt discutées et approfondies, répandirent
» de toutes parts des notions plus justes et plus variées. Le
» monde sembla s'ouvrir du côté de l'Orient ; la géographie
» fit un pas immense : l'ardeur pour les découvertes de-
» vint la forme nouvelle que revêtit l'esprit aventureux des
» Européens. L'idée d'un autre hémisphère cessa, quand
» le nôtre fut mieux connu, de se présenter à l'esprit comme
» un paradoxe dépourvu de toute vraisemblance ; et ce fut
» en allant à la recherche du Zipangri de Marc-Pol que
» Christophe Colomb découvrit le nouveau-monde. »

Vous voyez, Messieurs, quel était, au XIIIe et au
XIVe siècle, par les faits qu'avait amenés l'impulsion des

croisades, quel était, dis-je, le monde vaste et nouveau qui s'était ouvert devant l'esprit européen. On ne peut douter que ce n'ait été là une des causes les plus puissantes du développement et de la liberté d'esprit qui éclatent au sortir de ce grand événement.

Une autre circonstance mérite d'être remarquée. Jusqu'aux croisades, la cour de Rome, le centre de l'Église, n'avait guère été en communication avec les laïques que par l'intermédiaire des ecclésiastiques, soit des légats que la cour de Rome envoyait, soit des évêques et du clergé tout entier. Il y avait bien toujours quelques laïques en relation directe avec Rome ; mais, à tout prendre, c'était par les ecclésiastiques qu'elle communiquait avec les peuples. Pendant les croisades, au contraire, Rome devint un lieu de passage pour une grande partie des croisés, soit en allant, soit en revenant. Une foule de laïques assistèrent au spectacle de sa politique et de ses mœurs, démêlèrent la part de l'intérêt personnel dans les débats religieux. Nul doute que cette connaissance nouvelle n'ait inspiré à beaucoup d'esprits une hardiesse jusque-là inconnue.

Quand on considère l'état des esprits en général au sortir des croisades, et surtout en matière ecclésiastique, il est impossible de ne pas être frappé d'un fait singulier : les idées religieuses n'ont point changé ; elles n'ont pas été remplacées par des opinions contraires, ou seulement différentes. Cependant les esprits sont infiniment plus libres ; les croyances religieuses ne sont plus l'unique sphère dans laquelle s'exerce l'esprit humain ; sans les abandonner, il commence à ne s'y point renfermer, à se porter ailleurs. Ainsi, à la fin du XIIIe siècle, la cause morale qui avait déterminé les croisades, qui en avait été du moins le principe le plus énergique, avait disparu ; l'état moral de l'Europe était profondément modifié.

L'état social avait subi un changement analogue. On a beaucoup cherché quelle avait été, à cet égard, l'influence des croisades ; on a montré comment elles avaient réduit un grand nombre de propriétaires de fiefs à la nécessité de les vendre aux rois, ou bien de vendre des chartes aux communes pour faire de l'argent et aller à la croisade. On a fait voir que, par leur seule absence, beaucoup de seigneurs avaient perdu une grande partie de leur pouvoir. Sans entrer dans les détails de cet examen, on peut, je crois, résumer en quelques faits généraux l'influence des croisades sur l'état social.

Elles ont beaucoup diminué le nombre des petits fiefs, des petits domaines, des petits propriétaires de fiefs ; elles ont concentré la propriété et le pouvoir dans un moindre nombre de mains. C'est à partir des croisades qu'on voit se former et s'accroître les grands fiefs, les grandes existences féodales.

J'ai souvent regretté qu'il n'y eût pas une carte de la France divisée en fiefs, comme nous avons une carte de la France divisée en départements, arrondissements, cantons et communes, une carte où tous les fiefs fussent marqués, ainsi que leur circonscription, leurs rapports et leurs changements successifs. Si nous comparions, à l'aide de cartes pareilles, l'état de la France avant et après les croisades, nous verrions combien de fiefs avaient disparu, et à quel point s'étaient accrus les grands fiefs et les fiefs moyens. C'est un des plus importants résultats que les croisades aient amenés.

Là même où les petits propriétaires ont conservé leurs fiefs, ils n'y ont plus vécu aussi isolés qu'auparavant. Les possesseurs de grands fiefs sont devenus autant de centres autour desquels les petits se sont groupés, auprès desquels ils sont venus vivre. Il avait bien fallu, pendant la croisade, se mettre à la suite du plus riche, du plus puissant, recevoir de lui des secours; on avait vécu avec lui, on avait partagé sa fortune, couru les mêmes aventures. Les croisés revenus chez eux, cette sociabilité, cette habitude de vivre auprès de son supérieur, sont restées dans les mœurs. De même qu'on voit les grands fiefs augmenter après les croisades, de même on voit les propriétaires de ces fiefs tenir une cour beaucoup plus considérable dans l'intérieur de leurs châteaux, avoir auprès d'eux un plus grand nombre de gentilshommes qui conservent leurs petits domaines, mais ne s'y enferment plus.

L'extension des grands fiefs et la création d'un certain nombre de centres de société, au lieu de la dispersion qui existait auparavant, ce sont là les deux plus grands effets des croisades dans le sein de la féodalité.

Quant aux bourgeois, un résultat de même nature est facile à reconnaître. Les croisades ont créé les grandes communes. Le petit commerce, la petite industrie, ne suffisaient pas pour créer des communes telles qu'ont été les grandes villes d'Italie et de Flandre. C'est le commerce en grand, le commerce maritime, et particulièrement le commerce entre l'Orient et l'Occident, qui les a enfantées : or ce sont les croisades qui ont donné au commerce maritime la plus forte impulsion qu'il eût encore reçue.

En tout, quand on regarde à l'état de la société à la fin des croisades, on trouve que ce mouvement de dissolution, de dispersion des existences et des influences, ce mouvement de localisation universelle, s'il est permis de parler ainsi, qui avait précédé cette époque, a cessé et a été remplacé par un mouvement en sens contraire, par un mouvement de centralisation. Tout tend à se rapprocher. Les petites existences s'absorbent dans les grandes, ou se groupent autour d'elles. C'est en ce sens que marche la société, que se dirigent tous ses progrès.

Vous comprenez à présent, Messieurs, pourquoi, à la fin du XIII° et au XIV° siècle, les peuples et les souverains ne voulaient plus de croisades; ils n'en avaient plus besoin ni envie; ils s'y étaient jetés par l'impulsion de l'esprit religieux, par la domination exclusive des idées religieuses sur l'existence tout entière : cette domination avait perdu son énergie. Ils avaient aussi cherché dans les croisades une vie nouvelle, plus large, plus variée; ils commençaient à la trouver en Europe même, dans les progrès des relations sociales. C'est à cette époque que s'ouvre devant les rois la carrière de l'agrandissement politique. Pourquoi aller chercher des royaumes en Asie, quand à sa porte on en avait à conquérir? Philippe-Auguste allait à la croisade à contre-cœur : quoi de plus naturel? il avait à se faire roi de France. Il en fut de même pour les peuples. La carrière de la richesse s'ouvrit devant eux; ils renoncèrent aux aventures pour le travail. Les aventures furent remplacées, pour les souverains, par la politique; pour les peuples, par le travail en grand. Une seule classe de la société continua à avoir du goût pour les aventures : ce fut cette partie de la noblesse féodale qui, n'étant pas en mesure de songer aux agrandissements politiques, et ne se souciant pas du travail, conserva son ancienne position, ses anciennes mœurs. Aussi a-t-elle continué à se jeter dans les croisades, et tenté de les renouveler.

Tels sont, Messieurs, à mon avis, les grands, les véritables effets des croisades : d'une part, l'étendue des idées, l'affranchissement des esprits ; de l'autre, l'agrandissement des existences, une large sphère ouverte à toutes les activités : elles ont produit à la fois plus de liberté individuelle et plus d'unité politique. Elles ont poussé à l'indépendance de l'homme et à la centralisation de la société. On s'est beaucoup enquis des moyens de civilisation qu'elles ont directement importés d'Orient; on a dit que la plupart des grandes découvertes qui, dans le cours des XIVe et XVe siècles, ont provoqué le développement de la civilisation européenne, la boussole, l'imprimerie, la poudre à canon, étaient connues de l'Orient, et que les croisés avaient pu les en rapporter. Cela est vrai jusqu'à un certain point. Cependant quelques unes de ces assertions sont contestables. Ce qui ne l'est pas, c'est cette influence, cet effet général des croisades sur les esprits d'une part, sur la société de l'autre ; elles ont tiré la société européenne d'une ornière très étroite, pour la jeter dans des voies nouvelles et infiniment plus larges ; elles ont commencé cette transformation des divers éléments de la société européenne en gouvernements et en peuples, qui est le caractère de la civilisation moderne. Vers le même temps se développait une des institutions qui ont le plus puissamment contribué à ce grand résultat, la royauté. Son histoire, depuis la naissance des États modernes jusqu'au XIIIe siècle, sera l'objet de notre prochaine leçon.

NEUVIÈME LEÇON.

Objet de la leçon. — Rôle important de la royauté dans l'histoire de l'Europe et du monde. — Vraies causes de cette importance. — Double point de vue sous lequel l'institution de la royauté doit être considérée. — 1° Sa nature propre et permanente. — Elle est la personnification du souverain de droit. — Dans quelles limites. — 2° Sa flexibilité et sa diversité. — La royauté européenne semble le résultat des diverses espèces de royautés. — De la royauté barbare. — De la royauté impériale. — De la royauté religieuse. — De la royauté féodale. — De la royauté moderne proprement dite, et de son véritable caractère.

MESSIEURS,

J'ai essayé, dans notre dernière réunion, de déterminer le caractère essentiel et distinctif de la société moderne comparée à la société européenne primitive; j'ai cru le reconnaître dans ce fait, que tous les éléments de l'état social, d'abord nombreux et divers, se sont réduits à deux : le gouvernement d'une part, le peuple de l'autre. Au lieu de rencontrer comme forces dominantes, comme premiers acteurs de l'histoire, la noblesse féodale, le clergé, des rois, des bourgeois, des colons, des serfs, nous ne trouvons plus dans l'Europe moderne que deux grandes figures qui occupent seules la scène historique, le gouvernement et le pays.

Si tel est le fait auquel a abouti la civilisation européenne, tel est aussi le but vers lequel nous devons tendre, où nos recherches doivent nous conduire. Il faut que nous voyions naître, se développer, s'affermir progressivement ce grand résultat. Nous sommes entrés dans l'époque à laquelle on peut faire remonter son origine : c'est, vous l'avez vu, entre le XIIᵉ et le XVIᵉ siècle que s'est opéré en Europe le travail lent et caché qui a amené notre société à cette nouvelle forme, à cet état définitif. Nous avons également étudié le premier grand événement qui, à mon avis, ait poussé clairement et puissamment l'Europe dans cette voie, les croisades.

Vers la même époque, à peu près au moment où éclataient les croisades, commença à grandir l'institution qui a peut-être le plus contribué à la formation de la société moderne, à cette fusion de tous les éléments sociaux en deux forces, le gouvernement et le peuple : c'est la royauté.

Il est évident que la royauté a joué un rôle immense dans l'histoire de la civilisation européenne ; un coup d'œil sur les faits suffit pour s'en convaincre ; on voit le développement de la royauté marcher du même pas, pour ainsi dire, au moins pendant longtemps, que celui de la société elle-même : les progrès sont communs.

Et non seulement les progrès sont communs ; mais toutes les fois que la société avance vers son caractère définitif et moderne, la royauté paraît grandir et prospérer ; si bien que, lorsque l'œuvre est consommée, lorsqu'il ne reste plus ou à peu près, dans les grands États de l'Europe, d'autre influence importante et décisive que celle du gouvernement et du public, c'est la royauté qui est le gouvernement.

Et il en est arrivé ainsi non seulement en France, où le fait est évident, mais dans la plupart des pays de l'Europe : un peu plus tôt ou un peu plus tard, sous des formes un peu différentes, l'histoire de la société en Angleterre, en Espagne, en Allemagne, nous offre le même résultat. En Angleterre, par exemple, c'est sous les Tudors que les anciens éléments particuliers et locaux de la société anglaise se dénaturent, se fondent, et cèdent la place au système des pouvoirs publics; c'est aussi le moment de la plus grande influence de la royauté. Il en a été de même en Allemagne, en Espagne, dans tous les grands États européens.

Si nous sortons de l'Europe, si nous portons nos regards sur le reste du monde, nous serons frappés d'un fait analogue; partout nous trouverons la royauté occupant une grande place, apparaissant comme l'institution peut-être la plus générale, la plus permanente, comme la plus difficile à prévenir là où elle n'existe pas encore, à extirper là où elle a existé. De temps immémorial elle possède l'Asie. A la découverte de l'Amérique, on y a trouvé tous les grands États, avec des combinaisons différentes, soumis au régime monarchique. Quand on pénètre dans l'intérieur de l'Afrique, là où se rencontrent des nations un peu étendues, c'est ce régime qui prévaut. Et non seulement la royauté a pénétré partout, mais elle s'est accommodée aux situations les plus diverses, à la civilisation et à la barbarie, aux mœurs les plus pacifiques, en Chine, par exemple, et à celle où l'esprit militaire domine. Elle s'est établie tantôt au sein du régime des castes, dans les sociétés les plus rigoureusement classées, tantôt au milieu d'un régime d'égalité, dans les sociétés les plus étrangères à toute classification légale et permanente ; souvent despotique et oppressive, ailleurs favorable aux progrès de la civilisation et même de la liberté. Il semble que ce soit une tête qui se puisse placer sur une multitude de corps différents, un fruit qui puisse naître des germes les plus divers.

Dans ce fait, Messieurs, nous pourrions découvrir beaucoup de conséquences importantes et curieuses. Je n'en veux prendre que deux.

La première, c'est qu'il est impossible qu'un tel résultat soit le fruit du pur hasard, de la force ou de l'usurpation seule; il est impossible qu'il n'y ait pas entre la nature de la royauté, considérée comme institution, et la nature, soit de l'homme individuel, soit de la société humaine, une profonde et puissante analogie. Sans doute la force est mêlée à l'origine de l'institution ; sans doute elle a eu beaucoup de part à ses progrès; mais toutes les fois que vous rencontrez un résultat comme celui-ci, toutes les fois que vous voyez un grand événement se développer ou se reproduire pendant une longue série de siècles, et au milieu de tant de situations différentes, ne l'attribuez jamais à la force. La force joue un grand rôle, un rôle de tous les jours, dans les affaires humaines; elle n'en est point le principe, le mobile supérieur : au-dessus de la force et du rôle qu'elle joue, plane toujours une cause morale qui décide de l'ensemble des choses. Il en est de la force dans l'histoire des sociétés comme du corps dans l'histoire de l'homme. Le corps tient à coup sûr une grande place dans la vie de l'homme; cependant il n'en est point le principe. La vie y circule et n'en émane point. Tel est aussi le jeu des sociétés humaines : quelque rôle qu'y joue la force, ce n'est pas la force qui les gouverne, qui préside souverainement à leur destinée; ce sont des idées, des influences morales qui se cachent sous les accidents de la force, et règlent le cours des sociétés. A coup sûr c'est une cause de ce genre, et non la force, qui a fait la fortune de la royauté.

Un second fait qui n'est guère moins important à remarquer, c'est la flexibilité de l'institution, sa faculté de se modifier, de s'adapter à une multitude de circonstances diverses. Remarquez le contraste : sa forme est unique, permanente, simple ; elle n'offre point cette variété prodigieuse de combinaisons qui se rencontre dans d'autres institutions ; et cependant elle s'approprie aux sociétés qui se ressemblent le moins. Il faut évidemment qu'elle admette une grande diversité, qu'elle se rattache, soit dans l'homme, soit dans la société, à beaucoup d'éléments et de principes différents.

C'est pour n'avoir pas considéré l'institution de la royauté dans toute son étendue ; pour n'avoir pas, d'une part, pénétré jusqu'à son principe propre et constant, à ce qui fait son essence et subsiste, quelles que soient les circonstances auxquelles elle s'applique ; et, de l'autre, pour n'avoir pas tenu compte de toutes les variations auxquelles elle se prête, de tous les principes avec lesquels elle peut entrer en alliance ; c'est, dis-je, pour n'avoir pas considéré la royauté sous ce double et vaste point de vue, qu'on n'a pas toujours bien compris son rôle dans l'histoire du monde, qu'on s'est souvent trompé sur sa nature et ses effets.

C'est là le travail que je voudrais faire avec vous, et de manière à nous rendre un compte complet et précis des effets de cette institution dans l'Europe moderne, soit qu'ils aient découlé de son principe propre ou des modifications qu'elle a subies.

Nul doute, Messieurs, que la force de la royauté, cette puissance morale qui est son vrai principe, ne réside point dans la volonté propre, personnelle de l'homme momentanément roi ; nul doute que les peuples, en l'acceptant comme institution, les philosophes en la soutenant comme système, n'ont point cru, n'ont point voulu accepter l'empire de la volonté d'un homme essentiellement étroite, arbitraire, capricieuse, ignorante.

La royauté est tout autre chose que la volonté d'un homme, quoiqu'elle se présente sous cette forme. Elle est la personnification de la souveraineté de droit, de cette volonté essentiellement raisonnable, éclairée, juste, impartiale, étrangère et supérieure à toutes les volontés individuelles, et qui, à ce titre, a droit de les gouverner. Tel est le sens de la royauté dans l'esprit des peuples, tel est le motif de leur adhésion.

Est-il vrai, Messieurs, qu'il y ait une souveraineté de droit, une loi qui ait droit de gouverner les hommes ? Il est certain qu'ils y croient ; car ils cherchent, et ils ont constamment cherché, et ils ne peuvent pas ne pas chercher à se placer sous son empire. Concevez, je ne dis pas un peuple, mais la moindre réunion d'hommes, concevez-la soumise à un souverain qui ne le soit absolument que de fait, à une force qui n'ait aucun droit que celui de la force, qui ne gouverne pas du tout à titre de raison, de justice, de vérité ; à l'instant la nature humaine se révolte contre une telle supposition : il faut qu'elle croie au droit. C'est le souverain de droit qu'elle cherche, c'est le seul auquel l'homme consente à obéir. Qu'est-ce que l'histoire sinon la démonstration de ce fait universel ? Que sont la plupart des luttes qui travaillent la vie des peuples, sinon un ardent effort vers le souverain de droit, afin de se placer sous son empire ? Et non seulement les peuples, mais les philosophes croient fermement à son existence, et le cherchent incessamment. Que sont tous les systèmes de philosophie politique sinon la recherche du souverain de droit? Que traitent-ils sinon la question de savoir qui a droit de gouverner la société? Prenez les systèmes théocratique, monarchique, aristocratique, démocratique; tous se vantent d'avoir découvert en qui réside la souveraineté de droit; tous promettent à la société de la placer sous la loi de son maître légitime. Je le répète; c'est là le but de tous les travaux des philosophes, comme de tous les efforts des nations.

Comment les uns et les autres ne croiraient-ils pas au souverain de droit? Comment ne le chercheraient-ils pas constamment? Prenez les suppositions les plus simples; qu'il y ait un acte quelconque à accomplir, soit sur la société dans son ensemble, soit sur quelques uns de ses membres, soit sur un seul; il y a toujours évidemment une règle de cet acte, une volonté légitime à suivre, à appliquer. Soit que vous pénétriez dans les moindres détails de la vie sociale, soit que vous vous éleviez à ses plus grands événements, partout vous rencontrerez une vérité à constater, une idée juste et raisonnable à faire passer dans les réalités. C'est là ce souverain de droit vers lequel les philosophes et les peuples n'ont pas cessé et ne peuvent cesser d'aspirer.

Jusqu'à quel point le souverain de droit peut-il être représenté d'une façon générale et permanente par une force terrestre, par une volonté humaine? Qu'y a-t-il de nécessairement faux et dangereux dans une telle supposition? Que faut-il penser en particulier de la personnification de la souveraineté de droit sous l'image de la royauté? A quelles conditions, dans quelles limites cette personnification est-elle admissible? Grandes questions que je n'ai point à traiter ici, mais que je ne puis me dispenser d'indiquer, et sur lesquelles je dirai un mot en passant.

J'affirme, et le plus simple bon sens le reconnaît, que la souveraineté de droit, complète et permanente, ne peut appartenir à personne ; que toute attribution de la souveraineté de droit à une force humaine quelconque est radicalement fausse et dangereuse. De là vient la nécessité de la limitation de tous les pouvoirs, quels que soient leurs noms et leurs formes; de là l'illégitimité radicale de tout pouvoir absolu, quelle que soit son origine, conquête, hérédité ou élection. On peut différer sur les meilleurs moyens de chercher le souverain de droit ; ils varient selon les lieux et les temps; mais en aucun lieu, en aucun temps, aucun pouvoir ne saurait légitimement être possesseur absolument indépendant de cette souveraineté.

Ce principe posé, il n'en est pas moins certain que la royauté, dans quelque système qu'on la considère, se présente comme la personnification du souverain de droit. Écoutez le système théocratique : il vous dira que les rois sont l'image de Dieu sur la terre ; ce qui ne veut pas dire autre chose sinon qu'ils sont la personnification de la souveraine justice, vérité, bonté. Adressez-vous aux jurisconsultes : ils vous répondront que le roi, c'est la loi vivante ; ce qui veut dire encore que le roi est la personnification du souverain de droit, de la loi juste, qui a droit de gouverner la société. Interrogez la royauté elle-même, dans le système de la monarchie pure : elle vous dira qu'elle est la personnification de l'État, de l'intérêt général. Dans quelque système, dans quelque situation que vous la considériez, vous la trouverez toujours se résumant dans la prétention de représenter, de reproduire ce souverain de droit, seul capable de gouverner légitimement la société.

Il n'y a pas lieu de s'en étonner. Quels sont les caractères du souverain de droit, les caractères qui dérivent de sa nature même? D'abord il est unique; puisqu'il n'y a qu'une vérité, une justice, il ne peut y avoir qu'un souverain de droit. Il est de plus permanent, toujours le même: la vérité ne change point. Il est placé dans une situation supérieure, étrangère à toutes les vicissitudes, à toutes les chances de ce monde; il n'est du monde en quelque sorte que comme spectateur et comme juge : c'est là son rôle. Eh bien! Messieurs, ces caractères rationnels, naturels, du souverain de droit, c'est la royauté qui les reproduit extérieurement sous la forme la plus sensible, qui en paraît la plus fidèle image. Ouvrez l'ouvrage où M. Benjamin Constant a si ingénieusement représenté la royauté comme un pouvoir neutre, un pouvoir modérateur, élevé au-dessus des accidents, des luttes de la société, et n'intervenant que dans les grandes crises. N'est-ce pas là, pour ainsi dire, l'attitude du souverain de droit dans le gouvernement des choses humaines? Il faut qu'il y ait dans cette idée quelque chose de très propre à frapper les esprits, car elle a passé avec une rapidité singulière des livres dans les faits. Un souverain en a fait, dans la constitution du Brésil, la base même de son trône; la royauté y est représentée comme un pouvoir modérateur, élevé au-dessus des pouvoirs actifs, comme un spectateur et un juge des luttes politiques.

Sous quelque point de vue que vous considériez l'institution, en la comparant au souverain de droit, vous trouverez que la ressemblance extérieure est grande, et qu'il est naturel qu'elle ait frappé l'esprit des hommes. Aussi toutes les fois que leur réflexion ou leur imagination se sont tournées de préférence vers la contemplation ou l'étude de la nature du souverain de droit, de ses caractères essentiels, ils ont incliné vers la royauté. Ainsi, dans les temps de prépondérance des idées religieuses, la contemplation habituelle de la nature de Dieu a poussé les hommes vers le système monarchique. De même, quand les jurisconsultes ont dominé dans la société, l'habitude d'étudier, sous le nom de loi, la nature du souverain de droit, a été favorable au dogme de sa personnification dans la royauté. L'application attentive de l'esprit humain à contempler la nature et les qualités du souverain de droit, quand d'autres causes n'en sont pas venues détruire l'effet, a toujours donné force et crédit à la royauté, qui en offrait l'image.

Il y a en outre des temps particulièrement favorables à cette personnification : ce sont les temps où les forces individuelles se déploient dans le monde avec tous leurs hasards et leurs caprices, les temps où l'égoïsme domine dans les individus, soit par ignorance et brutalité, soit par corruption. Alors la société, livrée au combat des volontés personnelles, et ne pouvant s'élever par leur libre concours à une volonté commune, générale, qui les rallie et les soumette, aspire avec passion vers un souverain auquel tous les individus soient obligés de se soumettre; et dès qu'il se présente quelque institution qui porte quelques uns des caractères du souverain de droit et promet à la société son empire, la société s'y rallie avec un avide empressement, comme des proscrits se réfugient dans l'asile d'une église. C'est là ce qui s'est vu dans les temps de jeunesse désordonnée des peuples, comme ceux que nous venons de parcourir. La royauté convient merveilleusement à ces époques d'anarchie forte et féconde, pour ainsi dire, où la société aspire à se former, à se régler, et n'y sait pas parvenir par l'accord libre des volontés individuelles. Il y a d'autres temps où, par une cause toute contraire, elle a le même mérite. Pourquoi le monde romain, si près de se dissoudre à la fin de la république, a-t-il subsisté encore près de quinze siècles sous le nom de cet empire qui n'a été, après tout, qu'une continuelle décadence, une longue agonie? La royauté seule a pu produire un tel effet; seule elle pouvait contenir une société que l'égoïsme tendait sans cesse à détruire. Le pouvoir impérial a lutté pendant quinze siècles contre la ruine du monde romain.

Ainsi il y a des temps où la royauté peut seule retarder la dissolution de la société, des temps où elle peut seule accélérer sa formation. Et dans les deux cas, c'est parce qu'elle représente plus clairement, plus puissamment que toute autre forme, le souverain de droit, qu'elle exerce sur les événements ce pouvoir.

Sous quelque point de vue que vous considériez l'institution, à quelque époque que vous la preniez, vous reconnaîtrez donc, Messieurs, que son caractère essentiel, son principe moral, son véritable sens, son sens intime, ce qui fait sa force, c'est, je le répète, d'être l'image, la personnification, l'interprète présumé de cette volonté unique, supérieure, essentiellement légitime, qui a seule droit de gouverner la société.

Considérons maintenant la royauté sous le second point de vue, c'est-à-dire dans sa flexibilité, dans la variété des rôles qu'elle a joués et des effets qu'elle a produits: il faut que nous en rendions raison, que nous en déterminions les causes.

Nous avons ici un avantage; nous pouvons rentrer sur-le-champ dans l'histoire et dans notre histoire. Par un concours de circonstances singulières, il est arrivé que, dans l'Europe moderne, la royauté a revêtu tous les caractères sous lesquels elle s'était montrée dans l'histoire du monde. Si je puis me servir d'une expression géométrique, la royauté européenne a été en quelque sorte la résultante de toutes les espèces de royautés possibles. Je vais parcourir son histoire du ve au xiie siècle, vous verrez sous combien d'aspects divers elle se présente, et à quel point nous retrouvons partout ce caractère de variété, de complication, de lutte, qui appartient à toute la civilisation européenne.

Au ve siècle, au moment de la grande invasion des Germains, deux royautés sont en présence : la royauté barbare et la royauté impériale, celle de Clovis et celle de Constantin; l'une et l'autre bien différentes de principes et d'effets.

La royauté barbare est essentiellement élective : les rois germains sont élus, quoique leur élection n'ait point lieu dans les formes auxquelles nous sommes habitués à attacher cette idée; ce sont des chefs militaires, tenus de faire accepter librement leur pouvoir par un grand nombre de compagnons qui leur obéissent comme au plus brave, au plus habile. L'élection est la vraie source de la royauté barbare, son caractère primitif, essentiel.

Ce n'est pas que ce caractère, au ve siècle, ne soit déjà un peu modifié, que des éléments différents ne se soient déjà introduits dans la royauté. Les diverses peuplades avaient leurs chefs depuis un certain temps; des familles s'étaient élevées plus accréditées, plus considérables, plus riches que les autres. De là un commencement d'hérédité; le chef n'était guère élu hors de ces familles. Premier principe différent, qui vient s'associer au principe dominant de l'élection.

Une autre idée, un autre élément a déjà pénétré aussi dans la royauté barbare: c'est l'élément religieux. On trouve chez quelques-uns des peuples barbares, par exemple chez les Goths, la conviction que les familles de leurs rois descendent des familles de leurs dieux, ou des héros dont on a fait des dieux, d'Odin, par exemple. C'est la situation des rois d'Homère, issus des dieux ou des demi-dieux, et, à ce titre, objets d'une sorte de vénération religieuse, malgré les limites de leur pouvoir.

Telle était, au ve siècle, la royauté barbare, déjà diverse et flottante, quoique son principe primitif dominât encore.

Je prends la royauté romaine, impériale. Celle-ci est tout autre chose: c'est la personnification de l'État, l'héritière de la souveraineté et de la majesté du peuple romain. Considérez la royauté d'Auguste, de Tibère; l'empereur est le représentant du sénat, des comices, de la république tout entière; il lui succède, elle est venue se résumer dans sa personne. Qui ne le reconnaîtrait à la modestie du langage des premiers empereurs, de ceux du moins qui étaient hommes de sens et comprenaient leur situation? Ils se sentent en présence du peuple souverain naguère, et qui a abdiqué en leur faveur; ils lui parlent comme ses représentants, comme ses ministres. Mais en fait ils exercent tout le pouvoir du peuple, et avec la plus redoutable intensité. Une telle transformation, Messieurs, nous est aisée à comprendre; nous y avons assisté nous-mêmes; nous avons vu la souveraineté passer du peuple dans un homme : c'est l'histoire de Napoléon. Celui-là aussi a été une personnification du peuple souverain; il le disait sans cesse. Il disait « Qui a été élu comme moi par dix-huit millions d'hommes?

» Qui est comme moi le représentant du peuple? » Et quand sur ses monnaies on lisait d'un côté : *République française;* de l'autre : *Napoléon, empereur,* qu'était-ce donc, sinon le fait que je décris, le peuple devenu roi?

Tel était, Messieurs, le caractère fondamental de la royauté impériale; elle l'a gardé pendant les trois premiers siècles de l'Empire : c'est même sous Dioclétien seulement qu'elle a pris sa forme définitive et complète. Elle était cependant alors sur le point de subir un grand changement : une nouvelle royauté était près de paraître. Le christianisme travaillait depuis trois siècles à introduire dans l'Empire l'élément religieux. Ce fut sous Constantin qu'il réussit, non à le faire prévaloir, mais à lui faire jouer un grand rôle. Ici la royauté se présente sous un tout autre aspect; elle n'a point son origine sur la terre : le prince n'est pas le représentant de la souveraineté publique; il est l'image de Dieu, son représentant, son délégué. Le pouvoir lui vient de haut en bas, tandis que, dans la royauté impériale, le pouvoir avait monté de bas en haut. Ce sont deux situations toutes différentes, et qui ont des résultats tout différents. Les droits de la liberté, les garanties politiques sont difficiles à combiner avec le principe de la royauté religieuse; mais le principe lui-même est élevé, moral, salutaire. Voici l'idée qu'on se formait du prince au VIIe siècle, dans le système de la royauté religieuse. Je la puise dans les canons du concile de Tolède.

« Le roi est dit roi (*rex*) de ce qu'il gouverne justement (*recte*). S'il agit avec justice (*recte*), il possède légitimement le nom de roi; s'il agit avec injustice, il le perd misérablement. Nos pères disaient donc avec raison : *Rex ejus eris si recta facis; si autem non facis, non eris.*

Les deux principales vertus royales sont la justice et la vérité (la science de la vérité, la raison).

» La puissance royale est tenue, comme la totalité des peuples, au respect des lois.. Obéissant aux volontés du ciel, nous donnons, à nous comme à nos sujets, des lois sages auxquelles notre propre grandeur et celle de nos successeurs est tenue d'obéir, aussi bien que toute la population de notre royaume...

» Dieu, le créateur de toutes choses, en disposant la structure du corps humain, a élevé la tête en haut, et a voulu que de là partissent les nerfs de tous les membres. Et il a placé dans la tête le flambeau des yeux, afin que de là fussent vues toutes les choses qui pouvaient nuire. Et il a établi le pouvoir de l'intelligence, en le chargeant de gouverner tous les membres et de régler sagement leur action... Il faut donc régler d'abord ce qui regarde les princes, veiller à leur sûreté, protéger leur vie, et ordonner ensuite ce qui touche les peuples; de telle sorte qu'en garantissant, comme il convient, la sûreté des rois, on garantisse en même temps et d'autant mieux celle des peuples ([1]). »

Mais, dans le système de la royauté religieuse s'introduit presque toujours un autre élément que la royauté elle-même. Un pouvoir nouveau prend place à côté d'elle, un pouvoir plus rapproché de Dieu, de la source dont la royauté émane, que la royauté elle-même; c'est le clergé, le pouvoir ecclésiastique qui vient s'interposer entre Dieu et les rois, entre les rois et les peuples; en sorte que la royauté, image de la Divinité, court la chance de tomber

---

([1]) *Forum judicum*, tit. 1, l. 2 ; tit. 1, l. 2, l. 4.

au rang d'instrument des interprètes humains de la volonté divine. Nouvelle cause de diversité dans les destinées et les effets de l'institution.

Voici donc quelles étaient, au v° siècle, les diverses royautés qui se manifestaient sur les ruines de l'Empire romain : la royauté barbare, la royauté impériale, et la royauté religieuse naissante. Leurs fortunes furent diverses comme leurs principes.

En France, sous la première race, la royauté barbare prévaut; il y a bien quelques tentatives du clergé pour lui imprimer le caractère impérial ou le caractère religieux; mais l'élection, dans la famille royale, avec quelque mélange d'hérédité et d'idées religieuses, demeure dominante.

En Italie, parmi les Ostrogoths, la royauté impériale dompte les coutumes barbares. Théodoric se porte le successeur des empereurs. Il suffit de lire Cassiodore, pour reconnaître ce caractère de son gouvernement.

En Espagne, la royauté paraît plus religieuse qu'ailleurs; comme les conciles de Tolède sont, je ne dirai pas les maîtres, mais le pouvoir influent, le caractère religieux domine, sinon dans le gouvernement proprement dit des rois visigoths, du moins dans les lois que le clergé leur inspire et le langage qu'il leur fait parler.

En Angleterre, parmi les Saxons, les mœurs barbares subsistent presque entières. Les royaumes de l'heptarchie ne sont guère que les domaines de bandes diverses, ayant chacune son chef. L'élection militaire est plus évidente là que partout ailleurs. La royauté anglo-saxonne est le type le plus fidèle de la royauté barbare.

Ainsi, du v° au vii° siècle, en même temps que les trois sortes de royauté se manifestent dans les faits généraux, l'une ou l'autre prévaut, selon les circonstances, dans les différents États de l'Europe.

Le chaos était tel à cette époque, que rien de général ni de permanent ne pouvait s'établir; et, de vicissitude en vicissitude, nous arrivons au VIIIe siècle sans que la royauté ait pris nulle part un caractère définitif.

Vers le milieu du VIIIe siècle, et avec le triomphe de la seconde race des rois francs, les événements se généralisent, s'éclaircissent; comme ils s'accomplissent sur une plus grande échelle, on les comprend mieux, ils ont plus de résultat. Vous allez voir dans un court espace de temps les diverses royautés se succéder et se combiner avec éclat.

Au moment où les Carlovingiens remplacent les Mérovingiens, un retour de la royauté barbare est visible; l'élection y reparaît. Pepin se fait élire à Soissons. Quand les premiers Carlovingiens donnent des royaumes à leurs fils, ils ont soin de les faire accepter par les grands des États qu'ils leur assignent; quand ils font un partage, ils veulent qu'il soit sanctionné dans les assemblées nationales. En un mot, le principe électif, sous la forme de l'acceptation populaire, reprend quelque réalité. Vous vous rappelez que l'avénement de la dynastie carlovingienne fut comme une nouvelle invasion des Germains dans l'occident de l'Europe, et ramena quelque ombre de leurs anciennes institutions, de leurs anciennes mœurs.

En même temps nous voyons le principe religieux s'introduire plus clairement dans la royauté, et y jouer un plus grand rôle. Pepin est reconnu et sacré par le pape; il a besoin de la sanction religieuse; c'est déjà une grande force, il la recherche. Charlemagne a le même soin; la royauté religieuse se développe. Cependant, sous Charlemagne, ce n'est pas ce caractère qui y domine; la royauté impériale est évidemment celle que Charlemagne tente de ressusciter. Quoiqu'il s'allie avec le clergé, il s'en sert, et n'en est point l'instrument. L'idée d'un grand État, d'une grande unité politique, la résurrection de l'Empire romain, est l'idée favorite, le rêve de Charlemagne.

Il meurt : Louis le Débonnaire lui succède. Il n'est personne qui ne sache quel caractère revêt momentanément le pouvoir royal; le roi tombe entre les mains du clergé, qui le censure, le dépose, le rétablit, le gouverne; la royauté religieuse subordonnée semble près de s'établir.

Ainsi, du milieu du VIIIe au milieu du IXe siècle, la diversité des trois sortes de royautés se manifeste dans des événements considérables, rapprochés, clairs.

Après la mort de Louis le Débonnaire, dans la dissolution où tombe l'Europe, les trois sortes de royauté disparaissent à peu près également : tout se confond. Au bout d'un certain temps, quand le régime féodal a prévalu, une quatrième royauté se présente, différente de toutes celles que nous avons vues jusqu'à présent : c'est la royauté féodale. Celle-ci est confuse, et très-difficile à définir. On a dit que le roi, dans le régime féodal, était le suzerain des suzerains, le seigneur des seigneurs; qu'il tenait par des liens assurés, de degré en degré, à la société tout entière, et qu'en appelant autour de lui ses vassaux, puis les vassaux de ses vassaux, et ainsi de suite, il appelait tout le peuple et se montrait vraiment roi. Je ne nie point que ce ne soit là la théorie de la royauté féodale; mais c'est une pure théorie, qui n'a jamais gouverné les faits. Cette influence générale du roi par la voie d'une organisation hiérarchique, ces liens qui unissent la royauté à la société féodale tout entière, ce sont là des rêves de publicistes. En fait, la plupart des seigneurs féodaux étaient, à cette époque, complétement indépendants de la royauté ; un grand nombre la connaissaient à peine de nom, et n'avaient que peu ou point de relations avec elle : toutes les souverainetés étaient locales, indépendantes. Le nom du roi, porté par l'un des seigneurs féodaux, exprime moins un fait qu'un souvenir.

C'est dans cet état que la royauté se présente dans le cours du xe et du xie siècle. Au xiie, avec le règne de Louis le Gros, les choses commencent à changer de face : on entend parler plus souvent du roi ; son influence pénètre dans des lieux où naguère elle n'intervenait jamais ; son rôle est plus actif dans la société. Si l'on cherche à quel titre, on ne reconnaît aucun des titres dont jusque-là la royauté avait coutume de se prévaloir. Ce n'est pas comme héritière des empereurs, à titre de royauté impériale, qu'elle s'agrandit et prend plus de consistance. Ce n'est pas non plus en vertu d'une élection, ni comme émanation de la puissance divine : toute apparence élective a disparu ; le principe de l'hérédité du trône prévaut définitivement ; et quoique la religion sanctionne l'avénement des rois, les esprits ne paraissent pas du tout préoccupés du caractère religieux de la royauté de Louis le Gros. Un élément nouveau, un caractère jusque-là inconnu se produit dans la royauté ; une royauté nouvelle commence.

La société, je n'ai pas besoin de le répéter, était à cette époque dans un désordre prodigieux, en proie à de continuelles violences. Pour lutter contre ce déplorable état, pour ressaisir quelque règle, quelque unité, la société n'avait en elle-même aucun moyen. Les institutions féodales, ces parlements de barons, ces cours seigneuriales, toutes ces formes sous lesquelles on a, dans les temps modernes, présenté la féodalité comme un régime systématique et ordonné, tout cela était sans réalité, sans puissance ; il n'y avait rien là qui parvînt à rétablir un peu d'ordre, de justice ; en sorte qu'au milieu de la désolation sociale, on ne savait à qui avoir recours pour faire réparer une grande injustice, remédier à un grand mal, constituer l'État. Le nom de roi restait ; un seigneur le portait ; quelques uns s'adressèrent à lui. Les titres divers sous lesquels s'était présentée jusque-là la royauté, quoiqu'ils n'exerçassent pas un grand empire, étaient cependant présents à beaucoup d'esprits; on les retrouvait dans quelques occasions. Il arriva que, pour réprimer une violence scandaleuse, pour rétablir un peu d'ordre dans un lieu voisin du séjour du roi, pour terminer un différend qui durait depuis longtemps, on eut recours à lui ; il fut appelé à intervenir dans des affaires qui n'étaient pas directement les siennes; il intervint comme protecteur de l'ordre public, comme arbitre, comme redresseur des torts. L'autorité morale qui restait à son nom lui attira peu à peu ce pouvoir,

Tel est le caractère que la royauté commence à prendre sous Louis le Gros et sous l'administration de Suger. Pour la première fois on aperçoit, très incomplète, très confuse, très faible, mais enfin on aperçoit dans les esprits l'idée d'un pouvoir public, étranger aux pouvoirs locaux qui possèdent la société, appelé à rendre justice à ceux qui ne peuvent l'obtenir par les moyens ordinaires, capable de mettre l'ordre, de le commander du moins ; l'idée d'une grande magistrature, dont le caractère essentiel est de maintenir ou de rétablir la paix, de protéger les faibles, de prononcer dans les différends que nul n'a pu vider. C'est là le caractère tout à fait nouveau sous lequel, à partir du XII° siècle, se présente la royauté en Europe, et spécialement en France. Ce n'est ni comme royauté barbare, ni comme royauté religieuse, ni comme royauté impériale qu'elle exerce son empire ; elle ne possède qu'un pouvoir borné, incomplet, accidentel, le pouvoir en quelque sorte (je ne connais pas d'expression plus exacte) de grand juge de paix du pays.

C'est là la véritable origine de la royauté moderne ; c'est là son principe vital, pour ainsi parler, celui qui s'est développé dans le cours de sa carrière, et je n'hésite pas à le dire, qui a fait sa fortune. On voit reparaître, aux différentes époques de l'histoire, les différents caractères de la royauté ; on voit les royautés diverses que j'ai décrites essayant tour à tour de reprendre la prépondérance. Ainsi le clergé a toujours prêché la royauté religieuse ; les jurisconsultes ont travaillé à ressusciter la royauté impériale ; les gentilshommes auraient quelquefois voulu renouveler la royauté élective, ou maintenir la royauté féodale. Et non seulement le clergé, les jurisconsultes, la noblesse ont tenté de faire dominer dans la royauté tel ou tel caractère ; elle-même les a tous fait servir à l'agrandissement de son pouvoir ; les rois se sont présentés tantôt comme les délégués de Dieu, tantôt comme les héritiers des empereurs, ou comme les premiers gentilshommes du pays, selon le besoin ou le penchant du moment ; ils se sont illégitimement prévalus de ces titres divers, mais ni l'un ni l'autre n'a été le titre véritable de la royauté moderne, la source de son influence prépondérante. C'est, je le répète, comme dépositaire et protectrice de l'ordre public, de la justice générale, de l'intérêt commun ; c'est sous les traits d'une grande magistrature, centre et lien de la société, qu'elle s'est montrée aux yeux des peuples, et s'est approprié leur force en obtenant leur adhésion.

Vous verrez, à mesure que nous avancerons, ce caractère de la royauté européenne moderne, qui commence, je le répète, au XII° siècle, sous le règne de Louis le Gros, s'affermir, se développer, et devenir enfin, pour ainsi dire, sa physionomie politique. C'est par là que la royauté a contribué à ce grand résultat qui caractérise aujourd'hui les sociétés européennes, à la réduction de tous les éléments sociaux à deux, le gouvernement et le pays.

Ainsi, Messieurs, à l'explosion des croisades, l'Europe est entrée dans la voie qui devait la conduire à son état actuel ; vous venez de voir la royauté prendre le rôle qu'elle devait jouer dans cette grande transformation. Nous étudierons dans notre prochaine réunion les différents essais d'organisation politique tentés, du XII° au XVI° siècle, pour maintenir, en le réglant, l'ordre de choses près de périr. Nous considérerons les efforts de la féodalité, de l'Église, des communes même, pour constituer la société d'après ses anciens principes, sous ses formes primitives, et se défendre ainsi elles-mêmes contre la métamorphose générale qui se préparait.

DIXIÈME LEÇON.

Objet de la leçon. — Tentatives pour concilier et faire vivre et agir en commun, dans une même société, sous un même pouvoir central, les divers éléments sociaux de l'Europe moderne. — 1° Tentative d'organisation théocratique. — Pourquoi elle a échoué. — Quatre obstacles principaux. — Fautes de Grégoire VII. — Réaction contre la domination de l'Église. — De la part des peuples. — De la part des souverains. — 2° Tentatives d'organisation républicaine. — Républiques italiennes. — Leurs vices. — Villes du midi de la France. — Croisade des Albigeois. — Confédération suisse. — Communes de Flandre et du Rhin. — Ligue hanséatique. — Lutte de la noblesse féodale et des communes. — 3° Tentatives d'organisation mixte. — États-généraux de France. — Cortès d'Espagne et de Portugal. — Parlement d'Angleterre. — État particulier de l'Allemagne. — Mauvais succès de toutes ces tentatives. — Par quelles causes. — Tendance générale de l'Europe.

Messieurs,

Je voudrais déterminer avec précision, et en commençant, l'objet de cette leçon.

Vous vous rappelez qu'un des premiers faits qui nous aient frappés, c'est la diversité, la séparation, l'indépendance des éléments de l'ancienne société européenne. La noblesse féodale, le clergé, les communes, avaient une situation, des lois, des mœurs entièrement différentes : c'étaient autant de sociétés distinctes qui se gouvernaient chacune pour son compte, et par ses propres règles, son propre pouvoir. Elles étaient en relation, en contact, mais non dans une véritable union ; elles ne formaient point, à proprement parler, une nation, un État.

La fusion de toutes ces sociétés en une seule s'est accomplie ; c'est là précisément, vous l'avez vu, le fait distinctif, le caractère essentiel de la société moderne. Les anciens éléments sociaux se sont réduits à deux, le gouvernement et le peuple ; c'est-à-dire que la diversité a cessé, que la similitude a amené l'union. Mais avant que ce résultat ait été consommé, et même pour le prévenir, beaucoup d'efforts ont été tentés pour faire vivre et agir en commun, sans en détruire la diversité ni l'indépendance, toutes ces sociétés particulières. On eût voulu ne porter aucune atteinte un peu profonde à leur situation, à leurs priviléges, à leur nature spéciale, et cependant les réunir en un seul État, en former un corps de nation, les rallier sous un seul et même gouvernement.

Toutes ces tentatives ont échoué. Le résultat que je viens de rappeler, l'unité de la société moderne, atteste leur mauvais succès. Dans les pays mêmes de l'Europe où il subsiste encore quelques traces de l'ancienne diversité des éléments sociaux, en Allemagne par exemple, où il y a encore une vraie noblesse féodale, une vraie bourgeoisie, en Angleterre, où une Église nationale est en possession de revenus propres et d'une juridiction particulière, il est clair que cette prétendue existence distincte n'est qu'une apparence, un mensonge ; que ces sociétés spéciales sont politiquement confondues dans la société générale, absorbées dans l'État, gouvernées par les pouvoirs publics, soumises au même système, emportées dans le courant des mêmes idées, des mêmes mœurs. Je le répète, là même où la forme en subsiste encore, la séparation et l'indépendance des anciens éléments sociaux n'ont plus aucune réalité. »

Cependant ces tentatives pour les coordonner sans les transformer, pour les rattacher à l'unité nationale sans abolir leur variété, ont tenu une grande place dans l'histoire de l'Europe; elles ont rempli en partie l'époque dont nous nous occupons, cette époque qui sépare l'Europe primitive et l'Europe moderne, et dans laquelle s'est accomplie la métamorphose de la société européenne. Et non-seulement elles y ont tenu une grande place, mais elles ont beaucoup influé sur les événements postérieurs, sur la manière dont s'est opérée la réduction de tous les éléments sociaux à deux, le gouvernement et le public. Il importe donc de s'en bien rendre compte, de bien connaître tous les essais d'organisation politique qui ont été tentés du XIIe au XVIe siècle pour créer des nations et des gouvernements sans détruire la diversité des sociétés secondaires placées les unes à côté des autres. Tel sera, Messieurs, notre travail dans cette leçon.

Travail pénible, douloureux même. Ces tentatives d'organisation politique n'ont pas toutes été conçues et dirigées à bonne intention; plusieurs n'ont eu que des vues d'égoïsme et de tyrannie. Plus d'une cependant a été pure, désintéressée; plus d'une a eu vraiment pour objet le bien moral et social des hommes. L'état d'incohérence, de violence, d'iniquité où était alors la société, choquait les grands esprits, les âmes élevées, et ils cherchaient sans cesse les moyens d'en sortir. Cependant les meilleurs même de ces nobles essais ont échoué; tant de courage, de sacrifices, d'efforts, de vertu, ont été perdus: n'est-ce pas là un triste spectacle? Il y a même ici quelque chose d'encore plus douloureux, le principe d'une tristesse encore plus amère : non-seulement ces tentatives d'amélioration sociale ont échoué, mais une masse énorme d'erreur et de mal s'y est mêlée. En dépit de la bonne intention, la plupart étaient absurdes et attestent une profonde ignorance de la raison, de la justice, des droits de l'humanité et des conditions de l'état social; en sorte que non-seulement le succès a manqué aux hommes, mais ils ont mérité leurs revers. On a donc ici le spectacle non-seulement de la dure destinée de l'humanité, mais de son infirmité morale. On y peut voir combien la plus petite portion de vérité suffit à préoccuper tellement les plus grands esprits qu'ils oublient tout à fait le reste, et deviennent aveugles sur ce qui n'entre pas dans l'étroit horizon de leurs idées; à quel point il suffit qu'il y ait un coin de justice dans une cause, pour qu'on perde de vue toutes les injustices qu'elle renferme et se permet. Cette explosion des vices et de l'imperfection de l'homme est, à mon avis, plus triste encore à contempler que le malheur de sa condition, et ses fautes me pèsent plus que ses souffrances. Les tentatives dont j'ai à vous entretenir nous donneront l'un et l'autre spectacle : il faut l'accepter, Messieurs, et ne pas cesser d'être justes envers ces hommes, ces siècles qui se sont si souvent égarés, qui ont si cruellement échoué, et qui pourtant ont déployé de si grandes vertus, fait de si nobles efforts, mérité tant de gloire !

Les tentatives d'organisation politique, formées du XIIe au XVIe siècle, sont de deux sortes : les unes ont eu pour objet de faire prédominer l'un des éléments sociaux, tantôt le clergé, tantôt la noblesse féodale, tantôt les communes; de lui subordonner tous les autres, et d'amener l'unité à ce prix. Les autres se sont proposé de faire accorder et agir ensemble toutes les sociétés particulières, en laissant à chacune sa liberté et lui assurant sa part d'influence.

Les tentatives du premier genre sont, bien plus que les secondes, suspectes d'égoïsme et de tyrannie. Elles en ont été, en effet, plus souvent entachées; elles sont même, par leur nature, essentiellement tyranniques dans leurs moyens d'exécution : quelques unes, cependant, ont pu être et ont été en effet conçues dans des vues pures, pour le bien et le progrès de l'humanité.

La première qui se présente, c'est la tentative d'organisation théocratique, c'est-à-dire le dessein de soumettre les diverses sociétés aux principes et à l'empire de la société ecclésiastique.

Vous vous rappelez, Messieurs, ce que j'ai dit sur l'histoire de l'Église. J'ai essayé de montrer quels principes s'étaient développés dans son sein, quelle était la part de légitimité de chacun, comment ils étaient nés du cours naturel des événements, quels services ils avaient rendus, quel mal ils avaient fait. J'ai caractérisé les divers états par lesquels l'Église a passé du VIII° au XII° siècle; je vous l'ai fait voir à l'état d'Église impériale, d'Église barbare, d'Église féodale, enfin d'Église théocratique. Je suppose ces souvenirs présents à votre esprit, et j'essaie aujourd'hui d'indiquer ce que fit le clergé pour dominer l'Europe, et pourquoi il échoua.

La tentative d'organisation théocratique apparaît de très-bonne heure, soit dans les actes de la cour de Rome, soit dans ceux du clergé en général; elle découlait naturellement de la supériorité politique et morale de l'Église; mais elle rencontra, dès ses premiers pas, des obstacles que, dans sa plus grande vigueur, elle ne réussit point à écarter.

Le premier était la nature même du christianisme. Bien différent en ceci de la plupart des croyances religieuses, le christianisme s'est établi par la seule persuasion, par de simples ressorts moraux ; il n'a pas été, dès sa naissance, armé de la force ; il a conquis dans les premiers siècles par la parole seule, et il n'a conquis que les âmes. Il en est arrivé que, même après son triomphe, lorsque l'Église a été en possession de beaucoup de richesse et de considération, elle ne s'est point trouvée investie du gouvernement direct de la société. Son origine purement morale se retrouvait empreinte dans son état. Elle avait beaucoup d'influence, elle n'avait pas le pouvoir. Elle s'était insinuée dans les magistratures municipales ; elle agissait puissamment sur les empereurs, sur tous leurs agents ; mais l'administration positive des affaires publiques, le gouvernement proprement dit, l'Église ne l'avait pas. Or un système de gouvernement, Messieurs, la théocratie comme un autre, ne s'établit pas d'une manière indirecte, par voie de simple influence ; il faut juger, administrer, commander, percevoir les impôts, disposer des revenus, gouverner, en un mot prendre vraiment possession de la société. Quand on agit par la persuasion, et sur les peuples, et sur les gouvernements, on peut faire beaucoup, on peut exercer un grand empire ; on ne gouverne pas, on ne fonde pas un système, on ne s'empare pas de l'avenir. Telle a été, par son origine même, la situation de l'Église chrétienne ; elle a toujours été à côté du gouvernement de la société ; elle ne l'a jamais écarté et remplacé ; grand obstacle que la tentative d'organisation théocratique n'a pu surmonter.

Elle en a rencontré de très bonne heure un second.

L'Empire romain une fois tombé, les États barbares fondés, l'Église chrétienne s'est trouvée de la race des vaincus. Il a fallu d'abord sortir de cette situation ; il a fallu commencer par convertir les vainqueurs, et s'élever ainsi à leur rang. Ce travail accompli, quand l'Église a aspiré à la domination, elle a rencontré la fierté et la résistance de la noblesse féodale. C'est, Messieurs, un immense service que la féodalité laïque a rendu à l'Europe ; au XIe siècle, les peuples étaient à peu près complétement subjugués par l'Église ; les souverains ne pouvaient guère se défendre ; la noblesse féodale seule n'a jamais accepté le joug du clergé, ne s'est jamais humiliée devant lui. Il suffit de se rappeler la physionomie générale du moyen âge pour être frappé d'un singulier mélange de hauteur et de soumission, de croyance aveugle et de liberté d'esprit dans les rapports des seigneurs laïques avec les prêtres. On retrouve là quelques débris de leur situation primitive. Vous vous rappelez comment j'ai essayé de vous peindre l'origine de la féodalité, ses premiers éléments, et la manière dont la société féodale élémentaire s'était formée autour de l'habitation du possesseur du fief. J'ai fait remarquer combien le prêtre était là au-dessous du seigneur. Eh bien ! il est toujours resté dans le cœur de la noblesse féodale un souvenir, un sentiment de cette situation ; elle s'est toujours regardée, non-seulement comme indépendante de l'Église, mais comme supérieure, comme seule appelée à posséder, à gouverner vraiment le pays ; elle a toujours voulu vivre en bon accord avec le clergé, mais en lui faisant sa part, et ne se laissant pas faire la sienne. Pendant bien des siècles Messieurs, c'est l'aristocratie laïque qui a maintenu l'indépendance de la société à l'égard de l'Église ; elle s'est fière ment défendue quand les rois et les peuples étaient domptés. Elle a combattu la première, et plus contribué peut-être qu'aucune autre force à faire échouer la tentative d'organisation théocratique de la société.

Un troisième obstacle s'y est également opposé, dont on a, en général, tenu peu de compte, et souvent même mal jugé l'effet.

Partout où un clergé s'est emparé de la société et l'a soumise à une organisation théocratique, c'est à un clergé marié qu'est échu cet empire, à un corps de prêtres se recrutant dans son propre sein, élevant des enfants depuis leur naissance dans la même et pour la même situation. Parcourez l'histoire; interrogez l'Asie, l'Égypte; toutes les grandes théocraties sont l'ouvrage d'un clergé qui est lui-même une société complète, qui se suffit à lui-même, et n'emprunte rien au dehors.

Par le célibat des prêtres, le clergé chrétien s'est trouvé dans une situation toute différente; il a été obligé de recourir sans cesse, pour se perpétuer, à la société laïque; d'aller chercher au loin, dans toutes les positions et toutes les professions sociales, ses moyens de durée. En vain l'esprit de corps faisait ensuite un grand travail pour s'assimiler ces éléments étrangers; quelque chose restait toujours de l'origine de ces nouveaux venus; bourgeois ou gentilshommes, ils conservaient toujours quelque trace de leur ancien esprit, de leur condition première. Sans doute le célibat, en faisant au clergé catholique une situation toute spéciale, étrangère aux intérêts et à la vie commune des hommes, a été pour lui une grande cause d'isolement; mais il l'a aussi forcé de se rattacher sans cesse à la société laïque, et de s'y recruter, de s'y renouveler, de recevoir, de subir une partie des révolutions morales qui s'y sont accomplies; et je n'hésite pas à penser que cette nécessité toujours renaissante a beaucoup plus nui au succès de la tentative d'organisation théocratique, que l'esprit de corps, fortement entretenu par le célibat, n'a pu la servir.

Le clergé a rencontré enfin, dans son propre sein, de puissants adversaires de cette tentative. On parle beaucoup de l'unité de l'Église, et il est vrai qu'elle y a constamment aspiré, qu'elle y a même heureusement atteint sous certains rapports. Ne nous laissons cependant imposer ni par l'éclat des mots, ni par celui des faits partiels. Quelle société a offert plus de dissensions civiles, a subi plus de démembrements que le clergé? quelle nation a été plus divisée, plus travaillée, plus mobile que la nation ecclésiastique? Les Églises nationales de la plupart des pays de l'Europe luttent presque incessamment contre la cour de Rome; les conciles luttent contre les papes; les hérésies sont innombrables et toujours renaissantes; le schisme est toujours à la porte; nulle part tant de diversité dans les opinions, tant d'acharnement dans le combat, tant de morcellement dans le pouvoir. La vie intérieure de l'Église, les divisions qui y ont éclaté, les révolutions qui l'ont agitée, ont été peut-être le plus grand obstacle au triomphe de cette organisation théocratique qu'elle tentait d'imposer à la société.

Tous ces obstacles, Messieurs, ont agi et se laissent entrevoir, dès le ve siècle, dans le berceau même de la grande tentative dont nous nous occupons. Ils n'empêchèrent cependant pas qu'elle ne suivît son cours et ne fût plusieurs siècles en progrès. Son plus glorieux moment, son jour de crise, pour ainsi dire, c'est le règne de Grégoire VII, à la fin du xiie siècle. Vous avez déjà vu que l'idée dominante de Grégoire VII avait été de soumettre le monde au clergé, le clergé à la papauté, l'Europe à une vaste et régulière théocratie. Dans ce dessein, et autant qu'il est permis de juger à une telle distance des événements, ce grand homme commit, à mon avis, deux grandes fautes, une faute de théoricien et une faute de révolutionnaire. La première fut de proclamer fastueusement son plan, d'étaler systématiquement ses principes sur la nature et les droits du pouvoir spirituel, d'en tirer d'avance, et en logicien intraitable, les plus lointaines conséquences. Il menaça et attaqua ainsi, avant de s'être assuré les moyens de les vaincre, toutes les souverainetés laïques de l'Europe. Le succès ne s'obtient point, dans les affaires humaines, par des procédés si absolus, ni au nom d'un argument philosophique. Grégoire VII tomba de plus dans l'erreur commune des révolutionnaires, qui est de tenter plus qu'ils ne peuvent exécuter, de ne pas prendre le possible pour mesure et limite de leurs efforts. Pour hâter la domination de ses idées, il engagea la lutte contre l'Empire, contre tous les souverains, contre le clergé lui-même. Il n'ajourna aucune conséquence, ne ménagea aucun intérêt, proclama hautement qu'il voulait régner sur tous les royaumes comme sur tous les esprits, et souleva ainsi contre lui, d'une part, tous les pouvoirs temporels qui se virent en péril pressant, de l'autre, les libres penseurs qui commençaient à poindre et qui redoutaient déjà la tyrannie de la pensée. A tout prendre, Grégoire VII compromit peut-être plus qu'il n'avança la cause qu'il voulait servir.

Elle continua cependant à prospérer dans tout le cours du XIIe et jusque vers le milieu du XIIIe siècle. C'est le temps de la plus grande puissance et du plus grand éclat de l'Église. Je ne crois pas qu'on puisse dire qu'elle ait à cette époque fait précisément beaucoup de progrès. Jusqu'à la fin du règne d'Innocent III, elle a plutôt exploité qu'étendu sa gloire et son pouvoir. C'est au moment de son plus grand succès apparent qu'une réaction populaire se déclare contre elle dans une grande portion de l'Europe. Dans le midi de la France éclate l'hérésie des Albigeois, qui envahit toute une société nombreuse et puissante. A peu près en même temps, dans le Nord, en Flandre, apparaissent des idées et des désirs de même nature. Un peu plus tard, en Angleterre, Wiclef attaque avec talent le pouvoir de l'Église, et fonde une secte qui ne périra point. Les souverains ne tardent pas à entrer dans la même voie que les peuples. C'était au commencement du XIII° siècle que les plus puissants et les plus habiles souverains de l'Europe, les empereurs de la maison de Hohenstaufen, avaient succombé dans leur lutte avec la papauté. Ce siècle dure encore, et déjà saint Louis, le plus pieux des rois, proclame l'indépendance du pouvoir temporel, et publie la première pragmatique, devenue la base de toutes les autres. A l'ouverture du XIV° siècle s'engage la querelle de Philippe le Bel avec Boniface VIII; le roi d'Angleterre, Édouard I*er*, n'est pas plus docile pour Rome. A cette époque, il est clair que la tentative d'organisation théocratique a échoué; l'Église sera désormais sur la défensive; elle n'entreprendra plus d'imposer son système à l'Europe; elle ne songera plus qu'à garder ce qu'elle a conquis. C'est de la fin du XIII° siècle que date vraiment l'émancipation de la société laïque européenne; c'est alors que l'Église a cessé de prétendre à la posséder.

Depuis longtemps elle avait renoncé à cette prétention dans la sphère même où il semble qu'elle eût dû mieux réussir. Depuis longtemps, dans le foyer même de l'Église, autour de son trône, en Italie, la théocratie avait complétement échoué, et fait place à un système bien différent, à cette tentative d'organisation démocratique dont les républiques italiennes sont le type, et qui a joué en Europe, du XIᵉ au XVIᵉ siècle, un rôle si éclatant.

Vous vous rappelez, Messieurs, ce que j'ai déjà eu l'honneur de vous dire de l'histoire des communes et de la manière dont elles s'étaient formées. En Italie, leur destinée avait été plus précoce et plus puissante que partout ailleurs; les villes y étaient bien plus nombreuses et plus riches qu'en Gaule, en Angleterre ou en Espagne; le régime municipal romain y était resté bien plus vivant et plus régulier. Les campagnes de l'Italie, d'ailleurs, se prêtaient beaucoup moins que celles du reste de l'Europe à devenir l'habitation de ses nouveaux maîtres. Elles avaient été partout défrichées, desséchées, cultivées : elles n'étaient point couvertes de forêts; les Barbares ne pouvaient s'y livrer aux grandes aventures de la chasse, ni y mener une vie analogue à celle de la Germanie. De plus, une partie de ce territoire ne leur appartenait pas. Le midi de l'Italie, la campagne de Rome, Ravenne, continuaient à dépendre des empereurs grecs. A la faveur de l'éloignement du souverain et des vicissitudes de la guerre, le régime républicain s'affermit et se développa de bonne heure dans cette portion du pays. Et non-seulement l'Italie n'était pas toute au pouvoir des Barbares, mais les Barbares mêmes qui la conquirent n'en demeurèrent pas tranquilles et définitifs possesseurs. Les Ostrogoths furent détruits et chassés par Bélisaire et par Narsès. Le royaume des Lombards ne réussit pas mieux à s'établir; les Francs le détruisirent; et, sans exterminer la population lombarde, Pepin et Charlemagne comprirent qu'il leur convenait de s'allier avec l'ancienne population italienne pour lutter contre les Lombards si récemment vaincus. Les Barbares ne furent donc point, en Italie comme ailleurs, maîtres exclusifs et tranquilles du territoire et de la société. De là vint qu'il ne s'établit au delà des Alpes qu'une féodalité très faible, peu nombreuse, éparse. La prépondérance, au lieu de passer aux habitants des campagnes, comme il était arrivé en Gaule, par exemple, continua d'appartenir aux villes. Quand ce résultat vint à éclater, une grande partie des possesseurs de fiefs, soit de plein gré, soit par nécessité, cessèrent d'habiter la campagne et vinrent se fixer dans l'intérieur des cités. Les nobles barbares se firent bourgeois. Vous concevez quelle force et quelle supériorité les villes d'Italie acquirent par ce seul fait sur les autres communes de l'Europe. Ce que nous avons remarqué dans celles-ci, c'est l'infériorité, la timidité de leur population. Les bourgeois nous ont apparu comme de courageux affranchis qui luttaient péniblement contre un maître toujours à leurs portes. Autre fut le sort des bourgeois d'Italie : la population conquérante et la population conquise se mêlèrent dans les mêmes murs ; les villes n'eurent point à se défendre d'un maître voisin ; leurs habitants étaient des citoyens de tous temps libres, la plupart du moins, qui défendaient leur indépendance et leurs droits contre des souverains éloignés, étrangers, tantôt contre les rois francs, tantôt contre les empereurs d'Allemagne. De là cette immense et précoce supériorité des villes d'Italie ; tandis qu'ailleurs de pauvres communes se formaient à grand'peine, on vit naître ici des républiques, des États.

Ainsi s'explique, dans cette partie de l'Europe, le succès

de la tentative d'organisation républicaine. Elle dompta de bonne heure l'élément féodal, et devint la forme dominante de la société. Mais elle était peu propre à se répandre et à se perpétuer; elle ne contenait que bien peu de germes d'amélioration, condition nécessaire de l'extension et de la durée.

Quand on regarde à l'histoire des républiques d'Italie du XI° au XV° siècle, on est frappé de deux faits en apparence contradictoires et cependant incontestables. On assiste à un développement admirable de courage, d'activité, de génie; une grande prospérité en résulte; il y a là un mouvement et une liberté qui manquent au reste de l'Europe. Se demande-t-on quelle était la destinée réelle des habitants, comment se passait leur vie, quelle était leur part de bonheur : l'aspect change; aucune histoire peut-être n'est plus triste, plus sombre; il n'y a peut-être pas d'époque, pas de pays où la destinée des hommes paraisse avoir été plus agitée, soumise à plus de chances déplorables, où l'on rencontre plus de dissensions, de crimes, de malheurs. Un autre fait éclate en même temps : dans le régime politique de la plupart de ces républiques, la liberté va toujours diminuant. Le défaut de sécurité y est tel que les partis sont inévitablement poussés à chercher un refuge dans un système moins orageux, moins populaire que celui par lequel l'État a commencé. Prenez l'histoire de Florence, de Venise, de Gênes, de Milan, de Pise, vous verrez partout que le cours général des événements, au lieu de développer la liberté, d'élargir le cercle des institutions, tend à le resserrer, à concentrer le pouvoir dans les mains d'un plus petit nombre d'hommes. En un mot, dans ces républiques si énergiques, si brillantes, si riches, il manque deux choses, la sécurité de la vie, première condition de l'état social, et le progrès des institutions.

De là naissait un mal nouveau qui ne permettait pas à la tentative d'organisation républicaine de s'étendre. C'était du dehors, des souverains étrangers, que venait le plus grand danger de l'Italie. Eh bien ! ce danger ne put jamais réussir à réconcilier, à faire agir de concert toutes ces républiques; elles ne surent jamais résister en commun à l'ennemi commun. Aussi beaucoup des Italiens des plus éclairés, les meilleurs patriotes de notre temps, déplorent-ils le régime républicain de l'Italie au moyen âge comme la vraie cause qui l'a empêchée de devenir une nation ; elle s'est morcelée, disent-ils, en une multitude de petits peuples, trop peu maîtres de leurs passions pour se confédérer et se constituer en corps d'État. Ils regrettent que leur patrie n'ait pas passé, comme le reste de l'Europe, par une centralisation despotique qui en aurait fait un peuple, et l'aurait rendue indépendante de l'étranger. Il semble donc que l'organisation républicaine, dans les circonstances même les plus favorables, ne contenait pas en elle-même, à cette époque, le principe du progrès, de la durée, de l'extension, qu'elle n'avait pas d'avenir. On peut comparer jusqu'à un certain point l'organisation de l'Italie, au moyen âge, à celle de l'ancienne Grèce. La Grèce était de même un pays couvert de petites républiques, toujours rivales, souvent ennemies, se ralliant quelquefois dans un but commun. L'avantage dans cette comparaison est tout entier à la Grèce. Nul doute que, dans l'intérieur d'Athènes, de Lacédémone, de Thèbes, quoique l'histoire nous montre d'assez fréquentes iniquités, il n'y ait eu beaucoup plus d'ordre, de sécurité, de justice que dans les républiques de l'Italie. Voyez cependant combien l'existence politique de la Grèce a été courte, quel principe de faiblesse existait dans ce morcellement du territoire et du pouvoir. Dès que la Grèce s'est trouvée en contact avec de grands États voisins, avec la Macédoine et Rome, elle a succombé. Ces petites républiques si glorieuses, et encore si florissantes, n'ont pas su se coaliser pour résister. A combien plus forte raison ne devait-il pas en arriver autant en Italie, où la société et la raison humaine étaient bien moins développées, bien moins fortes que chez les Grecs!

Si la tentative d'organisation républicaine avait si peu de chances de durée en Italie, où elle avait triomphé, où le régime féodal avait été vaincu, vous présumez sans peine qu'elle devait bien plutôt succomber dans les autres parties de l'Europe.

Je vais mettre rapidement ses destinées sous vos yeux.

Il y avait une portion de l'Europe qui ressemblait beaucoup à l'Italie : c'était le midi de la France, et les provinces de l'Espagne qui l'avoisinent, la Catalogne, la Navarre, la Biscaye. Là les villes avaient également pris beaucoup de développement, d'importance, de richesse. Beaucoup de petits seigneurs féodaux s'étaient alliés avec les bourgeois ; une partie du clergé avait également embrassé leur cause ; en un mot, le pays se trouvait dans une situation assez analogue à celle de l'Italie. Aussi, dans le courant du XI° siècle et au commencement du XII°, les villes de Provence, de Languedoc, d'Aquitaine, tendaient-elles à prendre un essor politique, à se former en républiques indépendantes, tout comme au delà des Alpes. Mais le midi de la France était en contact avec une féodalité très forte, celle du nord. Arriva l'hérésie des Albigeois. La guerre éclata entre la France féodale et la France municipale. Vous savez l'histoire de la croisade contre les Albigeois, commandée par Simon de Montfort. Ce fut la lutte de la féodalité du Nord contre la tentative d'organisation démocratique du Midi. Malgré les efforts du patriotisme méridional, le Nord l'emporta; l'unité politique manquait au Midi, et la civilisation n'y était pas assez avancée pour que les hommes sussent suppléer à l'unité par le concert. La tentative d'organisation républicaine fut vaincue, et la croisade rétablit dans le midi de la France le régime féodal.

Plus tard la tentative républicaine réussit mieux dans les montagnes de la Suisse. Là le théâtre était fort étroit; il n'y avait à lutter que contre un souverain étranger, qui, bien que d'une force supérieure à celle des Suisses, n'était pas un des plus redoutables souverains de l'Europe. La lutte fut soutenue avec beaucoup de courage. La noblesse féodale suisse s'allia en grande partie avec les villes; puissant secours, qui altéra cependant la nature de la révolution qu'il soutint, et lui imprima un caractère plus aristocratique et plus immobile qu'elle ne semblait devoir le porter.

Je passe au nord de la France, aux communes de la Flandre, des rives du Rhin et de la ligue hanséatique. Là, l'organisation démocratique triompha pleinement dans l'intérieur des villes; cependant on voit, dès son origine, qu'elle n'est pas destinée à s'étendre, à prendre possession de la société tout entière. Les communes du Nord sont entourées, pressées par la féodalité, par les seigneurs et les souverains, de telle sorte qu'elles sont constamment sur la défensive. Il est clair qu'elles ne travaillent pas à faire des conquêtes; elles se défendent tant bien que mal. Elles conservent leurs priviléges, mais elles restent confinées dans leurs murs. Là, l'organisation démocratique se renferme et s'arrête; quand on se promène ailleurs, sur la face du pays, on ne la retrouve plus.

Vous voyez, Messieurs, quel était l'état de la tentative républicaine : triomphante en Italie, mais avec peu de chances de durée et de progrès; vaincue dans le midi de la Gaule; victorieuse sur un petit théâtre, dans les montagnes de la Suisse; au nord, dans les communes de la Flandre, du Rhin et de la ligue hanséatique, condamnée à ne pas sortir de leurs murs. Cependant, évidemment inférieure en force aux autres éléments de la société, la tentative démocratique inspirait à la noblesse féodale une prodigieuse terreur. Les seigneurs étaient jaloux de la richesse des communes, ils avaient peur de leur pouvoir; l'esprit démocratique pénétrait dans les campagnes; les insurrections de paysans devenaient plus fréquentes, plus obstinées. Il se forma dans presque toute l'Europe, au sein de la noblesse féodale, une grande coalition contre les communes. La partie n'était pas égale; les communes étaient isolées; il n'y avait point d'intelligence, point de correspondance entre elles; tout était local. Il existait bien, entre les bourgeois des divers pays, une certaine sympathie; les succès ou les revers des villes de Flandre, en lutte avec les ducs de Bourgogne, excitaient bien dans les villes françaises une vive émotion; mais cette émotion était passagère et sans résultat; aucun lien, aucune union véritable ne s'établissait; les communes ne se prêtaient point de force les unes aux autres. La féodalité avait donc sur elles d'immenses avantages. Cependant, divisée et inconséquente elle-même, elle ne réussit point à les détruire. Quand la lutte eut duré un certain temps, quand on eut acquis la conviction qu'une victoire complète était impossible, il fallut bien consentir à reconnaître ces petites républiques bourgeoises, à traiter avec elles, à les recevoir comme des membres de l'État. Alors commença un nouvel ordre, une nouvelle tentative d'organisation politique, la tentative d'organisation mixte, qui avait pour objet de concilier, de faire vivre et agir ensemble, malgré leur hostilité profonde, tous les éléments de la société, la noblesse féodale, les communes, le clergé, les souverains. C'est de celle-là qu'il me reste à vous entretenir.

Il n'y a aucun de vous, Messieurs, qui ne sache ce que c'est que les états généraux en France, les cortès en Espagne ou en Portugal, le parlement en Angleterre, les états en Allemagne. Vous savez également quels étaient les éléments de ces diverses assemblées; la noblesse féodale, le clergé et les communes s'y rapprochaient pour travailler à s'unir en une seule société, dans un même État, sous une même loi, un même pouvoir. C'est toujours, sous des noms divers, la même tendance, le même dessein.

Je prendrai pour type de cette tentative le fait qui nous intéresse le plus et nous est le mieux connu, les états généraux en France. Je dis que ce fait nous est mieux connu, Messieurs; cependant le nom d'états généraux ne réveille, j'en suis sûr, dans votre esprit, que des idées vagues, incomplètes. Aucun de vous ne saurait dire ce qu'il y avait de fixe, de régulier, dans les états généraux de France, quel était le nombre de leurs membres, quels étaient les sujets de délibérations, quelles étaient les époques de convocation et la durée des sessions : on n'en sait rien; il est impossible de tirer de l'histoire aucuns résultats clairs, généraux, permanents, à ce sujet. Quand on se rend bien compte du caractère de ces assemblées dans l'histoire de France, elles apparaissent comme de purs accidents, un pis-aller politique pour les peuples comme pour les rois : pis-aller pour les rois quand ils n'ont pas d'argent et ne savent plus comment se tirer d'embarras; pis-aller pour les peuples quand le mal devient si grand qu'on ne sait plus quel remède y appliquer. La noblesse assiste aux états généraux; le clergé y prend part également; mais ils y viennent avec insouciance : ils savent bien que ce n'est pas là leur grand moyen d'action, que ce n'est pas ainsi qu'ils prendront vraiment part au gouvernement. Les bourgeois eux-mêmes n'y sont guère plus empressés; ce n'est pas un droit qu'ils aient à cœur d'exercer, c'est une nécessité qu'ils subissent. Aussi, voyez quel est le caractère de l'activité politique de ces assemblées. Elles sont tantôt parfaitement insignifiantes, tantôt terribles. Si le roi est le plus fort, leur humilité et leur docilité sont extrêmes; si la situation de la couronne est déplorable, si elle a absolument besoin des états, alors ils tombent dans la faction, deviennent les instruments ou de quelque intrigue aristocratique, ou de quelques meneurs ambitieux. En un mot, ce sont tantôt de pures assemblées des notables, tantôt de véritables conventions. Aussi leurs œuvres meurent presque toujours avec elles; elles promettent, elles tentent beaucoup, et ne font rien. Aucune des grandes mesures qui ont vraiment agi sur la société en France, aucune réforme importante dans le gouvernement, la législation, l'administration, n'est émanée des états généraux. Il ne faut pas croire cependant qu'ils aient été sans utilité, sans effet; ils ont eu un effet moral dont on tient en général trop peu de compte; ils ont été d'époque en époque une protestation contre la servitude politique, une proclamation violente de certains principes tutélaires : par exemple, que le pays a le droit de voter ses impôts, d'intervenir dans ses affaires, d'imposer une responsabilité aux agents du pouvoir. Si ces maximes n'ont jamais péri en France, les états généraux y ont puissamment contribué, et ce n'est pas un léger service à rendre à un peuple que de maintenir dans ses mœurs, de réchauffer dans sa pensée les souvenirs et les droits de la liberté. Les états généraux ont eu cette vertu, mais ils n'ont jamais été un moyen de gouvernement ; ils ne sont jamais entrés dans l'organisation politique ; ils n'ont jamais atteint le but pour lequel ils avaient été formés, c'est-à-dire la fusion en un seul corps des sociétés diverses qui se partageaient le pays.

Les cortès d'Espagne et de Portugal offrent le même résultat. Mille circonstances sont diverses. L'importance des cortès varie selon les royaumes, les temps. En Aragon, en Biscaye, au milieu des débats pour la succession à la couronne, ou des luttes contre les Maures, elles ont été plus fréquemment convoquées et plus puissantes. Dans certaines cortès, par exemple, dans celles de Castille en 1370 et en 1373, les nobles et le clergé n'ont pas été appelés. Il y a une foule d'accidents dont il faudrait tenir compte, si nous regardions de très près aux événements. Mais, dans la généralité où je suis forcé de me tenir, on peut affirmer des cortès, comme des états généraux de France, qu'elles ont été un accident dans l'histoire d'Espagne, et jamais un système, une organisation politique, un moyen régulier de gouvernement.

La destinée de l'Angleterre a été différente. Je n'entrerai pas aujourd'hui à ce sujet dans de grands détails. Je me propose de vous entretenir un jour spécialement de la vie politique de l'Angleterre; je ne dirai aujourd'hui que quelques mots sur les causes qui lui ont imprimé une direction tout autre que celle du continent.

Et d'abord, il ne s'est pas trouvé en Angleterre de grands vassaux, de sujets en état de lutter personnellement contre la royauté. Les barons, les grands seigneurs anglais ont été obligés de très bonne heure de se coaliser pour résister en commun. Ainsi ont prévalu, dans la haute aristocratie, le principe de l'association et les mœurs vraiment politiques. De plus, la féodalité anglaise, les possesseurs de petits fiefs, ont été amenés, par une série d'événements dont je ne puis rendre compte aujourd'hui, à se réunir aux bourgeois, à siéger avec eux dans la chambre des communes, qui a ainsi possédé une force bien supérieure à celle des communes continentales, une force vraiment capable d'influer sur le gouvernement du pays. Voici quel était, au XIVᵉ siècle, l'état du parlement britannique. La chambre des lords était le grand conseil du roi, conseil effectivement associé à l'exercice du pouvoir. La chambre des communes, composée des députés élus par les petits possesseurs de fiefs et par les bourgeois, ne prenait presque aucune part au gouvernement proprement dit, mais elle établissait des droits, et défendait très énergiquement les intérêts privés et locaux. Le parlement, considéré dans son ensemble, ne gouvernait pas encore, mais il était déjà une institution régulière, un moyen de gouvernement adopté en principe, et souvent indispensable en fait. La tentative de rapprochement et d'alliance entre les divers éléments de la société pour en former un seul corps politique, un véritable État, avait donc réussi en Angleterre, tandis qu'elle avait échoué sur le reste du continent.

Je ne dirai qu'un mot de l'Allemagne, et uniquement pour indiquer le caractère dominant de son histoire. Là, les tentatives de fusion, d'unité, d'organisation politique générale, ont été suivies avec peu d'ardeur. Les divers éléments sociaux sont restés beaucoup plus distincts, beaucoup plus indépendants les uns des autres que dans le reste de l'Europe. S'il en fallait une preuve, on la trouverait jusque dans les temps modernes. L'Allemagne est le seul pays de l'Europe où l'élection féodale ait pris part longtemps à la création de la royauté. Je ne parle pas de la Pologne ni des nations slaves, qui sont entrées si tard dans le système de la civilisation européenne. L'Allemagne est également le seul pays de l'Europe où il fût resté des souverains ecclésiastiques, le seul qui eût conservé des villes libres ayant une vraie souveraineté politique. Il est clair que la tentative de fondre en une seule société les éléments primitifs de la société européenne avait eu là beaucoup moins d'activité et d'effet qu'ailleurs.

Je viens de mettre sous vos yeux, Messieurs, les grands essais d'organisation politique tentés en Europe jusqu'à la fin du XIV° siècle et au commencement du XV°. Vous les avez vus tous échouer. J'ai essayé d'indiquer en passant les causes de ce mauvais succès; à vrai dire, elles se réduisent à une seule. La société n'était pas assez avancée pour se prêter à l'unité; tout était encore trop local, trop spécial, trop étroit, trop divers dans les existences et dans les esprits. Il n'y avait ni intérêts généraux, ni opinions générales capables de dominer les intérêts et les opinions particulières. Les esprits les plus élevés, les plus hardis, n'avaient aucune idée d'administration ni de justice vraiment publique. Il fallait évidemment qu'une civilisation très active, très forte, vint d'abord mêler, assimiler, broyer pour ainsi dire ensemble tous ces éléments incohérents ; il fallait qu'il se fît d'abord une puissante centralisation des intérêts, des lois, des mœurs, des idées ; il fallait, en un mot, qu'il se créât un pouvoir public et une opinion publique. Nous arrivons à l'époque où ce grand travail s'est enfin accompli. Ses premiers symptômes, l'état des esprits et des mœurs pendant le cours du XVe siècle, leur tendance vers la formation d'un gouvernement central et d'une opinion publique, tel sera l'objet de notre prochaine leçon.

ONZIÈME LEÇON.

Objet de la leçon. — Caractère particulier du XVe siècle. — Centralisation progressive des peuples et des gouvernements. — 1° De la France. — Formation de l'esprit national français. — Manière de gouverner de Louis XI. — 2° De l'Espagne. — 3° De l'Allemagne. — 4° De l'Angleterre. — 5° De l'Italie. — Naissance des relations extérieures des États et de la diplomatie. — Mouvement dans les idées religieuses. — Tentative de réforme aristocratique. — Conciles de Constance et de Bâle. — Tentative de réforme populaire. — Jean Huss. — Renaissance des lettres. — Admiration pour l'antiquité. — École classique ou de libres penseurs. — Activité générale. — Voyages, découvertes, inventions. — Conclusion.

MESSIEURS,

Nous touchons à la porte de l'histoire moderne proprement dite, à la porte de cette société qui est la nôtre, dont les institutions, les opinions, les mœurs, étaient, il y a quarante ans, celles de la France, sont encore celles de l'Europe, et exercent encore sur nous, malgré la métamorphose que notre révolution nous a fait subir, une si puissante influence. C'est au XVIe siècle, j'ai déjà eu l'honneur de vous le dire, que commence vraiment la société moderne. Avant d'y entrer, rappelez-vous, je vous prie, l'espace que nous avons déjà parcouru, les chemins par lesquels nous avons passé. Nous avons démêlé, au milieu des ruines de l'Empire romain, tous les éléments essentiels de notre Europe; nous les avons vus se distinguer, grandir chacun pour son compte et avec indépendance. Nous avons reconnu, pendant la première époque de l'histoire, la tendance constante de ces éléments à la séparation, à l'isolement, à une existence locale et spéciale. A peine ce but paraît atteint, à peine la féodalité, les communes, le clergé, ont pris chacun sa forme et sa place distinctes, aussitôt nous les avons vus tendre à se rapprocher, à se réunir, à se former en société générale, en corps de nation et de gouvernement. Pour arriver à ce résultat, les divers pays de l'Europe se sont adressés à tous les différents systèmes qui coexistaient dans son sein; ils ont demandé le principe d'unité sociale, le lien politique et moral, à la théocratie, à l'aristocratie, à la démocratie, à la royauté. Jusqu'ici toutes ces tentatives ont échoué; aucun système, aucune influence n'a su s'emparer de la société, et lui assurer, par son empire, une destinée vraiment publique. Nous avons trouvé la cause de ce mauvais succès dans l'absence d'intérêts généraux et d'idées générales; nous avons reconnu que tout était encore trop spécial, trop individuel, trop local; qu'il fallait un long et puissant travail de centralisation pour que la société pût s'étendre et se cimenter en même temps, devenir à la fois grande et régulière, but auquel elle aspire nécessairement. C'est dans cet état que nous avons laissé l'Europe à la fin du XIVe siècle.

Il s'en faut beaucoup qu'elle s'en rendît compte, comme j'ai essayé de le faire devant vous. Elle ne savait point distinctement ce qui lui manquait, ce qu'elle cherchait. Cependant elle s'est mise à le chercher comme si elle l'avait bien connu. Le XIVe siècle expiré, après le mauvais succès de toutes les grandes tentatives d'organisation politique, l'Europe entra naturellement et comme par instinct dans les voies de la centralisation. C'est le caractère du xv⁵ siècle d'avoir tendu constamment à ce résultat, d'avoir travaillé à créer des intérêts généraux, des idées générales, à faire disparaître l'esprit de spécialité, de localité, à réunir, à élever ensemble les existences et les esprits, à créer enfin ce qui n'avait pas existé en grand jusque-là, des peuples et des gouvernements.

L'explosion de ce fait appartient au XVI⁵ et au XVII⁵ siècle; c'est dans le XV⁵ qu'il a été préparé. C'est cette préparation, ce travail sourd et caché de centralisation, soit dans les relations sociales, soit dans les idées, travail accompli sans préméditation, sans dessein, par le cours naturel des événements, que nous avons à étudier aujourd'hui.

Ainsi, Messieurs, l'homme avance dans l'exécution d'un plan qu'il n'a point conçu, qu'il ne connaît même pas; il est l'ouvrier intelligent et libre d'une œuvre qui n'est pas la sienne; il ne la reconnaît, ne la comprend que plus tard, lorsqu'elle se manifeste au dehors et dans les réalités; et même alors il ne la comprend que très incomplètement. C'est par lui cependant, c'est par le développement de son intelligence et de sa liberté qu'elle s'accomplit. Concevez une grande machine dont la pensée réside dans un seul esprit, et dont les différentes pièces sont confiées à des ouvriers différents, épars, étrangers l'un à l'autre; aucun d'eux ne connaît l'ensemble de l'ouvrage, le résultat définitif et général auquel il concourt; chacun cependant exécute avec intelligence et liberté, par des actes rationnels et volontaires, ce dont il a été chargé. Ainsi s'exécute, par la main des hommes, le plan de la Providence sur le monde; ainsi coexistent les deux faits qui éclatent dans l'histoire de la civilisation : d'une part, ce qu'elle a de fatal, ce qui échappe à la science et à la volonté humaines ; d'autre part, le rôle qu'y jouent la liberté et l'intelligence de l'homme, ce qu'il y met du sien, parce qu'il le pense et le veut ainsi.

Pour bien comprendre, Messieurs, le XVᵉ siècle, pour nous rendre un compte exact et clair de cette avant-scène, pour ainsi dire, de la société moderne, nous distinguerons les différentes classes de faits. Nous examinerons d'abord les faits politiques, les changements qui ont tendu à former soit des nations, soit des gouvernements. Nous passerons de là aux faits moraux ; nous verrons les changements survenus dans les idées, dans les mœurs, et nous pressentirons quelles opinions générales se sont dès lors préparées.

Quant aux faits politiques, pour procéder simplement et vite, je vais parcourir tous les grands pays de l'Europe, et mettre sous vos yeux ce que le XVᵉ siècle en a fait, dans quel état il les a pris et laissés.

Je commencerai par la France. La dernière moitié du XIVᵉ siècle et la première moitié du XVᵉ y ont été, vous le savez, le temps des grandes guerres nationales, des guerres contre les Anglais. C'est l'époque de la lutte engagée, pour l'indépendance du territoire et du nom français, contre une domination étrangère. Il suffit d'ouvrir l'histoire pour voir avec quelle ardeur, malgré une multitude de dissensions, de trahisons, toutes les classes de la société en France ont concouru à cette lutte, quel patriotisme s'est emparé alors de la noblesse féodale, de la bourgeoisie, des paysans même. Quand il n'y aurait, pour montrer le caractère populaire de l'événement, que l'histoire de Jeanne d'Arc, elle en serait une preuve plus que suffisante. Jeanne d'Arc est sortie du peuple; c'est par les sentiments, par les croyances, par les passions du peuple, qu'elle a été inspirée et soutenue. Elle a été vue avec méfiance, avec ironie, avec inimitié même par les gens de cour, par les chefs de l'armée : elle a eu constamment pour elle les soldats, le peuple. Ce sont les paysans de la Lorraine qui l'ont envoyée au secours des bourgeois d'Orléans. Aucun événement ne fait éclater davantage le caractère populaire de cette guerre et le sentiment qu'y portait le pays tout entier.

Ainsi a commencé à se former la nationalité française. Jusqu'au règne des Valois, c'est le caractère féodal qui domine en France; la nation française, l'esprit français, le patriotisme français, n'existent pas encore. Avec les Valois commence la France proprement dite; c'est dans le cours de leurs guerres, à travers les chances de leur destinée, que, pour la première fois, la noblesse, les bourgeois, les paysans, ont été réunis par un lien moral, par le lien d'un nom commun, d'un honneur commun, d'un même désir de vaincre l'étranger. Ne cherchez encore là aucun véritable esprit politique, aucune grande intention d'unité dans le gouvernement et les institutions, comme nous les concevons aujourd'hui. L'unité, pour la France de cette époque, résidait dans son nom, dans son honneur national, dans l'existence d'une royauté nationale, quelle qu'elle fût, pourvu que l'étranger n'y parût point. C'est en ce sens que la lutte contre les Anglais a puissamment concouru à former la nation française, à la pousser vers l'unité.

En même temps que la France se formait ainsi moralement, que l'esprit national se développait, en même temps elle se formait pour ainsi dire matériellement, c'est-à-dire que le territoire se réglait, s'étendait, s'affermissait. C'est le temps de l'incorporation de la plupart des provinces qui sont devenues la France. Sous Charles VII, après l'expulsion des Anglais, presque toutes les provinces qu'ils avaient occupées, la Normandie, l'Angoumois, la Touraine, le Poitou, la Saintonge, etc., devinrent définitivement françaises. Sous Louis XI, dix provinces, dont trois ont été perdues et regagnées dans la suite, furent encore réunies à la France : le Roussillon et la Cerdagne, la Bourgogne, la Franche-Comté, la Picardie, l'Artois, la Provence, le Maine, l'Anjou et le Perche. Sous Charles VIII et Louis XII, les mariages successifs d'Anne avec ces deux rois nous donnèrent la Bretagne. Ainsi, à la même époque, et pendant le cours des mêmes événements, le territoire et l'esprit national se forment ensemble; la France morale et la France matérielle acquièrent ensemble de la force et de l'unité.

Passons de la nation au gouvernement : nous verrons s'accomplir des faits de même nature; nous avancerons vers le même résultat. Jamais le gouvernement français n'avait été plus dépourvu d'unité, de lien, de force, que sous le règne de Charles VI, et pendant la première partie du règne de Charles VII. A la fin de ce règne, toutes choses changent de face. C'est évidemment un pouvoir qui s'affermit, s'étend, s'organise; tous les grands moyens de gouvernement, l'impôt, la force militaire et la justice, se créent sur une grande échelle et avec quelque ensemble. C'est le temps de la formation des milices permanentes, des compagnies d'ordonnance comme cavalerie, des francs archers comme infanterie. Par ces compagnies, Charles VII rétablit quelque ordre dans les provinces désolées par les désordres et les exactions des gens de guerre, même depuis que la guerre avait cessé. Tous les historiens contemporains se récrient sur le merveilleux effet des compagnies d'ordonnance. C'est à la même époque que la taille, l'un des principaux revenus du roi, devient perpétuelle ; grave atteinte portée à la liberté des peuples, mais qui a puissamment contribué à la régularité et à la force du gouvernement. En même temps, le grand instrument du pouvoir, l'administration de la justice, s'étend et s'organise ; les parlements se multiplient ; cinq nouveaux parlements sont institués dans un très court espace de temps : sous Louis XI, les parlements de Grenoble (en 1451), de Bordeaux (en 1462), et de Dijon (en 1477) ; sous Louis XII, les parlements de Rouen (en 1499) et d'Aix (en 1501). Le parlement de Paris prit alors aussi beaucoup plus d'importance et de fixité, soit pour l'administration de la justice, soit comme chargé de la police de son ressort.

Ainsi, sous les rapports de la force militaire, des impôts et de la justice, c'est-à-dire dans ce qui fait son essence, le gouvernement acquiert en France, au XVe siècle, un caractère jusque-là inconnu d'unité, de régularité, de permanence ; le pouvoir public prend définitivement la place des pouvoirs féodaux.

En même temps s'accomplit un bien autre changement, un changement moins visible, et qui a moins frappé les historiens, mais encore plus important peut-être : c'est celui que Louis XI a opéré dans la manière de gouverner.

On a beaucoup parlé de la lutte de Louis XI contre les grands du royaume, de leur abaissement, de sa faveur pour la bourgeoisie et les petites gens. Il y a du vrai en cela, quoiqu'on ait beaucoup exagéré, et que la conduite de Louis XI avec les diverses classes de la société ait plus souvent troublé que servi l'État. Mais il a fait quelque chose de plus grave. Jusqu'à lui, le gouvernement n'avait guère procédé que par la force, par les moyens matériels. La persuasion, l'adresse, le soin de manier les esprits, de les amener à ses vues, en un mot la politique proprement dite, politique de mensonge et de fourberie sans doute, mais aussi de ménagement et de prudence, avaient tenu jusque-là peu de place. Louis XI a substitué dans le gouvernement les moyens intellectuels aux moyens matériels, la ruse à la force, la politique italienne à la politique féodale. Prenez les deux hommes dont la rivalité remplit cette époque de notre histoire, Charles le Téméraire et Louis XI. Charles est le représentant de l'ancienne façon de gouverner ; il ne procède que par la violence, il en appelle constamment à la guerre ; il est hors d'état de prendre patience, de s'adresser à l'esprit des hommes pour en faire l'instrument de son succès. C'est, au contraire, le plaisir de Louis XI d'éviter l'emploi de la force, de s'emparer des hommes individuellement, par la conversation, par le maniement habile des intérêts et des esprits. Il a changé non pas les institutions, non pas le système extérieur, mais les procédés secrets, la tactique du pouvoir. Il était réservé aux temps modernes de tenter une révolution plus grande encore, de travailler à introduire, dans les moyens comme dans le but politique, la justice à la place de l'égoïsme, la publicité au lieu du mensonge. Il n'en est pas moins vrai que c'était déjà un grand progrès que de renoncer au continuel emploi de la force, d'invoquer surtout la supériorité intellectuelle, de gouverner par les esprits, et non par le bouleversement des existences. C'est là, au milieu de ses crimes et de ses fautes, en dépit de sa nature perverse, et par le seul mérite de sa vive intelligence, ce que Louis XI a commencé.

De la France je passe en Espagne ; là je trouve des événements de même nature : c'est aussi au XVᵉ siècle que se forme l'unité nationale de l'Espagne. Alors finit, par la conquête du royaume de Grenade, la lutte si longue des chrétiens contre les Arabes ; alors aussi le territoire se centralise : par le mariage de Ferdinand le Catholique et d'Isabelle, les deux principaux royaumes, la Castille et l'Aragon, s'unissent sous le même pouvoir. Comme en France, la royauté s'étend et s'affermit ; des institutions plus dures, et qui portent des noms plus lugubres, lui servent d'appuis : au lieu des parlements, c'est l'inquisition qui prend naissance. Elle contenait en germe ce qu'elle est devenue, mais elle ne l'était pas en commençant : elle fut d'abord plus politique que religieuse, et destinée à maintenir l'ordre plutôt qu'à défendre la foi. L'analogie va plus loin que les institutions ; on la retrouve jusque dans les personnes. Avec moins de finesse, de mouvement d'esprit, d'activité inquiète et tracassière, le caractère et le gouvernement de Ferdinand le Catholique ressemblent à celui de Louis XI. Je ne fais nul cas des rapprochements arbitraires, des parallèles de fantaisie ; mais ici l'analogie est profonde, et empreinte dans les faits généraux comme dans les détails.

Elle se retrouve en Allemagne. C'est au milieu du XVᵉ siècle, en 1438, que la maison d'Autriche revient à l'Empire, et qu'avec elle le pouvoir impérial acquiert une permanence qu'il n'avait jamais eue auparavant : l'élection ne sera guère désormais que consacrer l'hérédité. A la fin du XVᵉ siècle, Maximilien Iᵉʳ fonde définitivement la prépondérance de sa maison, et l'exercice régulier de l'autorité centrale. Charles VII avait, le premier en France, créé, pour le maintien de l'ordre, une milice permanente; le premier aussi, Maximilien, dans ses États héréditaires, atteint le même but par le même moyen. Louis XI avait établi en France la poste aux lettres; Maximilien Ier l'introduit en Allemagne. Partout les mêmes progrès de la civilisation sont pareillement exploités au profit du pouvoir central.

L'histoire de l'Angleterre au XVe siècle consiste dans deux grands événements, la lutte contre la France au dehors, celle des deux Roses au dedans, la guerre étrangère et la guerre civile. Ces deux guerres si différentes ont eu le même résultat. La lutte contre la France a été soutenue par le peuple anglais avec une passion dont la royauté presque seule a profité. Ce peuple, déjà plus habile et plus ferme qu'aucun autre à défendre ses forces et son argent, les a livrés à ses rois, à cette époque, sans prévoyance et sans mesure. C'est sous le règne de Henri V qu'un impôt considérable, les droits de douane, a été accordé au roi pour toute sa vie, dès le commencement de son règne. La guerre étrangère finie, ou à peu près, la guerre civile, qui s'y était d'abord associée, continue seule; les maisons d'York et de Lancaster se disputent le trône. Quand arrive enfin le terme de leurs sanglants débats, la haute aristocratie anglaise se trouve ruinée, décimée, hors d'état de conserver le pouvoir qu'elle avait exercé jusque-là. La coalition des grands barons ne peut plus gouverner le trône. Les Tudors y montent, et avec Henri VII, en 1485, commence l'ère de la centralisation politique, le triomphe de la royauté.

La royauté ne s'établit pas en Italie, sous son nom du moins; mais il n'importe guère quant au résultat. C'est au XVe siècle que tombent les républiques; là même où le nom en demeure, le pouvoir se concentre aux mains d'une ou de quelques familles; la vie républicaine s'éteint. Dans le nord de l'Italie, presque toutes les républiques lombardes disparaissent dans le duché de Milan. En 1434, Florence tombe sous la domination des Médicis; en 1464, Gênes devient sujette du Milanais. La plupart des républiques, grandes et petites, font place aux maisons souveraines. Bientôt commencent sur le nord et le midi de l'Italie, sur le Milanais d'une part et le royaume de Naples de l'autre, les prétentions des souverains étrangers.

Sur quelque pays de l'Europe que se portent nos regards, quelque portion de son histoire que nous considérions, qu'il s'agisse des nations elles-mêmes ou des gouvernements, des institutions ou des territoires, nous voyons partout les anciens éléments, les anciennes formes de la société près de disparaître. Les libertés traditionnelles périssent; des pouvoirs nouveaux s'élèvent, plus réguliers, plus concentrés. Il y a quelque chose de profondément triste dans ce spectacle de la chute des vieilles libertés européennes; il a inspiré de son temps les sentiments les plus amers. En France, en Allemagne, en Italie surtout, les patriotes du XVe siècle ont combattu avec ardeur et déploré avec désespoir cette révolution qui, de toutes parts, faisait surgir ce qu'ils avaient droit d'appeler le despotisme. Il faut admirer leur courage et compatir à leur douleur : mais, en même temps, il faut comprendre que cette révolution était non seulement inévitable, mais utile. Le système primitif de l'Europe, les vieilles libertés féodales et communales avaient échoué dans l'organisation de la société. Ce qui fait la vie sociale, c'est la sécurité et le progrès. Tout système qui ne procure pas l'ordre dans le présent, et le mouvement vers l'avenir, est vicieux et bientôt abandonné. Tel fut au XV⁰ siècle le sort des anciennes formes politiques, des anciennes libertés européennes. Elles n'avaient pu donner à la société ni la sécurité ni le progrès. On les chercha ailleurs; on les demanda à d'autres principes, à d'autres moyens. C'est là le sens de tous les faits que je viens de mettre sous vos yeux.

De la même époque date un autre fait qui a tenu beaucoup de place dans l'histoire politique de l'Europe. C'est au XV⁰ siècle que les relations des gouvernements entre eux ont commencé à devenir fréquentes, régulières, permanentes. Alors se sont formées pour la première fois ces grandes combinaisons d'alliance, soit pour la paix, soit pour la guerre, qui ont produit plus tard le système de l'équilibre. La diplomatie date en Europe du XV⁰ siècle. En fait, vous voyez vers la fin de ce siècle les principales puissances du continent européen, les papes, les ducs de Milan, les Vénitiens, les empereurs d'Allemagne, les rois d'Espagne et les rois de France, se rapprocher, négocier, s'entendre, s'unir, se balancer. Ainsi, au moment où Charles VIII fait son expédition pour aller conquérir le royaume de Naples, une grande ligue se noue contre lui entre l'Espagne, le pape et les Vénitiens. La ligue de Cambrai se forme quelques années plus tard (en 1508) contre les Vénitiens. La sainte ligue, dirigée contre Louis XII, succède en 1511 à la ligue de Cambrai. Toutes ces combinaisons sont nées de la politique italienne, de l'envie qu'avaient les différents souverains de posséder son territoire, et de la crainte que l'un d'eux, en s'en emparant exclusivement, n'acquît une prépondérance excessive. Ce nouvel ordre de faits a été très favorable au développement de la royauté.

D'une part, il est de la nature des relations extérieures des États de ne pouvoir être conduites que par une seule personne ou un petit nombre de personnes, et d'exiger un certain secret ; de l'autre, les peuples étaient si imprévoyants que les conséquences d'une combinaison de ce genre leur échappaient : ce n'était pas pour eux un intérêt direct, intérieur ; ils s'en inquiétaient peu, et laissaient de tels événements à la discrétion du pouvoir central. Ainsi, la diplomatie en naissant tomba dans la main des rois ; et l'idée qu'elle leur appartenait exclusivement, que le pays, même libre, même ayant le droit de voter ses impôts et d'intervenir dans ses affaires, n'était point appelé à se mêler de celles du dehors ; cette idée, dis-je, s'établit presque dans tous les esprits en Europe, comme un principe convenu, une maxime de droit commun. Ouvrez l'histoire d'Angleterre aux XVI° et XVII° siècles ; vous verrez quelle puissance a cette idée, et quels obstacles elle a opposés aux libertés anglaises sous les règnes d'Élisabeth, de Jacques Ier, de Charles Ier. C'est toujours au nom du principe que la paix et la guerre, les relations commerciales, toutes les affaires extérieures, appartiennent à la prérogative royale, que le pouvoir absolu se défend contre les droits du pays. Les peuples sont d'une timidité extrême à contester cette portion de la prérogative ; et cette timidité leur a coûté d'autant plus cher qu'à partir de l'époque où nous allons entrer, c'est-à-dire du XVI° siècle, l'histoire de l'Europe est essentiellement diplomatique. Les relations extérieures sont, pendant près de trois siècles, le fait important de l'histoire. Au dedans, les pays se régularisent ; le gouvernement intérieur, sur le continent du moins, n'amène plus de violentes secousses, n'absorbe plus l'activité publique. Ce sont les relations extérieures, les guerres, les négociations, les alliances, qui attirent l'attention et remplissent l'histoire; en sorte que la plus large part de la destinée des peuples se trouve abandonnée à la prérogative royale, au pouvoir central.

Il était difficile qu'il en fût autrement. Il faut un très grand progrès de civilisation, un grand développement de l'intelligence et des habitudes politiques, pour que le public puisse intervenir avec quelque succès dans les affaires de ce genre. Du XVIe au XVIIIe siècle, les peuples étaient fort loin d'en être capables. Voyez ce qui se passait sous Jacques Ier, en Angleterre, au commencement du XVIIe siècle. Son gendre l'électeur palatin, élu roi de Bohême, avait perdu sa couronne; il avait même été dépouillé de ses États héréditaires, du Palatinat. Le protestantisme tout entier était intéressé dans sa cause, et à ce titre l'Angleterre lui portait un vif intérêt. Il y eut un soulèvement de l'opinion publique pour forcer le roi Jacques à prendre le parti de son gendre, à lui faire rendre le Palatinat. Le parlement demanda la guerre avec fureur, promettant tous les moyens de la soutenir. Jacques ne s'en souciait pas; il éluda, fit quelques tentatives de négociation, envoya quelques troupes en Allemagne, puis vint dire au parlement qu'il lui fallait 900,000 livres sterling pour soutenir la lutte avec quelque chance de succès. On ne dit point, et il ne paraît pas en effet que son calcul fût exagéré. Mais le parlement recula de surprise et d'effroi à la vue d'une telle charge, et il vota à grand'peine 70,000 livres sterling pour rétablir un prince et reconquérir un pays à trois cents lieues de l'Angleterre. Telles étaient l'ignorance et l'incapacité politique du public en pareille matière; il agissait sans connaissance des faits,

et sans s'inquiéter d'aucune responsabilité. Il n'était don[c]
point en état d'intervenir d'une manière régulière et effi[-]
cace. C'est là la principale cause qui fit tomber les relation[s]
extérieures entre les mains du pouvoir central; il était se[ul]
en état de les diriger, je ne dis pas toujours dans l'intér[êt]
public, il s'en faut bien que cet intérêt ait toujours é[té]
consulté, mais avec quelque suite et quelque bon sens.

Vous le voyez, Messieurs, sous quelque point de vue qu[e]
se présente à nous l'histoire politique de l'Europe à cett[e]
époque, soit que nos regards se portent sur l'état intérieu[r]
des pays ou sur les relations des pays entre eux, soit qu[e]
nous considérions l'administration de la guerre, de la jus[-]
tice, des impôts, partout nous trouvons le même caractère[,]
partout nous voyons la même tendance à la centralisation[,]
à l'unité, à la formation et à la prépondérance des intérê[ts]
généraux, des pouvoirs publics. C'est là le travail caché d[u]
xve siècle, travail qui n'amène encore aucun résultat tr[ès]
apparent, aucune révolution proprement dite dans la sociét[é,]
mais qui les prépare toutes. Je vais mettre sous vos yeu[x]
des faits d'une autre nature, les faits moraux, les faits q[ui]
se rapportent au développement de l'esprit humain, d[es]
idées générales. Là aussi nous reconnaîtrons le même phé[-]
nomène, nous arriverons au même résultat.

Je commencerai par un ordre de faits qui nous a sou[-]
vent occupés, et qui, sous les formes les plus diverses, [a]
toujours tenu une grande place dans l'histoire de l'Europ[e,]
par les faits relatifs à l'Église. Jusqu'au xve siècle, nou[s]
n'avons vu en Europe d'idées générales puissantes, agis[-]
sant vraiment sur les masses, que les idées religieuses. No[us]
avons vu l'Église seule investie du pouvoir de les régler, [de]
les promulguer, de les prescrire. Souvent, il est vrai, d[es]

tentatives d'indépendance, de séparation même, ont été formées, et l'Église a eu beaucoup à faire pour les vaincre. Cependant jusqu'ici elle les a vaincues; les croyances repoussées par l'Église n'ont pas pris possession générale et permanente de l'esprit des peuples; les Albigeois eux-mêmes ont été écrasés. Le dissentiment et la lutte ont été continuels dans le sein de l'Église, mais sans résultat décisif et éclatant. A l'ouverture du XVe siècle, un fait bien différent s'annonce; des idées nouvelles, un besoin public, avoué, de changement et de réforme, agitent l'Église elle-même. La fin du XIVe et le commencement du XVe siècle ont été marqués par le grand schisme d'Occident, résultat de la translation du saint-siége à Avignon, et de la création de deux papes, l'un à Avignon, l'autre à Rome. La lutte de ces deux papautés est ce qu'on appelle le grand schisme d'Occident. Il commença en 1378. En 1409, le concile de Pise veut y mettre fin, dépose les deux papes, et en nomme un troisième, Alexandre V. Loin de s'apaiser, le schisme s'échauffe : il y a trois papes, au lieu de deux. Le désordre et les abus vont croissant. En 1414, le concile de Constance se rassemble, sur la provocation de l'empereur Sigismond. Il se propose tout autre chose que de nommer un nouveau pape : il entreprend la réforme de l'Église. Il proclame d'abord l'indissolubilité du concile universel, sa supériorité sur le pouvoir papal; il entreprend de faire prévaloir ces principes dans l'Église, et de réformer les abus qui s'y sont introduits, surtout les exactions par lesquelles la cour de Rome se procurait de l'argent. Pour atteindre ce but, le concile nomme ce que nous appellerions une commission d'enquête, c'est-à-dire un *collége réformateur*, composé de députés au concile pris dans les différentes nations; ce collége est chargé de rechercher quels sont les abus qui souillent l'Église, comment on y doit porter remède, et d'en faire un rapport au concile, qui avisera aux moyens d'exécution. Mais pendant que le concile est occupé de ce travail, on lui pose la question de savoir s'il peut procéder à la réforme des abus sans la participation visible du chef de l'Église, sans la sanction du pape. La négative passe par l'influence du parti romain, soutenu des honnêtes gens timides; le concile élit un nouveau pape, Martin V, en 1417. Le pape est chargé de présenter de son côté un plan de réforme dans l'Église. Ce plan n'est pas agréé, le concile se sépare. En 1431, nouveau concile qui se rassemble à Bâle dans le même dessein. Il reprend et continue le travail réformateur du concile de Constance; il n'y réussit pas mieux. Le schisme éclate dans l'intérieur de l'assemblée comme dans la chrétienté. Le pape transporte le concile de Bâle à Ferrare, et ensuite à Florence. Une portion des prélats refuse d'obéir au pape, et reste à Bâle; et de même qu'il y avait naguère deux papes, il y a deux conciles. Celui de Bâle continue ses projets de réforme, nomme son pape, Félix V; puis, au bout d'un certain temps il se transporte à Lausanne, et se dissout en 1449 sans avoir rien fait.

Ainsi la papauté l'emporte; c'est elle qui reste en possession du champ de bataille et du gouvernement de l'Église: le concile n'a pu accomplir ce qu'il avait entrepris; mais il a fait des choses qu'il n'avait pas entreprises et qui lui survivent. Au moment où le concile de Bâle échoue dans ses essais de réforme, des souverains s'emparent des idées qu'il a proclamées, des institutions qu'il a indiquées. En France, et avec les décrets du concile de Bâle, Charles VII fait la pragmatique sanction, qu'il proclame à Bourges en 1438 : elle consacre l'élection des évêques, la suppression des annates, et la réforme des principaux abus introduits dans l'Église. La pragmatique sanction est déclarée en France loi de l'État. En Allemagne, la diète de Mayence l'adopte en 1439, et en fait également une loi de l'Empire germanique. Ce que le pouvoir spirituel a tenté sans succès, le pouvoir temporel semble décidé à l'accomplir.

Nouveau revers des projets réformateurs. Comme le concile avait échoué, de même la pragmatique échoue ; elle périt très promptement en Allemagne ; la diète l'abandonne en 1448, en vertu d'une négociation avec Nicolas V. En 1516, François Ier l'abandonne également, et y substitue son concordat avec Léon X. La réforme des princes ne réussit pas mieux que celle du clergé. Mais ne croyez pas qu'elle périsse tout à fait. De même que le concile avait fait des choses qui lui ont survécu, de même la pragmatique sanction a des effets qui lui survivent et joueront un grand rôle dans l'histoire moderne. Les principes du concile de Bâle étaient puissants et féconds. Des hommes supérieurs et d'un caractère énergique les avaient adoptés et soutenus. Jean de Paris, d'Ailly, Gerson, et un grand nombre d'hommes distingués du xve siècle, se vouent à leur défense. En vain le concile se dissout ; en vain la pragmatique sanction est abandonnée ; ses doctrines générales sur le gouvernement de l'Église, sur les réformes nécessaires à opérer, ont pris racine en France ; elles s'y sont perpétuées ; elles ont passé dans les parlements ; elles sont devenues une opinion puissante ; elles ont enfanté d'abord les jansénistes, ensuite les gallicans. Toute cette série de maximes et d'efforts tendant à réformer l'Église, qui commence au concile de Constance et aboutit aux quatre propositions de Bossuet, émane de la même source et va au même but; c'est le même fait qui s'est successivement transformé. En vain la tentative de réforme légale du XV® siècle a échoué dans l'Église; elle n'en a pas moins pris place dans le cours de la civilisation, elle n'en a pas moins exercé indirectement une immense influence.

Les conciles avaient raison de poursuivre une réforme légale, car elle pouvait seule prévenir une révolution. A peu près au même moment où le concile de Pise entreprenait de faire cesser le grand schisme d'Occident, et le concile de Constance de réformer l'Église, éclatèrent avec violence en Bohême, les premiers essais de réforme religieuse populaire. Les prédications et les progrès de Jean Huss datent de 1404, époque où il a commencé à enseigner à Prague. Voilà donc deux réformes qui marchent côte à côte: l'une dans le sein même de l'Église, tentée par l'aristocratie ecclésiastique elle-même, réforme sage, embarrassée, timide; l'autre, hors de l'Église, contre elle, réforme violente, passionnée. La lutte s'engage entre ces deux puissances, ces deux desseins. Le concile fait venir Jean Huss et Jérôme de Prague à Constance, et les condamne au feu comme hérétiques et révolutionnaires. Ces événements, Messieurs, nous sont parfaitement intelligibles aujourd'hui; nous comprenons très bien cette simultanéité de réformes séparées, entreprises l'une par les gouvernements, l'autre par les peuples, ennemies l'une de l'autre et pourtant émanées de la même cause et tendant au même but, et, en définitive, quoiqu'elles se fassent la guerre, concourant au même résultat. C'est ce qui est arrivé au XV® siècle. La réforme populaire de Jean Huss a été momentanément étouffée ; la guerre des hussites a éclaté trois ou quatre ans après la mort de leur maître ; elle a duré longtemps, elle a été violente ; enfin l'Empire a triomphé. Mais comme la réforme des conciles avait échoué, comme le but qu'ils poursuivaient n'avait pas été atteint, la réforme populaire n'a pas cessé de fermenter ; elle a attendu la première occasion, et l'a trouvée au commencement du XVIᵉ siècle. Si la réforme entreprise par les conciles avait été conduite à bien, peut-être la réforme populaire aurait-elle été prévenue. Mais l'une ou l'autre devait réussir, car leur coïncidence révèle une nécessité.

Voilà donc l'état dans lequel, quant aux croyances religieuses, le XVᵉ siècle a laissé l'Europe : une réforme aristocratique tentée sans succès, une réforme populaire commencée, étouffée, et toujours près de reparaître. Mais ce n'était pas dans la sphère des croyances religieuses que se renfermait à cette époque la fermentation de l'esprit humain. C'est dans le cours du XIVᵉ siècle, vous le savez tous, que l'antiquité grecque et romaine a été, pour ainsi dire, restaurée en Europe. Vous savez avec quelle ardeur le Dante, Pétrarque, Boccace, et tous les contemporains recherchaient les manuscrits grecs, latins, les publiaient, les répandaient, et quelle rumeur, quels transports excitait la moindre découverte en ce genre. C'est au milieu de ce mouvement qu'a commencé en Europe une école qui a joué, dans le développement de l'esprit humain, un bien plus grand rôle qu'on ne lui attribue ordinairement, l'école classique. Gardez-vous, Messieurs, d'attacher à ce mot le sens qu'on lui donne aujourd'hui ; il s'agissait alors de tout autre chose que d'un système et d'un débat littéraire. L'école classique de cette époque s'enflamma d'admiration, non-seulement pour les écrits des anciens, pour Virgile et pour Homère, mais pour la société ancienne tout entière, pour ses institutions, ses opinions, sa philosophie, comme pour sa littérature. L'antiquité était, il en faut convenir, sous les rapports politique, philosophique, littéraire, très supérieure à l'Europe des xiv° et xv° siècles. Il n'est donc pas étonnant qu'elle ait exercé un si grand empire; que la plupart des esprits élevés, actifs, élégants, difficiles, aient pris en dégoût les mœurs grossières, les idées confuses, les formes barbares de leur temps, et se soient voués avec passion à l'étude et presque au culte d'une société à la fois bien plus régulière et plus développée. Ainsi se formait cette école de libres penseurs qui apparaît dès le commencement du xv° siècle, et dans laquelle se réunissent des prélats, des jurisconsultes, des érudits.

Au milieu de ce mouvement arrivent la prise de Constantinople par les Turcs, la chute de l'empire d'Orient, l'invasion des Grecs fugitifs en Italie. Ils y apportent une nouvelle connaissance de l'antiquité, de nombreux manuscrits, mille nouveaux moyens d'étudier l'ancienne civilisation. Vous comprenez sans peine quel redoublement d'admiration et d'ardeur anima l'école classique. C'était alors pour la haute Église, surtout en Italie, le temps du plus brillant développement, non pas en fait de puissance politique proprement dite, mais en fait de luxe, de richesse: elle se livrait avec orgueil à tous les plaisirs d'une civilisation molle, oisive, élégante, licencieuse, au goût des lettres, des arts, des jouissances sociales et matérielles. Regardez le genre de vie des hommes qui ont joué un grand rôle politique et littéraire à cette époque, du cardinal Bembo, par exemple : vous serez surpris de ce mélange de sybaritisme et de développement intellectuel, de mœurs énervées et de hardiesse d'esprit. On croit, en vérité, quand on parcourt cette époque, quand on assiste au spectacle de ses idées, à l'état des relations sociales, on croit vivre au milieu du XVIII° siècle français. C'est le même goût pour le mouvement de l'intelligence, pour les idées nouvelles, pour une vie douce, agréable; c'est la même mollesse, la même licence; c'est le même défaut, soit d'énergie politique, soit de croyances morales, avec une sincérité et une activité d'esprit singulières. Les lettrés du XV° siècle sont, vis-à-vis des prélats de la haute Église, dans la même relation que les gens de lettres et les philosophes du XVIII° avec les grands seigneurs; ils ont tous les mêmes opinions, les mêmes mœurs; ils vivent doucement ensemble, et ne s'inquiètent pas des bouleversements qui se préparent autour d'eux. Les prélats du XV° siècle, à commencer par le cardinal Bembo, ne prévoyaient certainement pas plus Luther et Calvin que les gens de cour ne prévoyaient la révolution française. La situation était pourtant analogue.

Trois grands faits se présentent donc à cette époque dans l'ordre moral : d'une part, une réforme ecclésiastique tentée par l'Église elle-même; de l'autre, une réforme religieuse populaire; enfin une révolution intellectuelle, qui forme une école de libres penseurs. Et toutes ces métamorphoses se préparent au milieu du plus grand changement politique qui soit encore arrivé en Europe, au milieu du travail de centralisation des peuples et des gouvernements.

Ce n'est pas tout; ce temps est aussi celui de la plus grande activité extérieure des hommes; c'est un temps de voyages, d'entreprises, de découvertes, d'inventions de tous genres. C'est le temps des grandes expéditions des

Portugais le long des côtes d'Afrique, de la découverte du passage du cap de Bonne-Espérance par Vasco de Gama, de la découverte de l'Amérique par Christophe Colomb, de la merveilleuse extension du commerce européen. Mille inventions nouvelles éclatent; d'autres, déjà connues, mais dans une sphère étroite, deviennent populaires et d'un fréquent usage. La poudre à canon change le système de la guerre; la boussole change le système de la navigation. La peinture à l'huile se développe, et couvre l'Europe des chefs-d'œuvre de l'art. La gravure sur cuivre, inventée en 1460, les multiplie et les répand. Le papier de linge devient commun. Enfin, de 1436 à 1452, l'imprimerie est inventée; l'imprimerie, texte de tant de déclamations, de tant de lieux communs, et dont aucun lieu commun, aucune déclamation, n'épuiseront jamais le mérite et les effets.

Vous voyez, Messieurs, quelles sont la grandeur et l'activité de ce siècle; grandeur encore peu apparente, activité dont les résultats ne tombent pas encore sous la main des hommes. Les réformes orageuses semblent échouer; les gouvernements s'affermissent; les peuples s'apaisent. On dirait que la société ne se prépare qu'à jouir d'un meilleur ordre, au sein d'un plus rapide progrès. Mais les puissantes révolutions du XVI° siècle sont à la porte. C'est le XV° qui les a préparées. Elles seront l'objet de notre prochaine leçon.

DOUZIÈME LEÇON.

Objet de la leçon. — Difficulté de démêler les faits généraux dans l'histoire moderne. — Tableau de l'Europe au XVIe siècle. — Danger des généralisations précipitées. — Causes diverses assignées à la réforme. — Son caractère dominant est l'insurrection de l'esprit humain contre le pouvoir absolu dans l'ordre intellectuel. — Preuves de ce fait. — Destinées de la réforme dans les différents pays. — Côté faible de la réforme. — Des jésuites. — Analogie des révolutions de la société religieuse et de la société civile.

MESSIEURS,

Nous avons souvent déploré le désordre, le chaos de la société européenne ; nous nous sommes plaints de la difficulté de comprendre et de peindre une société ainsi éparse, incohérente, dissoute. Nous avons attendu, invoqué avec patience le temps des intérêts généraux, de l'ordre, de l'unité sociale. Nous y arrivons ; nous entrons dans l'époque où tout se résume en faits généraux, en idées générales, dans l'époque de l'ordre et de l'unité. Nous y rencontrerons une difficulté d'un autre genre. Jusqu'ici nous avons eu peine à lier entre eux les faits, à les coordonner, à saisir ce qu'ils avaient de commun, à y démêler quelque ensemble. Tout se tient au contraire dans l'Europe moderne ; tous les éléments, tous les incidents de la vie sociale se modifient, agissent et réagissent les uns sur les autres ; les relations des hommes entre eux sont beaucoup plus nombreuses, beaucoup plus compliquées : il en est de même de leurs relations avec le gouvernement de l'État, de même des relations des États entre eux, de même des idées et de tous les travaux de l'esprit humain. Dans les temps que nous avons parcourus, un grand nombre de faits se passaient isolés, étrangers, sans influence réciproque. Aujourd'hui il n'y a plus d'isolement; toutes choses se touchent, se croisent, s'altèrent en se touchant. Est-il rien de plus difficile que de saisir l'unité véritable dans une telle diversité, de déterminer la direction d'un mouvement si étendu et si complexe, de résumer cette prodigieuse quantité d'éléments divers et étroitement liés entre eux, d'assigner enfin le fait général, dominant, qui résume une longue série de faits, qui caractérise une époque, qui est l'expression fidèle de son influence, de son rôle dans l'histoire de la civilisation ?

Vous allez mesurer d'un coup d'œil l'étendue de cette difficulté dans le grand événement dont nous avons à nous occuper aujourd'hui.

Nous avons rencontré, au XII⁰ siècle, un événement religieux dans son origine s'il ne l'était pas dans sa nature, je veux dire les croisades. Malgré la grandeur de l'événement, malgré sa longue durée, malgré la variété des incidents qu'il a amenés, il nous a été assez facile de démêler son caractère général, de déterminer avec quelque précision son unité et son influence. Nous avons à considérer aujourd'hui la révolution religieuse du XVI⁰ siècle, celle qu'on appelle communément la réforme. Qu'il me soit permis de le dire en passant, je me servirai du mot *réforme* comme d'un mot simple et convenu, comme synonyme de *révolution reli-*

gieuse, et sans y attacher aucun jugement. Voyez d'avance, Messieurs, combien il est difficile de reconnaître le véritable caractère de cette grande crise, de dire d'une manière générale ce qu'elle a été et ce qu'elle a fait.

C'est entre le commencement du XVIe siècle et le milieu du XVIIe qu'il le faut chercher ; car c'est dans cette période que s'est renfermée pour ainsi dire la vie de l'événement, qu'il a pris naissance et fin. Tous les événements historiques, Messieurs, ont en quelque sorte une carrière déterminée ; leurs conséquences se prolongent à l'infini ; ils tiennent à tout le passé, à tout l'avenir ; mais il n'en est pas moins vrai qu'ils ont une existence propre et limitée ; qu'ils naissent, grandissent, remplissent de leur développement une certaine portion de la durée, puis décroissent et se retirent de la scène, pour faire place à quelque événement nouveau.

Peu importe la date précise qu'on assigne à l'origine de la réforme ; on peut prendre l'année 1520, où Luther brûla publiquement à Wittenberg la bulle de Léon X qui le condamnait, et se sépara ainsi officiellement de l'Église romaine. C'est entre cette époque et le milieu du XVIIe siècle, l'année 1648, date de la conclusion du traité de Westphalie, qu'est renfermée la vie de la réforme. En voici la preuve. Le premier et le plus grand effet de la révolution religieuse a été de créer en Europe deux classes d'États, les États catholiques et les États protestants, de les mettre en présence et d'engager entre eux la lutte. Avec beaucoup de vicissitudes, cette lutte a duré depuis le commencement du XVIe siècle jusqu'au milieu du XVIIe. C'est par le traité de Westphalie, en 1648, que les États catholiques et les États protestants se sont enfin réciproquement reconnus, ont consenti leur existence mutuelle, et se sont promis de vivre en société et en paix, indépendamment de la diversité de religion. A partir de 1648, la diversité de religion a cessé d'être le principe dominant de la classification des États, de leur politique extérieure, de leurs relations, de leurs alliances. Jusqu'à cette époque, malgré de grandes variations, l'Europe était essentiellement divisée en ligue catholique et ligue protestante. Après le traité de Westphalie, cette distinction disparaît : les États s'allient ou se divisent par de tout autres considérations que les croyances religieuses. Là donc s'arrête la prépondérance, c'est-à-dire la carrière de la réforme, quoique ses conséquences n'aient pas cessé de se développer.

Parcourons maintenant à grands pas cette carrière, et, sans rien faire de plus que nommer des événements et des hommes, indiquons ce qu'elle contient. Vous verrez par cette seule indication, par cette sèche et incomplète nomenclature, quelle doit être la difficulté de résumer une série de faits si variés, si complexes, de les résumer, dis-je, en un fait général, de déterminer quel est le véritable caractère de la révolution religieuse du XVIe siècle, d'assigner son rôle dans l'histoire de notre civilisation.

Au moment où la réforme éclate, elle tombe, pour ainsi dire, au milieu d'un grand événement politique, de la lutte de François Ier et de Charles-Quint, de la France et de l'Espagne ; lutte engagée d'abord pour la possession de l'Italie, ensuite pour celle de l'empire d'Allemagne ; enfin, pour la prépondérance en Europe. C'est le moment où la maison d'Autriche s'élève et devient dominante en Europe. C'est aussi le moment où l'Angleterre, par Henri VIII, intervient dans la politique continentale avec plus de régularité, de permanence et d'étendue qu'elle ne l'avait fait jusque-là.

Suivons le cours du XVIe siècle en France. Il y est rempli par les grandes guerres religieuses des protestants et des catholiques ; elles deviennent le moyen, l'occasion d'une nouvelle tentative des grands seigneurs pour ressaisir le pouvoir qui leur échappait et dominer la royauté. C'est là le sens politique de nos guerres de religion, de la Ligue, de la lutte des Guises contre les Valois, lutte qui finit par l'avénement de Henri IV.

En Espagne, au milieu du règne de Philippe II, éclate la révolution des Provinces-Unies. L'inquisition et la liberté civile et religieuse se font la guerre, là, sous les noms du duc d'Albe et du prince d'Orange. Pendant que la liberté triomphe en Hollande à force de persévérance et de bon sens, elle périt dans l'intérieur de l'Espagne, où prévaut le pouvoir absolu, laïque et ecclésiastique.

En Angleterre, les règnes de Marie et d'Élisabeth ; la lutte d'Élisabeth, chef du protestantisme, contre Philippe II. Avénement de Jacques Stuart au trône d'Angleterre ; commencement des grandes querelles de la royauté avec le peuple anglais.

Vers le même temps, dans le Nord, création de nouvelles puissances. La Suède relevée par Gustave Wasa, en 1523. La Prusse se crée par la sécularisation de l'ordre Teutonique. Les puissances du Nord prennent dans la politique européenne une place qu'elles n'avaient pas occupée jusque-là, et dont l'importance éclatera bientôt dans la guerre de trente ans.

Je reviens en France. Le règne de Louis XIII ; le cardinal de Richelieu changeant l'administration intérieure de la France; ses relations avec l'Allemagne, et l'appui prêté au parti protestant. En Allemagne, pendant la dernière partie du XVIᵉ siècle, la lutte contre les Turcs; au commencement du XVIIᵉ, la guerre de trente ans, le plus grand événement de l'Europe centrale moderne ; Gustave-Adolphe, Wallenstein, Tilly, le duc de Brunswick, le duc de Weimar, les plus grands noms que l'Allemagne ait encore à prononcer.

A la même époque, en France, l'avénement de Louis XIV; le commencement de la Fronde. En Angleterre, l'explosion de la révolution qui détrôna Charles Iᵉʳ.

Vous le voyez, je ne prends que les plus gros événements de l'histoire, les événements dont tout le monde sait le nom; vous voyez leur nombre, leur variété, leur importance. Si nous cherchons des événements d'une autre nature, des événements moins apparents et qui se résument moins en noms propres, nous trouverons que cette époque en est également surchargée. C'est le temps des plus grands changements dans les institutions politiques de presque tous les peuples, le temps où la monarchie pure prévaut dans la plupart des grands États, tandis qu'en Hollande se crée la plus puissante république de l'Europe, et qu'en Angleterre la monarchie constitutionnelle triomphe définitivement, ou à peu près. Dans l'Église, c'est le temps où les anciens ordres monastiques perdent presque tout pouvoir politique, et sont remplacés par un ordre nouveau d'un autre caractère, et dont l'importance, à tort peut-être, passe pour fort supérieure à la leur, les jésuites. A la même époque, le concile de Trente efface ce qui pouvait rester de l'influence des conciles de Constance et de Bâle, et assure le triomphe définitif de la cour de Rome dans l'ordre ecclésiastique. Sortez de l'Église; jetez un coup d'œil sur la philosophie, sur la libre carrière de l'esprit humain : deux hommes se présentent, Bacon et Descartes, les auteurs de la plus grande révolution philosophique qu'ait subie le monde moderne, les chefs des deux écoles qui s'en disputent l'empire. C'est aussi le temps de l'éclat de la littérature italienne, le temps où commencent la littérature française et la littérature anglaise. Enfin, c'est le temps de la fondation des grandes colonies, et des plus actifs développements du système commercial.

Ainsi, Messieurs, sous quelque point de vue que vous considériez cette époque, les événements politiques, ecclésiastiques, philosophiques, littéraires, y sont en plus grand nombre, plus variés et plus importants que dans tous les siècles qui l'ont précédée. L'activité de l'esprit humain se manifeste dans tous les sens, dans les relations des hommes entre eux, dans leurs relations avec le pouvoir, dans les relations des États, dans le pur travail intellectuel; en un mot, c'est un temps de grands hommes et de grandes choses. Et au milieu de ce temps, la révolution religieuse qui nous occupe est le plus grand de tous les événements; c'est le fait dominant de l'époque, le fait qui lui donne son nom, qui en détermine le caractère. Parmi tant de causes si puissantes qui ont joué un si grand rôle, la réforme est la plus puissante, celle à laquelle toutes les autres ont abouti, qui les a toutes modifiées, ou en a été modifiée elle-même. En sorte que ce que nous avons à faire aujourd'hui, c'est de caractériser avec vérité, de résumer avec précision l'événement qui a dominé tous les autres dans le temps des plus grands événements, la cause qui a fait plus que toutes les autres dans le temps des plus grandes causes.

Vous comprenez sans peine à quel point il est difficile de ramener des faits si divers, si immenses et si étroitement unis, de les ramener, dis-je, à une véritable unité historique. Il le faut cependant : quand les événements sont une fois consommés, quand ils sont devenus de l'histoire, ce qui importe, ce que l'homme cherche surtout, ce sont les faits généraux; l'enchaînement des causes et des effets. C'est là, pour ainsi dire, la portion immortelle de l'histoire, celle à laquelle toutes les générations ont besoin d'assister pour comprendre le passé et pour se comprendre elles-mêmes. Ce besoin de généralité, de résultat rationnel, est le plus puissant et le plus glorieux de tous les besoins intellectuels; mais il faut bien se garder de le satisfaire par des généralisations incomplètes et précipitées. Rien de plus tentant que de se laisser aller au plaisir d'assigner sur-le-champ, et à la première vue, le caractère général, les résultats permanents d'une époque, d'un événement. L'esprit humain est, comme la volonté humaine, toujours pressé d'agir, impatient des obstacles, avide de liberté et de conclusion; il oublie volontiers les faits qui le pressent et le gênent; mais en les oubliant il ne les détruit pas, et ils subsistent pour le convaincre un jour d'erreur et le condamner. Il n'y a pour l'esprit humain, Messieurs, qu'un moyen d'échapper à ce péril : c'est d'épuiser courageusement, patiemment, l'étude des faits, avant de généraliser et de conclure. Les faits sont pour la pensée ce que les règles de la morale sont pour la volonté. Elle est tenue de les connaître, d'en porter le poids; et c'est seulement lorsqu'elle a satisfait à ce devoir, lorsqu'elle en a mesuré et parcouru toute l'étendue, c'est alors seulement qu'il lui est permis de déployer ses ailes, et de prendre son vol vers la haute région d'où elle verra toutes choses dans leur ensemble et leurs résultats. Si elle y veut monter trop vite, et sans avoir pris connaissance de tout le territoire que de là elle aura à contempler, la chance d'erreur et de chute est incalculable. C'est comme dans un calcul de chiffres, où une première erreur en entraîne d'autres à l'infini. De même en histoire, si dans le premier travail on n'a pas tenu compte de tous les faits, si l'on s'est laissé aller au goût de la généralisation précipitée, il est impossible de dire à quels égarements on sera conduit.

Messieurs, je vous préviens en quelque sorte contre moi-même. Je n'ai guère fait et pu faire dans ce cours que des tentatives de généralisation, des résumés généraux de faits que nous n'avons pas étudiés de près et ensemble. Arrivés maintenant à une époque où cette entreprise est beaucoup plus difficile qu'à aucune autre, où les chances d'erreur sont plus grandes, j'ai cru devoir vous en avertir, et vous prémunir contre mon propre travail. Cela fait, je vais le poursuivre et tenter sur la réforme ce que j'ai fait sur d'autres événements; je vais essayer d'en reconnaître le fait dominant, d'en décrire le caractère général, de dire, en un mot, quels sont la place et le rôle de ce grand événement dans la civilisation européenne.

Vous vous rappelez où nous avons laissé l'Europe à la fin du XVe siècle. Nous avons vu, dans son cours, deux grandes tentatives de révolution ou de réforme religieuse : une tentative de réforme légale par les conciles, une tentative de réforme révolutionnaire en Bohême par les hussites; nous les avons vues échouant l'une et l'autre; et cependant nous avons reconnu que l'événement était impossible à étouffer, qu'il devait se reproduire sous une forme ou sous une autre; que ce que le xv° siècle avait tenté, le xvi° l'accomplirait inévitablement. Je ne raconterai en aucune façon les détails de la révolution religieuse du xvi° siècle ; je les tiens pour connus à peu près de tout le monde ; je ne m'inquiète que de son influence générale sur les destinées de l'humanité.

Quand on a cherché quelles causes avaient déterminé ce grand événement, les adversaires de la réforme l'ont imputée à des accidents, à des malheurs dans le cours de la civilisation, à ce que, par exemple, la vente des indulgences avait été confiée aux dominicains, ce qui avait rendu les augustins jaloux : Luther était un augustin ; donc c'était là le motif déterminant de la réforme. D'autres l'ont attribuée à l'ambition des souverains, à leur rivalité avec le pouvoir ecclésiastique, à l'avidité des nobles laïques qui voulaient s'emparer des biens de l'Église. On a voulu ainsi expliquer la révolution religieuse uniquement par le mauvais côté des hommes et des affaires humaines, par les intérêts privés et les passions personnelles.

D'un autre côté, les partisans, les amis de la réforme ont essayé de l'expliquer par le seul besoin de réformer, en effet, les abus existant dans l'Église; ils l'ont présentée comme un redressement des griefs religieux, comme une tentative conçue et exécutée dans le seul dessein de reconstituer une Église pure, l'Église primitive. Ni l'une ni l'autre de ces explications ne me paraît fondée. La seconde a plus de vérité que la première; au moins elle est plus grande, plus en rapport avec l'étendue et l'importance de l'événement; cependant je ne la crois pas exacte non plus. A mon avis, la réforme n'a été ni un accident, le résultat de quelque grand hasard, de quelque intérêt personnel, ni une simple vue d'amélioration religieuse, le fruit d'une utopie d'humanité et de vérité. Elle a eu une cause plus puissante que tout cela, et qui domine toutes les causes particulières. Elle a été un grand élan de liberté de l'esprit humain, un besoin nouveau de penser, de juger librement, pour son compte, avec ses seules forces, des faits et des idées que jusque-là l'Europe recevait ou était tenue de recevoir des mains de l'autorité. C'est une grande tentative d'affranchissement de la pensée humaine ; et, pour appeler les choses par leur nom, une insurrection de l'esprit humain contre le pouvoir absolu dans l'ordre spirituel. Tel est, selon moi, le véritable caractère, le caractère général et dominant de la réforme.

Quand on considère quel était à cette époque, d'un côté, l'état de l'esprit humain, de l'autre celui du pouvoir spirituel, de l'Église, qui avait le gouvernement de l'esprit humain, voici le double fait dont on est frappé.

Du côté de l'esprit humain, bien plus d'activité, bien plus de soif de développement et d'empire qu'il n'en avait jamais senti. Cette activité nouvelle était le résultat de causes diverses, mais qui s'accumulaient depuis des siècles. Par exemple, il y avait des siècles que les hérésies naissaient, tenaient quelque place, tombaient remplacées par d'autres ; il y avait des siècles que les opinions philosophiques avaient le même cours que les hérésies. Le travail de l'esprit humain, soit dans la sphère religieuse, soit dans la sphère philosophique, s'était accumulé du XIe au XVIe siècle ; enfin, le moment était venu où il fallait qu'il eût un résultat. De plus, tous les moyens d'instruction, créés ou favorisés dans le sein de l'Église elle-même, portaient leurs fruits. On avait institué des écoles ; de ces écoles étaient sortis des hommes qui savaient quelque chose; leur nombre s'était accru de jour en jour. Ces hommes voulaient penser enfin par eux-mêmes et pour leur compte, car ils se sentaient plus forts qu'ils n'avaient jamais été. Enfin était arrivé ce renouvellement, ce rajeunissement de l'esprit humain par la restauration de l'antiquité, dont je vous ai, dans notre dernière réunion, décrit la marche et les effets.

Toutes ces causes réunies imprimaient à la pensée, au commencement du xvie siècle, un mouvement très énergique, un impérieux besoin de progrès.

La situation du gouvernement de l'esprit humain, du pouvoir spirituel, était tout autre; il était tombé au contraire dans un état d'inertie, dans un état stationnaire. Le crédit politique de l'Église, de la cour de Rome, était fort diminué; la société européenne ne lui appartenait plus; elle avait passé sous la domination des gouvernements laïques. Cependant le pouvoir spirituel conservait toutes ses prétentions, tout son éclat, toute son importance extérieure. Il lui arrivait ce qui est arrivé plus d'une fois aux vieux gouvernements. La plupart des plaintes qu'on formait contre lui n'étaient presque plus fondées. Il n'est pas vrai qu'au xvie siècle la cour de Rome fût très tyrannique; il n'est pas vrai que les abus proprement dits y fussent plus nombreux, plus criants qu'ils n'avaient été dans d'autres temps. Jamais peut-être, au contraire, le gouvernement ecclésiastique n'avait été plus facile, plus tolérant, plus disposé à laisser aller toutes choses, pourvu qu'on ne le mît pas lui-même en question, pourvu qu'on lui reconnût à peu près, sauf à les laisser inactifs, les droits dont il avait joui jusque-là, qu'on lui assurât la même existence, qu'on lui payât les mêmes tributs. Il aurait laissé volontiers l'esprit humain tranquille, si l'esprit humain avait voulu en faire autant à son égard. Mais c'est précisément quand les gouvernements sont moins forts, quand ils font moins de mal, c'est alors qu'ils sont attaqués, parce que c'est alors qu'on le peut; auparavant on ne le pouvait pas.

Il est donc évident, par le seul examen de l'état de l'esprit humain à cette époque et de celui de son gouvernement, il est évident que le caractère de la réforme a dû être, je le répète, un élan nouveau de liberté, une grande insurrection de l'intelligence humaine. C'est là, n'en doutez pas, la cause dominante, la cause qui plane au-dessus de toutes les autres; cause supérieure à tous les intérêts, soit des nations, soit des souverains, supérieure également au besoin de réforme proprement dite, au besoin de redressement des griefs dont on se plaignait à cette époque.

Je suppose qu'après les premières années de la réforme, lorsqu'elle eut déployé toutes ses prétentions, articulé tous ses griefs, je suppose que tout d'un coup le pouvoir spirituel en fût tombé d'accord, et eût dit : « Eh bien, soit, je réforme tout; je reviens à un ordre plus légal, plus religieux. Je supprime les vexations, l'arbitraire, les tributs; même en matière de croyances, je modifie, j'explique, je retourne au sens primitif. Mais tous les griefs ainsi redressés, je garderai ma position; je serai comme jadis le gouvernement de l'esprit humain, avec la même puissance, avec les mêmes droits. » Croit-on que la révolution religieuse se fût contentée à ce prix et arrêtée dans son cours? Je ne le pense point; je crois fermement qu'elle aurait continué sa carrière, et qu'après avoir demandé la réforme, elle aurait demandé la liberté. La crise du XVIe siècle n'était pas simplement réformatrice, elle était essentiellement révolutionnaire. Il est impossible de lui enlever ce caractère, ses mérites et ses vices ; elle en a eu tous les effets.

Jetons un coup d'œil sur les destinées de la réforme ; voyons ce qu'elle a fait surtout et avant tout dans les différents pays où elle s'est développée. Remarquez qu'elle s'est développée dans des situations très diverses, au milieu de chances très inégales : si nous trouvons que, malgré la diversité des situations, malgré l'inégalité des chances, elle a partout poursuivi un certain but, obtenu un certain résultat, conservé un certain caractère, il sera évident que ce caractère, qui aura surmonté toutes les diversités de situation, toutes les inégalités de chance, doit être le caractère fondamental de l'événement, que ce résultat doit être celui qu'il poursuivait essentiellement.

Eh bien ! partout où la révolution religieuse du XVIe siècle a prévalu, si elle n'a pas opéré l'affranchissement complet de l'esprit humain, elle lui a procuré un nouveau et très grand accroissement de liberté. Elle a laissé sans doute la pensée soumise à toutes les chances de liberté ou de servitude des institutions politiques ; mais elle a aboli ou désarmé le pouvoir spirituel, le gouvernement systématique et redoutable de la pensée. C'est là le résultat qu'a atteint la réforme au milieu des combinaisons les plus diverses. En Allemagne, il y avait peu ou point de liberté politique ; la forme ne l'a point introduite ; elle a plutôt fortifié qu'affaibli le pouvoir des princes ; elle a été plus contraire aux institutions libres du moyen âge que favorable à leur développement. Cependant elle a suscité et entretenu en Allemagne une liberté de la pensée plus grande peut-être que partout ailleurs. En Danemarck, dans un pays où domine le pouvoir absolu, où il pénètre dans les institutions municipales aussi bien que dans les institutions générales de l'État, là aussi, par l'influence de la réforme, la pensée s'est affranchie, et s'exerce librement dans toutes les carrières. En Hollande, au milieu d'une république, en Angleterre, sous la monarchie constitutionnelle, et malgré une tyrannie religieuse longtemps très dure, l'émancipation de l'esprit humain s'est également accomplie. Enfin, en France, dans la situation qui semblait la moins favorable aux effets de la révolution religieuse, dans un pays où elle a été vaincue, là même elle a été un principe d'indépendance et de liberté intellectuelle. Jusqu'en 1685, c'est-à-dire jusqu'à la révocation de l'édit de Nantes, la réforme a obtenu en France une existence légale. Pendant ce long espace de temps, elle a écrit, elle a discuté, elle a provoqué ses adversaires à écrire, à discuter avec elle. Ce seul fait, cette guerre de pamphlets, de conférences, entre les anciennes et les nouvelles opinions, a répandu en France une liberté beaucoup plus réelle, beaucoup plus active qu'on ne le croit communément; liberté qui a tourné au profit de la science, de la moralité, de l'honneur du clergé français, aussi bien qu'au profit de la pensée en général. Jetez les yeux, Messieurs, sur les conférences de Bossuet avec Claude, sur toute la polémique religieuse de cette époque, et demandez-vous si Louis XIV eût supporté, sur toute autre matière, un pareil degré de liberté. C'est entre la réforme et le parti opposé qu'il y a eu le plus de liberté en France dans le XVIIe siècle. La pensée religieuse a été alors bien plus hardie, elle a traité les questions avec plus de franchise que n'a fait la pensée politique de Fénélon lui-même dans le *Télémaque*. Cet état n'a cessé qu'à la révocation de l'édit de

Nantes. Or, de 1685 à l'explosion de l'esprit humain a[u] XVIIIe siècle, il n'y a pas quarante ans; et l'influence de [la] révolution religieuse en faveur de la liberté intellectuell[e] venait à peine de cesser quand celle de la révolution philo sophique a commencé.

Vous le voyez, Messieurs : partout où la réforme a pé[-]nétré, partout où elle a joué un grand rôle, victorieus[e] ou vaincue, elle a eu pour résultat général, dominant[,] constant, un immense progrès dans l'activité et la libert[é] de la pensée, vers l'émancipation de l'esprit humain.

Et non seulement la réforme a eu ce résultat, mais ell[e] s'en est contentée; là où elle l'a obtenu, elle n'en a guèr[e] cherché d'autre, tant c'était là le fond même de l'événe ment, son caractère primitif et fondamental. Ainsi, en Al lemagne, loin de demander la liberté politique, elle a accepté, je ne voudrais pas dire la servitude politique, mai[s] l'absence de la liberté. En Angleterre, elle a consenti l[a] constitution hiérarchique du clergé, et la présence d'un[e] Église aussi abusive que l'ait jamais été l'Église romaine et moins indépendante. Pourquoi la réforme, si passion née, si roide, à certains égards, s'est-elle montrée là s[i] facile, si souple? Parce qu'elle obtenait le fait général au quel elle tendait, l'abolition du pouvoir spirituel, l'affran chissement de l'esprit humain. Je le répète : là où elle a atteint ce but, la réforme s'est accommodée de tous le[s] régimes, de toutes les situations.

Faisons maintenant la contre-épreuve de cet examen [;] voyons ce qui est arrivé dans les pays où la révolution re ligieuse n'a pas pénétré, où elle a été étouffée de très bonne heure, où elle n'a pu prendre aucun développement. L'his toire répond que là l'esprit humain n'a pas été affranchi[:]

deux grands pays, l'Espagne et l'Italie, peuvent l'attester. Tandis que, dans les parties de l'Europe où la réforme a tenu une grande place, l'esprit humain a pris, dans les trois derniers siècles, une activité, une liberté jusque-là inconnues, là où elle n'a pas pénétré, il est tombé, à la même époque, dans la mollesse et l'inertie ; en sorte que l'épreuve et la contre-épreuve ont été faites pour ainsi dire simultanément et donné le même résultat.

L'élan de la pensée, l'abolition du pouvoir absolu dans l'ordre spirituel, c'est donc bien là le caractère essentiel de la réforme, le résultat le plus général de son influence, le fait dominant de sa destinée.

Je dis le fait, et je le dis à dessein. L'émancipation de l'esprit humain a été en effet, dans le cours de la réforme, un fait plutôt qu'un principe, un résultat plus qu'une intention. La réforme a, je crois, en ceci, exécuté plus qu'elle n'avait entrepris, plus même peut-être qu'elle ne souhaitait. Au contraire de beaucoup d'autres révolutions qui sont restées fort en arrière de ce qu'elles avaient voulu, où l'événement a été très-inférieur à la pensée, les conséquences de la réforme ont dépassé ses vues ; elle est plus grande comme événement que comme système : ce qu'elle a fait, elle ne l'a pas complétement connu ; elle ne l'eût pas complétement avoué.

Quels reproches adressent constamment à la réforme ses adversaires ? Lesquels de ses résultats lui jettent-ils en quelque sorte à la tête pour la réduire au silence ?

Deux principaux : 1° la multiplicité des sectes, la licence prodigieuse des esprits, la destruction de toute autorité spirituelle, la dissolution de la société religieuse dans son ensemble ; 2° la tyrannie, la persécution. « Vous provoquez la licence, a-t-on dit aux réformateurs, vous la produisez; et quand elle est là, vous voulez la contenir, la réprimer. Et comment la réprimez-vous? Par les moyens les plus durs, les plus violents. Vous aussi vous persécutez l'hérésie, et en vertu d'une autorité illégitime. »

Parcourez, résumez toutes les grandes attaques dirigées contre la réforme, en écartant les questions purement dogmatiques; ce sont là les deux reproches fondamentaux auxquels elles se réduisent toujours.

Le parti réformé en était très-embarrassé. Quand on lui reprochait la multiplicité des sectes, au lieu de l'avouer, au lieu de soutenir la légitimité de leur libre développement, il anathématisait les sectes, il s'en désolait, il s'en excusait. Le taxait-on de persécution? il se défendait avec quelque embarras; il alléguait la nécessité; il avait, disait-il, le droit de réprimer et de punir l'erreur, car il était en possession de la vérité ; ses croyances, ses institutions étaient seules légitimes ; si l'Église romaine n'avait pas le droit de punir les réformés, c'est qu'elle avait tort contre eux.

Et quand le reproche de persécution était adressé au parti dominant dans la réforme, non par ses ennemis, mais par ses propres enfants, quand les sectes que ce parti anathématisait lui disaient : « Nous faisons ce que vous avez fait; nous nous séparons comme vous vous êtes séparés, » il était encore plus embarrassé pour répondre, et ne répondait bien souvent que par un redoublement de rigueur.

C'est qu'en effet, en travaillant à la destruction du pouvoir absolu dans l'ordre spirituel, la révolution religieuse du XVIe siècle n'a pas connu les vrais principes de la liberté intellectuelle : elle affranchissait l'esprit humain, et prétendait encore à le gouverner par la loi : en fait, elle faisait prévaloir le libre examen ; en principe, elle croyait substituer un pouvoir légitime à un pouvoir illégitime. Elle ne s'était point élevée jusqu'à la première raison, elle n'était point descendue jusqu'aux dernières conséquences de son œuvre. Aussi est-elle tombée dans une double faute : d'une part, elle n'a pas connu ni respecté tous les droits de la pensée humaine; au moment où elle les réclamait pour son propre compte, elle les violait ailleurs; d'autre part, elle n'a pas su mesurer, dans l'ordre intellectuel, les droits de l'autorité ; je ne dis pas de l'autorité coactive, qui n'en saurait posséder aucun en pareille matière, mais de l'autorité purement morale, agissant sur les esprits seuls et par la seule voie de l'influence. Quelque chose manque, dans la plupart des pays réformés, à la bonne organisation de la société intellectuelle, à l'action régulière des opinions anciennes, générales. On n'a pas su concilier les droits et les besoins de la tradition avec ceux de la liberté ; et la cause en a été sans aucun doute dans cette circonstance que la réforme n'a pleinement compris et accepté ni ses principes ni ses effets.

De là aussi pour elle un certain air d'inconséquence et d'esprit étroit, qui souvent a donné prise et avantage sur elle à ses adversaires. Ceux-là savaient très-bien ce qu'ils faisaient et ce qu'ils voulaient ; ceux-là remontaient aux principes de leur conduite, et en avouaient toutes les conséquences. Il n'y a jamais eu de gouvernement plus conséquent, plus systématique, que celui de l'Église romaine. En fait, la cour de Rome a beaucoup transigé, beaucoup cédé, bien plus que la réforme ; en principe, elle a bien plus complétement adopté son propre système, et tenu une conduite bien plus cohérente. C'est une grand[e] force, Messieurs, que cette pleine connaissance de c[e] qu'on fait, de ce qu'on veut, cette adoption complète [et] rationnelle d'une doctrine et d'un dessein. La révolutio[n] religieuse du XVI° siècle en a donné dans son cours u[n] éclatant exemple. Personne n'ignore que la principal[e] puissance instituée pour lutter contre elle a été l'ordre de[s] jésuites. Jetez un coup d'œil sur leur histoire : ils on[t] échoué partout ; partout où ils sont intervenus avec quelqu[e] étendue, ils ont porté malheur à la cause dont ils se son[t] mêlés. En Angleterre, ils ont perdu des rois ; en Espagne[,] des peuples. Le cours général des événements, le développement de la civilisation moderne, la liberté de l'espri[t] humain, toutes ces forces contre lesquelles les jésuites étaien[t] appelés à lutter se sont dressées contre eux, et les on[t] vaincus. Et non-seulement ils ont échoué, mais rappelez[-]vous quels moyens ils ont été contraints d'employer. Poin[t] d'éclat, point de grandeur ; ils n'ont pas fait de brillant[s] événements, ils n'ont pas mis en mouvement de puissante[s] masses d'hommes ; ils ont agi par des voies souterraines[,] obscures, subalternes, par des voies qui n'étaient nullemen[t] propres à frapper l'imagination, à leur concilier cet intérêt public qui s'attache aux grandes choses, quels qu'e[n] soient le principe et le but. Le parti contre lequel il[s] luttaient, au contraire, non-seulement a vaincu, mais il a[ ] vaincu avec éclat ; il a fait de grandes choses, et par de[s] grands moyens : il a soulevé les peuples ; il a semé e[n] Europe de grands hommes ; il a changé, à la face du soleil[,] le sort et la forme des États. Tout, en un mot, a été contr[e] les jésuites, et la fortune et les apparences ; ni le bon sen[s] qui veut le succès, ni l'imagination qui a besoin d'éclat, n'ont été satisfaits par leur destinée. Et pourtant, rien n'est plus certain, ils ont eu de la grandeur; une grande idée s'attache à leur nom, à leur influence, à leur histoire. C'est qu'ils ont su ce qu'ils faisaient; ce qu'ils voulaient; c'est qu'ils ont eu pleine et claire connaissance des principes d'après lesquels ils agissaient, du but auquel ils tendaient; c'est-à-dire, qu'ils ont eu la grandeur de la pensée, la grandeur de la volonté; et elle les a sauvés du ridicule qui s'attache à des revers obstinés et à de misérables moyens. Là, au contraire, où l'événement a été plus grand que la pensée, là où paraît manquer la connaissance des premiers principes et des derniers résultats de l'action, il est resté quelque chose d'incomplet, d'inconséquent, d'étroit, qui a placé les vainqueurs mêmes dans une sorte d'infériorité rationnelle, dont l'influence s'est quelquefois fait sentir dans les événements. C'est là, je pense, dans la lutte de l'ancien ordre spirituel contre l'ordre nouveau, le côté faible de la réforme, ce qui a souvent embarrassé sa situation, ce qui l'a empêchée de se défendre aussi bien qu'elle en avait le droit.

Je pourrais, Messieurs, considérer avec vous la révolution religieuse du XVIe siècle sous beaucoup d'autres aspects. Je n'ai rien dit et n'ai rien à dire de son côté purement dogmatique, de ce qu'elle a fait dans la religion proprement dite, et quant aux rapports de l'âme humaine avec Dieu et l'éternel avenir; mais je pourrais vous la montrer dans la variété de ses rapports avec l'ordre social, amenant partout des résultats d'une importance immense. Par exemple, elle a rappelé la religion au milieu des laïques, dans le monde des fidèles; jusque-là la religion était, pour ainsi dire, le domaine exclusif du clergé, de l'ordre ecclésiastique; il en distribuait les fruits, mais disposait seul du fond, avait presque seul le droit d'en parler. La réforme a fait rentrer les croyances religieuses dans la circulation générale : elle a rouvert aux fidèles le champ de la foi, où ils n'avaient plus droit d'entrer. Elle a eu en même temps un second résultat; elle a banni, ou à peu près, la religion de la politique; elle a rendu l'indépendance au pouvoir temporel. Au même moment où elle rentrait, pour ainsi dire, dans la possession des fidèles, la religion est sortie du gouvernement de la société. Dans les pays réformés, malgré la diversité des constitutions ecclésiastiques, en Angleterre même, où cette constitution est plus voisine de l'ancien ordre de choses, le pouvoir spirituel n'a plus aucune prétention sérieuse de diriger le pouvoir temporel.

Je pourrais énumérer beaucoup d'autres conséquences de la réforme; mais il faut se borner, et je me contente d'avoir mis sous vos yeux son principal caractère, l'émancipation de l'esprit humain, l'abolition du pouvoir absolu dans l'ordre spirituel; abolition qui n'a pas été complète sans doute, le plus grand pas pourtant qui, jusqu'à nos jours, eût été fait dans cette voie.

Avant de finir, je vous prie de remarquer quelle frappante similitude de destinée se rencontre, dans l'histoire de l'Europe moderne, entre la société religieuse et la société civile, quant aux révolutions qu'elles ont eu à subir.

La société chrétienne a commencé (nous l'avons vu quand j'ai parlé de l'Église) par être une société parfaitement libre, formée uniquement au nom d'une croyance commune, sans institutions, sans gouvernement proprement dit, réglée seulement par des pouvoirs moraux et mobiles, selon les besoins du moment. La société civile a commencé pareillement en Europe, en partie du moins, par des bandes de barbares; société parfaitement libre, où chacun restait, parce qu'il le voulait, sans lois ni pouvoirs institués. Au sortir de cet état, qui ne pouvait se concilier avec un grand développement social, la société religieuse se place sous un gouvernement essentiellement aristocratique : c'est le corps du clergé, ce sont les évêques, les conciles, l'aristocratie ecclésiastique qui la gouvernent. Un fait de même nature arrive dans la société civile, au sortir de la barbarie : c'est également l'aristocratie, la féodalité laïque qui s'empare de la domination. Plus tard, la société religieuse sort de la forme aristocratique pour entrer dans celle de la monarchie pure : c'est le sens du triomphe de la cour de Rome sur les conciles et sur l'aristocratie ecclésiastique européenne. La même révolution s'accomplit dans la société civile : c'est également par la destruction du pouvoir aristocratique que la royauté prévaut et prend possession du monde européen. Au XVI° siècle, dans le sein de la société religieuse, une insurrection éclate contre le système de la monarchie pure, contre le pouvoir absolu dans l'ordre spirituel. Cette révolution amène, consacre, établit en Europe le libre examen. De nos jours nous avons vu, dans l'ordre civil, un même événement. Le pouvoir absolu temporel est également attaqué, vaincu. Vous le voyez : les deux sociétés ont traversé les mêmes vicissitudes, ont subi les mêmes révolutions; seulement la société religieuse a toujours été en avant dans cette carrière.

Nous voilà, Messieurs, en possession d'un des grands faits de la société moderne, le libre examen, la liberté de l'esprit humain. Nous voyons en même temps prévaloir à peu près partout la centralisation politique. Je traiterai dans ma prochaine leçon de la révolution d'Angleterre, c'est-à-dire de l'événement où le libre examen et la monarchie pure, résultats l'un et l'autre du progrès de la civilisation, se sont trouvés pour la première fois en présence.

TREIZIÈME LEÇON.

Objet de la leçon. — Caractère général de la révolution d'Angleterre. — Ses principales causes. — Elle est plus politique que religieuse. — Trois grands partis s'y succèdent. — 1° Du parti de la réforme légale ; 2° du parti de la révolution politique ; 3° du parti de la révolution sociale. — Ils échouent tous. — De Cromwell. — De la restauration des Stuarts. — Du ministère légal. — Du ministère des roués. — Du ministère national. — De la révolution de 1688 en Angleterre et en Europe.

MESSIEURS,

Vous avez vu que, dans le cours du XVIe siècle, tous les éléments, tous les faits de l'ancienne société européenne avaient abouti à deux faits essentiels, le libre examen et la centralisation du pouvoir. L'un prévalait dans la société religieuse ; l'autre, dans la société civile. En même temps triomphaient en Europe l'émancipation de l'esprit humain et la monarchie pure.

Il était difficile qu'une lutte ne s'engageât pas un jour entre ces deux faits, car il y avait entre eux quelque chose de contradictoire : l'un était la défaite du pouvoir absolu dans l'ordre spirituel, l'autre sa victoire dans l'ordre temporel ; l'un préparait la décadence de l'ancienne monarchie ecclésiastique, l'autre consommait la ruine des anciennes libertés féodales et communales. Leur simultanéité tenait, vous l'avez vu, à ce que les révolutions de la société religieuse avaient marché plus vite que celles de la société civile : l'une était déjà arrivée au moment de l'affranchissement de la pensée individuelle, tandis que l'autre n'en était encore qu'au moment de la concentration de tous les pouvoirs en un pouvoir général. La coïncidence des deux faits, loin de provenir de leur similitude, n'empêchait donc point leur contradiction. Ils étaient l'un et l'autre des progrès dans le cours de la civilisation, mais. des progrès liés à des situations différentes, des progrès de date morale diverse, pour ainsi dire, quoiqu'ils coïncidassent dans le temps. Il était inévitable qu'ils en vinssent à se heurter et à se combattre avant de réussir à se concilier.

Leur premier choc eut lieu en Angleterre. La lutte du libre examen, fruit de la réforme, contre la ruine des libertés politiques, fruit des succès de la monarchie pure ; la tentative d'abolir le pouvoir absolu dans l'ordre temporel comme dans l'ordre intellectuel, c'est là le sens de la révolution d'Angleterre, c'est là son rôle dans le cours de notre civilisation.

Pourquoi cette lutte s'est-elle engagée en Angleterre plutôt qu'ailleurs? pourquoi les révolutions de l'ordre politique ont-elles coïncidé de plus près dans ce pays que sur le continent, avec les révolutions de l'ordre moral?

La royauté anglaise a subi les mêmes vicissitudes que la royauté continentale; elle arriva, sous le règne des Tudors, à un degré de concentration et d'énergie qu'elle n'avait pas encore connu. Ce n'est pas à dire que le despotisme pratique des Tudors fût plus violent et coûtât plus cher à l'Angleterre que n'avait fait celui de leurs prédécesseurs. Il y avait, je crois, bien autant d'actes de tyrannie, de vexations, d'injustices, sous les Plantagenets que sous les Tudors, davantage peut-être. Je crois aussi qu'à cette époque, sur le continent, le gouvernement de la monarchie pure était plus rude et plus arbitraire qu'en Angleterre. Le fait nouveau sous les Tudors, c'est que le pouvoir absolu devient systématique : la royauté prétend à une souveraineté primitive, indépendante; elle tient un langage qu'elle n'avait point tenu jusqu'alors. Les prétentions théoriques de Henri VIII, d'Élisabeth, de Jacques Ier, de Charles Ier, sont tout autres que n'avaient été celles d'Édouard Ier ou d'Édouard III, quoiqu'en fait le pouvoir de ces deux derniers rois ne fût ni moins arbitraire, ni moins étendu. C'est le principe, le système rationnel de la monarchie qui change en Angleterre au XVIe siècle, plutôt que sa puissance pratique : la royauté se prétend absolue et supérieure à toutes les lois, même à celles qu'elle déclare vouloir respecter.

D'un autre côté, la révolution religieuse ne s'accomplit point en Angleterre comme sur le continent; elle y fut l'œuvre des rois eux-mêmes. Ce n'est pas que là aussi il n'y eût depuis longtemps des germes, des essais même de réforme populaire, et qu'ils n'eussent probablement pas tardé à éclater. Mais Henri VIII prit les devants; le pouvoir se fit révolutionnaire. Il en résulta qu'au moins dans son origine, comme redressement des abus et de la tyrannie ecclésiastique, comme émancipation de l'esprit humain, la réforme anglaise fut beaucoup moins complète que sur le continent. Elle se fit, comme de raison, dans l'intérêt de ses auteurs. Le roi et l'épiscopat maintenu se partagèrent, soit comme richesse, soit comme pouvoir, les dépouilles du gouvernement prédécesseur, de la papauté. L'effet ne tarda pas à s'en faire sentir. On disait que la réforme était faite ; et plusieurs des motifs qui l'avaient fait souhaiter subsistaient toujours. Elle reparut sous la forme populaire ; elle réclama contre les évêques ce qu'elle avait demandé contre la cour de Rome ; elle les accusa d'être autant de papes. Toutes les fois que le sort général de la révolution religieuse était compromis, toutes les fois qu'il s'agissait de lutter contre l'ancienne Église, toutes les portions du parti réformé se ralliaient et faisaient face à l'ennemi commun ; mais le danger passé, la lutte intérieure recommençait ; la réforme populaire attaquait de nouveau la réforme royale et aristocratique, dénonçait ses abus, se plaignait de sa tyrannie, la sommait de tenir ses promesses, de ne pas reproduire le pouvoir qu'elle avait détrôné.

Vers la même époque se déclarait dans la société civile anglaise un mouvement d'affranchissement, un besoin de liberté politique, naguère inconnu ou du moins impuissant. Dans le cours du XVIe siècle, la prospérité commerciale de l'Angleterre s'accrut avec une extrême rapidité ; en même temps, la richesse territoriale, la propriété foncière changea en grande partie de mains. C'est un fait auquel on n'a pas fait assez d'attention, que le progrès de la division des terres anglaises au XVIe siècle, par suite de la ruine de l'aristocratie féodale, et de beaucoup d'autres causes qu'il serait trop long d'énumérer ici. Tous les documents nous montrent le nombre des propriétaires fonciers augmentant prodigieusement, et les terres passant en grande partie aux mains de la *gentry*, ou petite noblesse, et des bourgeois. La haute noblesse, la chambre des lords était, au commencement du XVIIe siècle, beaucoup moins riche que la chambre des communes. Il y avait donc à la fois grand développement de la richesse industrielle, et grande mutation dans la richesse foncière. Au milieu de ces deux faits en survenait un troisième, le mouvement nouveau des esprits. Le règne d'Élisabeth est peut-être l'époque de la plus grande activité littéraire et philosophique de l'Angleterre, l'époque des pensées fécondes et hardies; les puritains poursuivaient sans hésiter toutes les conséquences d'une doctrine étroite, mais forte; d'autres esprits moins moraux et plus libres, étrangers à tout principe, à tout système, accueillaient avec empressement toutes les idées qui promettaient quelque satisfaction à leur curiosité, quelque aliment à leur ardeur. Là où le mouvement de l'intelligence est un vif plaisir, la liberté sera bientôt un besoin, et elle passe promptement de la pensée publique dans l'État.

Il se manifestait bien sur le continent, dans quelques uns des pays où la réforme avait éclaté, un penchant du même genre, un certain besoin de liberté politique; mais les moyens de succès manquaient à ce besoin nouveau; il ne savait où se rattacher; il ne trouvait ni dans les institutions, ni dans les mœurs, aucun point d'appui; il demeurait vague, incertain, cherchant en vain comment s'y prendre pour se satisfaire. En Angleterre, il en arriva tout autrement: là l'esprit de liberté politique qui reparut au XVIᵉ siècle, à la suite de la réforme, avait, dans les anciennes institutions, dans l'état social tout entier, un point d'appui et des moyens d'action.

Il n'y a personne, Messieurs, qui ne connaisse la première origine des institutions libres de l'Angleterre; personne qui ne sache comment en 1215 la coalition des grands barons arracha au roi Jean la grande charte. Ce qu'on ne sait pas aussi généralement, c'est que la grande charte fut,

27.

d'époque en époque, rappelée et confirmée par la plupart des rois. Il y en eut plus de trente confirmations entre le XIIIe et le XVIe siècle. Et non-seulement la charte était confirmée, mais des statuts nouveaux étaient rendus pour la soutenir et la développer. Elle vécut donc, pour ainsi dire, sans lacune ni intervalle. En même temps, la chambre des communes s'était formée, et avait pris sa place dans les institutions souveraines du pays. C'est sous la race des Plantagenets qu'elle a vraiment poussé ses racines; non qu'à cette époque elle ait joué dans l'État aucun grand rôle ; le gouvernement proprement dit ne lui appartenait pas, même par voie d'influence ; elle n'y intervenait que lorsqu'elle y était appelée par le roi, et presque toujours à regret, en hésitant, et comme craignant de s'engager et de se compromettre, plutôt que jalouse d'augmenter son pouvoir. Mais lorsqu'il s'agissait de défendre les droits privés, la fortune ou la maison des citoyens, les libertés individuelles en un mot, la chambre des communes s'acquittait dès lors de sa mission avec beaucoup d'énergie, de persévérance, et posait tous les principes qui sont devenus la base de la constitution d'Angleterre.

Après les Plantagenets, et surtout sous les Tudors, la chambre des communes, ou plutôt le parlement tout entier, se présente sous un autre aspect. Il ne défend plus les libertés individuelles aussi bien que sous les Plantagenets. Les détentions arbitraires, les violations des droits privés deviennent beaucoup plus fréquentes, sont plus souvent passées sous silence. En revanche, le parlement tient, dans le gouvernement général de l'État, beaucoup plus de place. Pour changer la religion du pays, pour régler l'ordre de succession, il fallait à Henri VIII un appui, un instrument public; ce fut du parlement, et surtout de la chambre des communes, qu'il se servit. Elle avait été sous les Plantagenets un instrument de résistance, une garantie des droits privés ; elle devint sous les Tudors un instrument de gouvernement, de politique générale ; en sorte qu'à la fin du XVIᵉ siècle, quoiqu'elle eût servi ou subi à peu près toutes les tyrannies, cependant son importance s'était fort accrue ; son pouvoir était fondé, ce pouvoir sur lequel repose, à vrai dire, le gouvernement représentatif.

Quand on regarde donc à l'état des institutions libres de l'Angleterre à la fin du XVIᵉ siècle, voici ce qu'on trouve : 1° des maximes, des principes de liberté qui avaient été constamment écrits, que le pays et la législation n'avaient jamais perdus de vue ; 2° des précédents, des exemples de liberté, fort mêlés, il est vrai, d'exemples et de précédents contraires, mais suffisants pour légitimer et soutenir les réclamations, pour appuyer, dans la lutte engagée contre l'arbitraire ou la tyrannie, les défenseurs de la liberté ; 3° des institutions spéciales et locales, fécondes en germes de liberté ; le jury, le droit de s'assembler, d'être armé ; l'indépendance des administrations et des juridictions municipales ; 4° enfin le parlement et sa puissance, dont la royauté avait plus besoin que jamais, car elle avait dilapidé la plupart de ses revenus indépendants, domaines, droits féodaux, etc., et ne pouvait se dispenser, pour sa propre nourriture, de recourir au vote du pays.

L'état politique de l'Angleterre était donc, au XVIᵉ siècle, tout autre que celui du continent ; malgré la tyrannie des Tudors, malgré le triomphe systématique de la monarchie pure, il y avait cependant là un ferme point d'appui, un sûr moyen d'action pour le nouvel esprit de liberté.

Deux besoins nationaux coïncidèrent donc à cette époque en Angleterre : d'une part, un besoin de révolution et de liberté religieuse au sein de la réforme déjà commencée ; de l'autre, un besoin de liberté politique au sein de la monarchie pure en progrès ; et ces deux besoins pouvaient invoquer, pour aller plus loin, ce qui avait déjà été fait dans l'une et l'autre voie. Ils s'allièrent. Le parti qui voulait poursuivre la réforme religieuse invoqua la liberté politique au secours de sa foi et de sa conscience, contre le roi et les évêques. Les amis de la liberté politique recherchèrent l'appui de la réforme populaire. Les deux partis s'unirent pour lutter contre le pouvoir absolu dans l'ordre temporel et dans l'ordre spirituel, pouvoir concentré tout entier entre les mains du roi. C'est là l'origine et le sens de la révolution anglaise.

Elle fut donc essentiellement vouée à la défense ou à la conquête de la liberté. Pour le parti religieux c'était un moyen, pour le parti politique un but; mais, pour tous les deux, c'était de liberté qu'il s'agissait, et ils étaient obligés de la poursuivre en commun. Il n'y a pas eu, entre le parti épiscopal et le parti puritain, de véritable querelle religieuse ; la lutte ne s'est guère engagée sur les dogmes, sur l'objet de la foi proprement dite ; non qu'il n'y eût entre eux des différences d'opinion très-réelles, très-importantes même et de grande conséquence ; mais ce n'était pas là le point capital. La liberté pratique était ce que le parti puritain voulait arracher au parti épiscopal ; c'était pour cela qu'il luttait. Il y avait bien aussi un parti religieux qui avait un système à fonder, des dogmes, une discipline, une constitution ecclésiastique à faire prévaloir : c'était le parti presbytérien ; mais quoiqu'il y travaillât de son mieux, il n'était pas en mesure de se livrer, en ce point, à tout son désir. Placé sur la défensive, opprimé par les évêques, ne pouvant rien sans l'aveu des réformateurs politiques, ses alliés et ses chefs nécessaires, la liberté était pour lui l'intérêt dominant ; intérêt général, pensée commune de tous les partis qui concouraient au mouvement, quelle que fût leur diversité. A prendre les choses dans leur ensemble, la révolution d'Angleterre était donc essentiellement politique ; elle s'accomplissait au milieu d'un peuple et dans un siècle religieux ; les idées et les passions religieuses lui servaient d'instruments ; mais son intention première et son but définitif étaient politiques, tendaient à la liberté, à l'abolition de tout pouvoir absolu.

Je vais parcourir les différentes phases de cette révolution, la décomposer dans les grands partis qui s'y sont succédé ; je la rattacherai ensuite au cours général de la civilisation européenne ; j'y marquerai sa place et son influence ; et vous verrez, par le détail des faits comme au premier aspect, qu'elle a bien réellement été le premier choc du libre examen et de la monarchie pure, la première explosion de la lutte de ces deux grandes forces.

Trois partis principaux se montrent dans cette puissante crise ; trois révolutions y étaient en quelque sorte contenues, et se sont successivement produites sur la scène. Dans chaque parti, dans chaque révolution, deux partis sont alliés et marchent ensemble, un parti politique et un parti religieux ; le premier à la tête, le second à la suite, mais nécessaires l'un à l'autre ; en sorte que le double caractère de l'événement est empreint dans toutes ses phases.

Le premier parti qui paraisse, celui sous la bannière

duquel tous les autres ont marché d'abord, c'est le parti de la réforme légale. Quand la révolution d'Angleterre a commencé, quand le long parlement s'est assemblé en 1640, tout le monde disait, et beaucoup de gens croyaient sincèrement, que la réforme légale suffirait à tout; qu'il y avait dans les anciennes lois, dans les anciennes pratiques du pays, de quoi remédier à tous les abus, de quoi rétablir un système de gouvernement pleinement conforme au vœu public. Ce parti blâmait hautement, et voulait sincèrement prévenir les impôts illégalement perçus, les emprisonnements arbitraires, les actes réprouvés, en un mot, par les lois connues du pays. Au fond de ses idées était la croyance à la souveraineté du roi, c'est-à-dire au pouvoir absolu. Un secret instinct l'avertissait bien qu'il y avait là quelque chose de faux et de dangereux; aussi aurait-il souhaité qu'on n'en parlât jamais : cependant, poussé à bout et forcé de s'expliquer, il admettait dans la royauté un pouvoir supérieur à toute origine humaine, à tout contrôle, et le défendait au besoin. Il croyait en même temps que cette souveraineté, absolue en principe, était tenue de s'exercer suivant certaines règles, certaines formes, qu'elle ne pouvait dépasser certaines limites, et que ces règles, ces formes, ces limites, étaient suffisamment établies et garanties dans la grande charte, dans les statuts confirmatifs, dans les lois anciennes du pays. Tel était son symbole politique. En matière religieuse, le parti légal pensait que l'épiscopat avait grandement envahi, que les évêques avaient beaucoup trop de pouvoir politique, que leur juridiction était beaucoup trop étendue, qu'il fallait la restreindre et en surveiller l'exercice. Cependant il tenait fortement à l'épiscopat, non-seulement comme institution ecclésiastique, comme système de gouvernement de l'Église, mais comme appui nécessaire de la prérogative royale, comme moyen de défendre et de soutenir la suprématie du roi en matière religieuse. La souveraineté du roi dans l'ordre politique s'exerçant selon les formes et dans les limites légales reconnues; la suprématie du roi dans l'ordre religieux, appliquée et soutenue par l'épiscopat : tel était le double système du parti légal, dont les principaux chefs étaient Clarendon, Colepepper, lord Capel, lord Falkland lui-même, quoique ami plus chaud des libertés publiques, et qui comptait dans ses rangs presque tous les grands seigneurs qui n'étaient pas servilement dévoués à la cour.

Derrière eux s'avançait un second parti que j'appellerai le parti de la révolution politique : celui-là pensait que les anciennes garanties, les anciennes barrières légales avaient été et étaient insuffisantes; qu'il y avait un grand changement, une révolution véritable à faire, non pas dans les formes, mais dans la réalité du gouvernement; qu'il fallait retirer au roi et à son conseil l'indépendance de leur pouvoir, et placer dans la chambre des communes la prépondérance politique; que le gouvernement proprement dit devait appartenir à cette assemblée et à ses chefs. Ce parti ne se rendait pas compte de ses idées, de ses intentions, aussi clairement, aussi systématiquement que je le fais; mais c'était là le fond de ses doctrines, de ses tendances politiques. Au lieu de la souveraineté absolue du roi, de la monarchie pure, il croyait à la souveraineté de la chambre des communes comme représentant le pays. Sous cette idée était cachée celle de la souveraineté du peuple, idée dont le parti était fort loin de mesurer toute la portée et de vouloir toutes les conséquences, mais qui se présentait à lui et qu'il acceptait sous la forme de la souveraineté de la chambre des communes.

Un parti religieux, celui des presbytériens, était étroitement uni au parti de la révolution politique. Les presbytériens voulaient faire dans l'Église une révolution analogue à celle que leurs alliés méditaient dans l'État. Ils voulaient faire gouverner l'Église par des assemblées, donner, à une hiérarchie d'assemblées engrenées les unes dans les autres, le pouvoir religieux, comme leurs alliés voulaient donner le pouvoir politique à la chambre des communes. Seulement la révolution presbytérienne était plus hardie et plus complète, car elle tendait à changer la forme aussi bien que le fond du gouvernement de l'Église, tandis que le parti politique n'aspirait qu'à déplacer les influences, la prépondérance, et ne méditait, du reste, aucun bouleversement dans la forme des institutions.

Aussi les chefs du parti politique n'étaient-ils pas tous favorables à l'organisation presbytérienne de l'Église. Plusieurs d'entre eux, Hampden et Hollis, par exemple, auraient préféré, ce semble, un épiscopat modéré, réduit aux fonctions purement ecclésiastiques, et plus de liberté de conscience. Cependant ils se résignaient; ils ne pouvaient guère se passer de leurs fanatiques alliés.

Un troisième parti demandait bien davantage : celui-là disait qu'il fallait changer à la fois le fond et la forme du gouvernement; que toute la constitution politique était vicieuse et fatale. Ce parti se séparait du passé de l'Angleterre, renonçait aux institutions, aux souvenirs nationaux, pour fonder un gouvernement nouveau, selon la pure théorie, telle du moins qu'il la concevait. Ce n'était pas même une simple révolution de gouvernement, mais une révolution sociale qu'il voulait accomplir. Le parti dont je viens de parler tout à l'heure, le parti de la révolution politique, voulait introduire de grands changements dans les relations du parlement avec la couronne; il voulait étendre le pouvoir des chambres, surtout des communes, leur donner la nomination aux grandes charges publiques, la direction suprême des affaires générales; mais ses projets de réforme ne s'étendaient guère au delà. Il n'avait aucune idée de changer, par exemple, le système électoral, le système judiciaire, le système administratif et municipal du pays. Le parti républicain méditait tous ces changements, en proclamait la nécessité, voulait, en un mot, réformer non-seulement les pouvoirs publics, mais les relations sociales et la distribution des droits privés.

Comme le précédent, ce parti se composait d'une portion religieuse et d'une portion politique. Dans la portion politique étaient les républicains proprement dits, les théoriciens, Ludlow, Harrington, Milton, etc. A côté d'eux se rangeaient des républicains de circonstance et d'intérêt, les principaux chefs de l'armée, Ireton, Cromwell, Lambert, plus ou moins sincères dans leur premier élan, mais bientôt dominés et conduits par des vues personnelles et les nécessités de leur situation. Autour d'eux se ralliaient le parti républicain religieux, toutes les sectes enthousiastes qui ne reconnaissaient d'autre pouvoir légitime que celui de Jésus-Christ, et qui, en attendant sa venue, voulaient le gouvernement de ses élus. A la suite du parti, enfin, un assez grand nombre de libertins subalternes et de rêveurs fantastiques se promettaient, les uns la licence, les autres l'égalité des biens, ou le suffrage universel.

En 1653, Messieurs, après douze ans de lutte, tous ce[s] partis avaient successivement paru et échoué; ils auraient d[û] le croire du moins, et le public en était convaincu. Le par[ti] légal, promptement dépassé, avait vu l'ancienne constitu tion, les anciennes lois dédaignées, foulées aux pieds, e[t] les innovations pénétrant de toutes parts. Le parti de l[a] révolution politique voyait les formes parlementaires péri[r] dans le nouvel usage qu'il en avait voulu faire; il voyai[t] après douze ans de domination, la chambre des commune[s] réduite, par l'expulsion successive des royalistes et de[s] presbytériens, à un très petit nombre de membres, mépri sée, détestée du public, et incapable de gouverner. Le par[ti] républicain semblait avoir mieux réussi : il était en appa rence resté le maître du terrain et du pouvoir; la chambr[e] des communes ne comptait plus guère que cinquante o[u] soixante membres, tous républicains. Ils pouvaient se croir[e] et se dire les maîtres du pays. Mais le pays refusait absolu ment de se laisser gouverner par eux; ils ne pouvaient fair[e] leur volonté nulle part : ils n'avaient aucune action sur l'ar mée ni sur le peuple. Aucun lien, aucune sûreté sociale n[e] subsistait plus; la justice n'était pas rendue, ou si elle l'était ce n'était pas la justice; elle ne s'administrait que dans de[s] intérêts de passion, de fortune, de parti. Et non-seulemen[t] il n'y avait pas de sûreté dans les relations des hommes; i[l] n'y en avait pas même sur les grandes routes : elles étaien[t] couvertes de voleurs, de brigands : l'anarchie matérielle aussi bien que l'anarchie morale, éclatait de toutes parts; e[t] la chambre des communes et le conseil d'État républicai[n] étaient sans force pour la réprimer.

Les trois grands partis de la révolution avaient donc ét[é] successivement appelés à la conduire, à gouverner le pay[s] selon leur science et leur volonté, et ils ne l'avaient pu ; ils avaient tous les trois échoué complétement ; ils ne pouvaient plus rien. « Ce fut alors, dit Bossuet, qu'un homme » se rencontra, qui ne laissait rien à la fortune de ce qu'il » pouvait lui ôter par conseil et par prévoyance ; » expression pleine d'erreur et que dément toute l'histoire. Jamais homme n'a plus laissé à la fortune que Cromwell ; jamais homme n'a plus hasardé, n'a marché plus témérairement, sans dessein, sans but, mais décidé à aller aussi loin que le porterait le sort. Une ambition sans limite, et une admirable habileté pour tirer de chaque jour, de chaque circonstance, quelque progrès nouveau, l'art de mettre la fortune à profit sans jamais prétendre la régler, c'est là Cromwell. Il lui est arrivé ce qui n'est arrivé peut-être à aucun autre homme de sa sorte : il a suffi à toutes les phases, aux phases les plus diverses de la révolution ; il a été l'homme des premiers et des derniers temps : d'abord le meneur de l'insurrection, le fauteur de l'anarchie, le révolutionnaire le plus fougueux de l'Angleterre, ensuite l'homme de la réaction antirévolutionnaire, l'homme du rétablissement de l'ordre, de la réorganisation sociale ; jouant ainsi à lui seul tous les rôles que, dans le cours des révolutions, se partagent les plus grands acteurs. On ne peut dire que Cromwell ait été Mirabeau ; il manquait d'éloquence, et, quoique très actif, il n'obtint, dans les premières années du long parlement, aucun éclat. Mais il a été successivement Danton et Bonaparte. Il avait, plus que nul autre, contribué à renverser le pouvoir ; il le releva, parce que nul autre que lui ne le sut prendre et manier ; il fallait bien que quelqu'un gouvernât ; tous y échouaient : il y réussit. Ce fut là son titre. Une fois maître du gouvernement, cet homme dont l'ambition s'était montrée si hardie, si insatiable, qui avait toujours marché poussant devant lui la fortune, et décidé à ne s'arrêter jamais, déploya un bon sens, une prudence, une connaissance du possible, qui dominaient ses plus violentes passions. Il avait sans doute un goût extrême de pouvoir absolu, et un très vif désir de mettre la couronne sur sa tête et dans sa famille. Il renonça à ce dernier dessein, dont il sut reconnaître à temps le péril; et quant au pouvoir absolu, quoiqu'il l'exerçât en fait, il comprit toujours que le caractère de son temps était de n'en pas vouloir; que la révolution à laquelle il avait coopéré, et qu'il avait suivie dans toutes ses phases, avait été faite contre le despotisme, et que le vœu impérissable de l'Angleterre était d'être gouvernée par un parlement et dans les formes parlementaires. Lui-même alors, despote de goût et de fait, il entreprit d'avoir un parlement et de gouverner parlementairement. Il s'adressa successivement à tous les partis; il tenta de faire un parlement avec les enthousiastes religieux, avec les républicains, avec les presbytériens, avec les officiers de l'armée. Il tenta toutes les voies pour constituer un parlement qui pût et voulût marcher avec lui. Il eut beau chercher; tous les partis, une fois siégeant dans Westminster, voulaient lui arracher le pouvoir qu'il exerçait, et dominer à leur tour. Je ne dis pas que son intérêt, sa passion personnelle ne fût pas sa première pensée. Il n'en est pas moins certain que, s'il avait abandonné le pouvoir, il eût été obligé de le reprendre le lendemain. Puritains ou royalistes, républicains ou officiers, nul autre que Cromwell n'était alors en état de gouverner avec quelque ordre et quelque justice. L'épreuve avait été faite. Il y avait impossibilité à laisser les parlements, c'est-à-dire les partis siégeant en parlement, prendre l'empire qu'ils ne pouvaient garder. Telle était donc la situation de Cromwell ; il gouvernait dans un système qu'il savait très bien n'être pas celui du pays ; il exerçait un pouvoir reconnu nécessaire, mais qui n'était accepté de personne. Aucun parti n'a regardé sa domination comme un gouvernement définitif. Les royalistes, les presbytériens, les républicains, l'armée elle-même, le parti qui semblait le plus dévoué à Cromwell, tous étaient convaincus que c'était un maître transitoire. Au fond, il n'a jamais régné sur les esprits ; il n'a jamais été qu'un pis-aller, une nécessité du moment. Le protecteur, le maître absolu de l'Angleterre a été toute sa vie obligé de faire des tours de force pour retenir le pouvoir ; aucun parti ne pouvait gouverner comme lui, mais aucun ne voulait de lui : il fut constamment attaqué par tous à la fois.

A sa mort, les républicains seuls étaient en mesure de porter la main sur le pouvoir ; ils le firent et ne réussirent pas mieux qu'ils n'avaient déjà fait. Ce ne fut pas faute de confiance, du moins dans les fanatiques du parti. Une brochure de Milton, publiée à cette époque, et pleine de talent et de verve, est intitulée : *Un aisé et prompt moyen d'établir la république.* Vous voyez quel était l'aveuglement de ces hommes. Ils retombèrent bientôt dans cette impossibilité de gouverner qu'ils avaient déjà subie. Monk prit la conduite de l'événement qu'attendait toute l'Angleterre. La restauration s'accomplit.

La restauration des Stuarts a été en Angleterre un événement très national. Elle se présentait à la fois avec les mérites d'un gouvernement ancien, d'un gouvernement qui repose sur les traditions, sur les souvenirs du pays, et avec les avantages d'un gouvernement nouveau, dont on n'a pas fait la récente épreuve, dont on n'a pas subi naguère les fautes et le poids. L'ancienne monarchie était le seul système de gouvernement qui depuis vingt ans n'eût pas été décrié par son incapacité et son mauvais succès dans l'administration du pays. Ces deux causes rendirent la restauration populaire; elle n'eut contre elle que la queue des partis violents; le public s'y rallia très sincèrement. C'était dans l'opinion du pays la seule chance, le seul moyen de gouvernement légal, c'est-à-dire de ce que le pays désirait avec le plus d'ardeur. Ce fut là aussi ce que promit la restauration; ce fut sous l'aspect de gouvernement légal qu'elle eut soin de se présenter.

Le premier parti royaliste qui prit, au retour de Charles II, le maniement des affaires, fut en effet le parti légal, représenté par son plus habile chef, le grand-chancelier Clarendon. Vous savez que, de 1660 à 1667, Clarendon fut premier ministre, et la véritable influence dominante en Angleterre. Clarendon et ses amis reparurent avec leur ancien système, la souveraineté absolue du roi, contenue dans les limites légales, réprimée, soit par les chambres en matière d'impôts, soit par les tribunaux en matière de droits privés et de libertés individuelles, mais possédant, en fait de gouvernement proprement dit, une indépendance presque entière et la prépondérance la plus décisive, à l'exclusion ou même contre le vœu de la majorité des chambres, et notamment de la chambre des communes; du reste, assez de respect de l'ordre légal, assez de sollicitude des intérêts du pays, un sentiment assez noble de sa dignité, une couleur morale assez grave et honorable : tel est le caractère de l'administration de Clarendon pendant sept années.

Mais les idées fondamentales sur lesquelles cette administration reposait, la souveraineté absolue du roi, et le gouvernement placé hors de l'influence prépondérante des chambres, ces idées, dis-je, étaient vieilles et impuissantes. Malgré la réaction des premiers moments de la restauration, vingt ans de domination parlementaire contre la royauté les avaient ruinées sans retour. Bientôt éclata dans le sein du parti royaliste un nouvel élément : des esprits libres, des roués, de mauvais sujets, qui participaient aux idées du temps, comprenaient que la force était dans les communes, et, se souciant assez peu de l'ordre légal ou de la souveraineté absolue du roi, ne s'inquiétaient que du succès, et le cherchaient partout où ils entrevoyaient quelque moyen d'influence et de pouvoir. Ils formèrent un parti qui s'allia avec le parti national mécontent, et Clarendon fut renversé.

Alors arriva un nouveau système de gouvernement, celui de cette portion du parti royaliste que je viens de décrire : les roués, les libertins formèrent le ministère qu'on appela le ministère de la cabale, et plusieurs des administrations qui lui succédèrent. Voici quel en fut le caractère. Aucune inquiétude des principes, ni des lois, ni des droits; aucun souci de la justice et de la vérité; on cherchait quels étaient les moyens de réussir dans chaque occasion : si le succès dépendait de l'influence des communes, on abondait dans ce sens; s'il fallait se jouer de la chambre des communes, on s'en jouait, sauf à lui demander pardon le lendemain. On tentait un jour la corruption, un autre jour on flattait l'esprit national; aucun soin des intérêts généraux du pays, de sa dignité, de son honneur ; en un mot, un gouvernement profondément égoïste et immoral, étranger à toute doctrine, à toute vue publique ; mais au fond, et dans la pratique des affaires, assez intelligent et assez libéral. C'est là le caractère de la cabale, du ministère du comte de Danby et de tout le gouvernement anglais de 1667 à 1679. Malgré son immoralité, malgré son dédain des principes et des intérêts véritables du pays, ce gouvernement fut moins odieux, moins impopulaire que ne l'avait été le ministère de Clarendon. Pourquoi ? Parce qu'il était bien plus de son temps, qu'il comprenait mieux les sentiments du peuple, même en s'en jouant. Il n'était pas vieux et étranger comme celui de Clarendon ; et quoiqu'il fît au pays beaucoup plus de mal, le pays s'en accommodait mieux.

Il arriva cependant un moment où la corruption, la servilité, le mépris des droits et de l'honneur public furent poussés à un tel point qu'on cessa de s'y résigner. Il y eut un soulèvement général contre le gouvernement des roués. Il s'était formé dans le sein de la chambre des communes un parti qui s'appelait le parti du pays. Le roi se décida à appeler ses chefs dans le conseil. Alors arrivèrent aux affaires lord Essex, le fils de celui qui avait commandé les premières armées parlementaires pendant la guerre civile, lord William Russell, et un homme qui, sans avoir aucune de leurs vertus, leur était très supérieur en habileté politique, lord Shaftesbury. Ainsi porté aux affaires, le parti national s'y montra incapable ; il ne sut pas s'emparer de la force morale du pays ; il ne sut pas ménager les intérêts, les habitudes, les préjugés ni du roi, ni de la cour, ni de tous les gens à qui il avait affaire. Il ne donna à personne, ni au peuple ni au roi, une grande idée de son habileté et de son énergie. Après être resté assez peu de temps au pouvoir, il échoua. Les vertus de quelques uns de ses chefs, leur courage, la beauté de leur mort, les ont relevés dans l'histoire, et les ont justement placés dans un haut rang; mais la capacité politique des meilleurs ne répondait point à leur vertu, et ils ne surent pas exercer le pouvoir qui n'avait pu les corrompre, ni faire triompher la cause pour laquelle ils surent mourir.

Cette tentative échouée, vous voyez où en était la restauration anglaise; elle avait, en quelque sorte, comme la révolution, essayé de tous les partis, de tous les ministères, du ministère légal, du ministère corrompu, du ministère national; aucun n'avait réussi. Le pays et la cour se trouvaient dans une situation à peu près semblable à celle où s'était trouvée l'Angleterre en 1653, à la fin de la tourmente révolutionnaire. On eut recours au même expédient : ce que Cromwell avait fait au profit de la révolution, Charles II le fit au profit de sa couronne; il rentra dans la carrière du pouvoir absolu.

Jacques II succède à son frère. Alors une seconde question vient s'ajouter à celle du pouvoir absolu, la question de la religion. Jacques II veut faire triompher le papisme en même temps que le despotisme. Voilà donc, comme à l'origine de la révolution, une lutte religieuse et une lutte politique engagées toutes deux contre le gouvernement. On a beaucoup demandé ce qui serait arrivé si Guillaume III n'eût pas existé, et s'il ne fût pas venu avec ses Hollandais mettre fin à la querelle soulevée entre Jacques II et le peuple anglais. Je crois fermement que le même événement aurait été accompli. L'Angleterre tout entière, sauf un très petit parti, était ralliée à cette époque contre Jacques, et très-certainement, sous une forme ou sous une autre, elle aurait fait la révolution de 1688. Mais cette crise arriva par des causes supérieures même à l'état intérieur de l'Angleterre. Elle a été européenne aussi bien qu'anglaise. C'est ici que la révolution d'Angleterre se rattache, par les faits mêmes et indépendamment de l'influence qu'a pu exercer son exemple, au cours général de la civilisation européenne.

Pendant qu'en Angleterre éclatait la lutte que je viens de vous retracer, la lutte du pouvoir absolu contre la liberté religieuse et la liberté civile, une lutte du même genre s'engageait sur le continent, bien différente quant aux acteurs, quant aux formes, quant au théâtre, mais au fond la même et pour la même cause. La monarchie pure de Louis XIV tentait de devenir la monarchie universelle; au moins elle donnait lieu de le craindre; en fait, l'Europe le craignait. Il se fit une ligue en Europe entre divers partis politiques pour résister à cette tentative, et le chef de cette ligue fut le chef du parti de la liberté religieuse et de la liberté civile sur le continent, Guillaume, prince d'Orange. La république protestante de la Hollande, avec Guillaume pour chef, entreprit de résister à la monarchie absolue représentée et conduite par Louis XIV. Ce n'était pas de la liberté civile et religieuse dans l'intérieur des États, mais de leur indépendance extérieure, qu'il s'agissait en apparence. Louis XIV et ses adversaires ne croyaient nullement débattre entre eux la question qui se débattait en Angleterre. La lutte se passait, non entre des partis, mais entre des États; elle se faisait par la guerre et la diplomatie, non par des mouvements politiques et des révolutions. Mais, au fond, c'était la même question qui s'agitait.

Lors donc que Jacques II recommença en Angleterre le débat du pouvoir absolu et de la liberté, ce débat vint tomber au milieu de la lutte générale qui avait lieu en Europe entre Louis XIV et le prince d'Orange, représentants l'un et l'autre des deux grands systèmes aux prises sur l'Escaut comme sur la Tamise. La ligue européenne était si forte contre Louis XIV, qu'on y vit entrer, soit publiquement, soit d'une manière cachée, mais très réelle, des souverains à coup sûr très étrangers aux intérêts de la liberté civile et religieuse. L'empereur d'Allemagne, le pape Innocent XI, soutenaient Guillaume III contre Louis XIV. Guillaume passa en Angleterre, moins pour servir les intérêts intérieurs du pays que pour attirer l'Angleterre tout entière dans la lutte contre Louis XIV. Il prit ce nouveau royaume comme une force nouvelle dont il avait besoin et dont son adversaire avait jusque-là disposé contre lui. Tant que Charles II et Jacques II avaient régné, l'Angleterre avait appartenu à Louis XIV ; c'était lui qui en avait disposé et qui l'avait presque constamment opposée à la Hollande. L'Angleterre fut donc arrachée au parti de la monarchie pure et universelle, pour devenir l'instrument et l'appui du parti de la liberté religieuse. C'est là le côté européen de la révolution de 1688 ; c'est par là qu'elle a pris place dans l'ensemble des événements de l'Europe, indépendamment du rôle qu'elle a joué par son exemple, et de l'influence qu'elle a exercée sur les esprits dans le siècle suivant.

Vous le voyez, Messieurs, comme je vous l'ai dit en commençant, le véritable sens, le caractère essentiel de cette révolution, c'est bien la tentative d'abolir le pouvoir absolu dans l'ordre temporel comme dans l'ordre spirituel. Ce fait se retrouve dans toutes les phases de la révolution, dans sa première période jusqu'à la restauration, dans la seconde jusqu'à la crise de 1688, et soit qu'on la considère dans son développement intérieur ou dans ses rapports avec l'Europe en général.

Il nous reste à étudier sur le continent le même grand événement, la lutte de la monarchie pure et du libre examen, ou du moins ses causes et ses approches. Ce sera l'objet de notre prochaine et dernière réunion.

QUATORZIÈME LEÇON.

Objet de la leçon. — Différence et ressemblance entre la marche de la civilisation de l'Angleterre et celle du continent. — Prépondérance de la France en Europe dans les XVIIe et XVIIIe siècles. — Au XVIIe siècle par le gouvernement français. — Au XVIIIe par le pays lui-même. — Du gouvernement de Louis XIV. — De ses guerres. — De sa diplomatie. — De son administration. — De sa législation. — Causes de sa prompte décadence. — De la France au XVIIIe siècle. — Caractères essentiels de la révolution philosophique. — Conclusion du cours.

MESSIEURS,

J'ai essayé, dans notre dernière réunion, de déterminer le véritable caractère, le sens politique de la révolution d'Angleterre. Nous avons reconnu qu'elle fut le premier choc des deux grands faits auxquels était venue aboutir, dans le cours du XVIe siècle, toute la civilisation de l'Europe primitive, la monarchie pure d'un côté, et le libre examen de l'autre. Ces deux puissances en sont venues aux mains, pour la première fois, en Angleterre. On a voulu en induire une différence radicale entre l'état social de l'Angleterre et celui du continent; on a prétendu qu'aucune comparaison n'était possible entre des pays de destinée si diverse; on a affirmé que le peuple anglais avait vécu dans une sorte d'isolement moral analogue à son isolement matériel.

Il y a eu, il est vrai, entre la civilisation anglaise et la civilisation des États continentaux, une différence grave, et dont il importe de se bien rendre compte. Vous avez déjà pu l'entrevoir dans le cours de nos leçons. Le développement des différents principes, des différents éléments de la société, s'est fait en Angleterre en quelque sorte simultanément et de front, beaucoup plus du moins que sur le continent. Lorsque j'ai tenté de déterminer la physionomie propre de la civilisation européenne comparée aux civilisations anciennes et asiatiques, j'ai fait voir que la première était variée, riche, complexe; qu'elle n'était jamais tombée sous la domination d'aucun principe exclusif; que les divers éléments de l'état social s'y étaient combinés, combattus, modifiés, et qu'ils avaient été continuellement obligés de transiger et de vivre en commun. Ce fait, Messieurs, caractère général de la civilisation européenne, a été surtout celui de la civilisation anglaise : c'est en Angleterre qu'il s'est produit avec le plus de suite et d'évidence ; c'est là que l'ordre civil et l'ordre religieux, l'aristocratie, la démocratie, la royauté, les institutions locales et centrales, le développement moral et politique, ont marché et grandi ensemble, pêle-mêle pour ainsi dire, sinon avec une égale rapidité, du moins toujours à peu de distance les uns des autres. Sous le règne des Tudors, par exemple, au milieu des plus éclatants progrès de la monarchie pure, on voit le principe démocratique, le pouvoir populaire, percer et se fortifier presque en même temps. La révolution du XVIIe siècle éclate; elle est à la fois religieuse et politique. L'aristocratie féodale n'y paraît que fort affaiblie, et avec tous les symptômes de la décadence : cependant elle est encore en état d'y conserver une place, d'y jouer un rôle important, et de se faire sa part dans les résultats. Il en est de même dans tout le cours de l'histoire d'Angleterre; jamais aucun élément ancien ne périt complétement, jamais aucun élément nouveau ne triomphe tout à fait, jamais aucun principe spécial ne parvient à une domination exclusive. Il y a toujours développement simultané des différentes forces, transaction entre leurs prétentions et leurs intérêts.

Sur le continent, la marche de la civilisation a été beaucoup moins complexe et moins complète. Les divers éléments de la société, l'ordre religieux, l'ordre civil, la monarchie, l'aristocratie, la démocratie, se sont développés non pas ensemble et de front, mais successivement. Chaque principe, chaque système a eu en quelque sorte son tour. Il y a tel siècle qui appartient, je ne voudrais pas dire exclusivement, ce serait trop, mais avec une prédominance très marquée, à l'aristocratie féodale, par exemple; tel autre, au principe monarchique; tel autre, au principe démocratique. Comparez le moyen âge français avec le moyen âge anglais, les XIe, XIIe et XIIIe siècles de notre histoire, avec les siècles correspondants au delà de la Manche : vous trouverez en France à cette époque la féodalité presque absolument souveraine, la royauté et le principe démocratique à peu près nuls. Allez en Angleterre; c'est bien l'aristocratie féodale qui domine; mais la royauté et la démocratie ne laissent pas d'être fortes et importantes. La royauté triomphe en Angleterre sous Élisabeth, comme en France sous Louis XIV; mais que de ménagements elle est contrainte de garder! que de restrictions, tantôt aristocratiques, tantôt démocratiques, elle a à subir! En Angleterre aussi, chaque système, chaque principe a eu son temps de force et de succès; jamais aussi complétement, aussi exclusivement que sur le continent : le vainqueur a toujours été contraint de tolérer la présence de ses rivaux, et de leur faire à chacun sa part.

A cette différence dans la marche des deux civilisations sont attachés des avantages et des inconvénients qui se manifestent en effet dans l'histoire des deux pays. Nul doute, par exemple, que ce développement simultané des divers éléments sociaux n'ait beaucoup contribué à faire arriver l'Angleterre, plus vite qu'aucun des états du continent, au but de toute société, c'est-à-dire à l'établissement d'un gouvernement à la fois régulier et libre. C'est précisément là nature d'un gouvernement de ménager tous les intérêts, toutes les forces, de les concilier, de les faire vivre et prospérer en commun : or, telle était d'avance, par le concours d'une multitude de causes, la disposition, la relation des divers éléments de la société anglaise : un gouvernement général et un peu régulier a donc eu là moins de peine à se constituer. De même l'essence de la liberté, c'est la manifestation et l'action simultanées de tous les intérêts, de tous les droits, de toutes les forces, de tous les éléments sociaux. L'Angleterre en était donc plus près que la plupart des autres États. Par les mêmes causes, le bon sens national, l'intelligence des affaires publiques ont dû s'y former plus vite; le bon sens politique consiste à savoir tenir compte de tous les faits, les apprécier, et faire à chacun sa part; il a été en Angleterre une nécessité de l'état social, un résultat naturel du cours de la civilisation.

Dans les États du continent, en revanche, chaque système, chaque principe ayant eu son tour, ayant dominé d'une façon plus complète, plus exclusive, le développement s'est fait sur une plus grande échelle, avec plus de grandeur et d'éclat. La royauté et l'aristocratie féodale, par exemple, se sont produites sur la scène continentale avec bien plus de hardiesse, d'étendue, de liberté. Toutes les expériences politiques, pour ainsi dire, ont été plus larges et plus achevées. Il en est résulté que les idées politiques (je parle des idées générales, et non du bon sens appliqué à la conduite des affaires), que les idées, dis-je, les doctrines politiques se sont élevées bien plus haut et déployées avec bien plus de vigueur rationnelle. Chaque système s'étant en quelque sorte présenté seul, étant resté longtemps sur la scène, on a pu le considérer dans son ensemble, remonter à ses premiers principes, descendre à ses dernières conséquences, en démêler pleinement la théorie. Quiconque observera un peu attentivement le génie anglais sera frappé d'un double fait : d'une part, de la sûreté du bon sens, de l'habileté pratique; d'autre part, de l'absence d'idées générales et de hauteur d'esprit dans les questions théoriques. Soit qu'on ouvre un ouvrage anglais d'histoire, ou de jurisprudence, ou sur toute autre matière, il est rare qu'on y trouve la grande raison des choses, la raison fondamentale. En toutes choses, et notamment dans les sciences politiques, la doctrine pure, la philosophie, la science proprement dite, ont beaucoup plus prospéré sur le continent qu'en Angleterre; leurs élans du moins ont été beaucoup plus puissants et hardis. Et l'on ne peut douter que le caractère différent du développement de la civilisation dans les deux pays n'ait grandement contribué à ce résultat.

Du reste, quoi qu'on puisse penser des inconvénients ou des avantages qu'a entraînés cette différence, elle est un fait réel, incontestable, et le fait qui distingue le plus profondément l'Angleterre du continent. Mais de ce que les divers principes, les divers éléments sociaux se sont développés là plus simultanément, ici plus successivement, il ne s'ensuit point qu'au fond la route et le but n'aient pas été les mêmes. Considérés dans leur ensemble, le continent et l'Angleterre ont parcouru les mêmes grandes phases de civilisation; les événements y ont suivi le même cours; les mêmes causes y ont amené les mêmes effets. Vous avez pu vous en convaincre dans le tableau que j'ai mis sous vos yeux de la civilisation jusqu'au XVIe siècle; vous le reconnaîtrez également en étudiant les XVIIe et XVIIIe siècles. Le développement du libre examen et celui de la monarchie pure, presque simultanés en Angleterre, se sont accomplis sur le continent à d'assez longs intervalles; mais ils se sont accomplis; et les deux puissances, après avoir successivement dominé avec éclat, en sont également venues aux mains. La marche générale des sociétés a donc, à tout prendre, été la même; et quoique les différences soient réelles, la ressemblance est encore plus profonde. Un rapide tableau des temps modernes ne vous laissera aucun doute à ce sujet.

Dès qu'on jette un coup d'œil sur l'histoire de l'Europe dans les XVIIe et XVIIIe siècles, il est impossible de ne pas reconnaître que la France marche à la tête de la civilisation européenne. En commençant ce cours, j'ai déjà insisté sur ce fait, et j'ai essayé d'en indiquer la cause. Nous le retrouvons ici plus éclatant qu'il n'a jamais été.

Le principe de la monarchie pure, de la royauté absolue,

avait dominé en Espagne sous Charles-Quint et Philippe II, avant de se développer en France sous Louis XIV. De même le principe du libre examen avait régné en Angleterre au XVIIᵉ siècle, avant de se développer en France au XVIIIᵉ. Cependant la monarchie pure n'était pas partie d'Espagne, ni le libre examen d'Angleterre, pour envahir l'Europe. Les deux principes, les deux systèmes demeuraient en quelque sorte confinés dans le pays où ils avaient éclaté. Il a fallu qu'ils passassent par la France pour étendre leurs conquêtes ; il a fallu que la monarchie pure et la liberté d'examen devinssent françaises pour devenir européennes. Ce caractère expansif de la civilisation française, ce génie social de la France qui s'est produit à toutes les époques, a donc brillé surtout à celle dont nous nous occupons en ce moment. Je n'insisterai point sur ce fait ; il vous a été développé, avec autant de raison que d'éclat, dans les leçons où vous avez été appelés à observer l'influence de la littérature et de la philosophie française au XVIIIᵉ siècle. Vous avez vu comment la France philosophique avait eu, en fait de liberté, plus d'autorité sur l'Europe que l'Angleterre libre. Vous avez vu comment la civilisation française s'était montrée plus active, plus contagieuse que celle de tout autre pays. Je n'ai donc nul besoin de m'arrêter sur les détails du fait ; je ne m'en prévaux que pour y puiser le droit de renfermer en France le tableau de la civilisation européenne moderne. Il y a eu sans doute, entre la civilisation française à cette époque et celle des autres États de l'Europe, des différences dont il faudrait tenir grand compte, si j'avais aujourd'hui la prétention d'en exposer vraiment l'histoire ; mais je vais si vite que je suis obligé d'omettre, pour ainsi dire, des peuples et des siècles. J'aime mieux concentrer un moment votre attention sur le cours de la civilisation française, image imparfaite, et pourtant image du cours général des choses en Europe.

L'influence de la France en Europe se présente, dans les XVIIᵉ et XVIIIᵉ siècles, sous des aspects très différents. Dans le premier, c'est le gouvernement français qui agit sur l'Europe, qui marche à la tête de la civilisation générale. Dans le second, ce n'est plus au gouvernement français, c'est à la société française, à la France elle-même qu'appartient la prépondérance. C'est d'abord Louis XIV et sa cour, ensuite la France et son opinion, qui gouvernent les esprits, qui attirent les regards. Il y a eu, dans le XVIIᵉ siècle, des peuples qui, comme peuples, ont paru plus avant sur la scène, ont pris plus de part aux événements que le peuple français. Ainsi, pendant la guerre de trente ans, la nation allemande; dans la révolution d'Angleterre, le peuple anglais, ont joué dans leur propre destinée un bien plus grand rôle que les Français ne jouaient à cette époque dans la leur. Au XVIIIᵉ siècle pareillement, il y a eu des gouvernements plus forts, plus considérés, plus redoutés que le gouvernement français. Nul doute que Frédéric II, Catherine II, Marie-Thérèse, n'eussent en Europe plus d'activité et de poids que Louis XV. Cependant, aux deux époques, c'est la France qui est à la tête de la civilisation européenne, d'abord par son gouvernement, ensuite par elle-même; tantôt par l'action politique de ses maîtres, tantôt par son propre développement intellectuel.

Pour bien comprendre l'influence dominante dans le cours de la civilisation en France, et par conséquent en

Europe, il faut donc étudier au XVIIe siècle le gouvernement français, au XVIIIe la société française. Il faut changer de terrain et de spectacle à mesure que le temps change la scène et les acteurs.

Quand on s'occupe du gouvernement de Louis XIV, quand on essaie d'apprécier les causes de sa puissance, de son influence en Europe, on ne parle guère que de son éclat, de ses conquêtes, de sa magnificence, de la gloire littéraire du temps. C'est aux causes extérieures qu'on s'adresse, et qu'on attribue la prépondérance européenne du gouvernement français.

Cette prépondérance a eu, je crois, des bases plus profondes, des motifs plus sérieux. Il ne faut pas croire que ce soit uniquement par des victoires, par des fêtes, ni même par les chefs-d'œuvre du génie, que Louis XIV et son gouvernement aient joué à cette époque le rôle qu'on ne peut leur contester.

Plusieurs d'entre vous peuvent se souvenir, et vous avez tous entendu parler de l'effet que fit en France, il y a vingt-neuf ans, le gouvernement consulaire, et de l'état où il avait trouvé notre pays. Au dehors, l'invasion étrangère imminente, de continuels désastres dans nos armées; au dedans, la dissolution presque complète du pouvoir et du peuple; point de revenus, point d'ordre public; en un mot, une société battue, humiliée, désorganisée, telle était la France à l'avénement du gouvernement consulaire. Qui ne se rappelle la prodigieuse et heureuse activité de ce gouvernement, cette activité qui en peu de temps assura l'indépendance du territoire, releva l'honneur national, réorganisa l'administration, remania la législation, fit renaître en quelque sorte la société sous la main du pouvoir?

Eh bien! Messieurs, le gouvernement de Louis XIV, quand il a commencé, a fait pour la France quelque chose d'analogue; avec de grandes différences de temps, de procédés, de formes, il a poursuivi et atteint à peu près les mêmes résultats.

Rappelez-vous l'état où la France était tombée après le gouvernement du cardinal de Richelieu et pendant la minorité de Louis XIV: les armées espagnoles toujours sur les frontières, quelquefois dans l'intérieur; le danger continuel d'une invasion; les dissensions intérieures poussées au comble, la guerre civile, le gouvernement faible, et décrié au dedans comme au dehors. La société était dans un état moins violent peut-être, mais cependant assez analogue au nôtre, avant le 18 brumaire. C'est de cet état que le gouvernement de Louis XIV a tiré la France. Ses premières victoires ont fait l'effet de la victoire de Marengo: elles ont assuré le territoire et relevé l'honneur national. Je vais considérer ce gouvernement sous ses principaux aspects, dans ses guerres, dans ses relations extérieures, dans son administration, dans sa législation; et vous verrez, je crois, que la comparaison dont je parle, et à laquelle je ne voudrais pas attacher une importance puérile (je fais assez peu de cas des comparaisons historiques), vous verrez, dis-je, que cette comparaison a un fond réel, et que je suis en droit de m'en servir.

Parlons d'abord des guerres de Louis XIV. Les guerres de l'Europe ont été dans l'origine, vous le savez, et j'ai eu plusieurs fois l'occasion de le rappeler, les guerres, dis-je, ont été de grands mouvements de peuples: poussées par le besoin, la fantaisie ou toute autre cause, des populations entières, tantôt nombreuses, tantôt de simples bandes, se transportaient d'un territoire dans un autre. C'est là le caractère général des guerres européennes jusqu'après les croisades, à la fin du XIII° siècle.

Alors commence un autre genre de guerres presque aussi différentes des guerres modernes : ce sont des guerres lointaines, entreprises non plus par les peuples, mais par les gouvernements, qui vont, à la tête de leurs armées, chercher au loin des États et des aventures. Ils quittent leur pays, ils abandonnent leur propre territoire, et s'enfoncent, les uns en Allemagne, les autres en Italie, d'autres en Afrique, sans autres motifs que leur fantaisie personnelle. Presque toutes les guerres du XV° et même d'une partie du XVI° siècle sont de cette nature. Quel intérêt, je ne parle pas d'un intérêt légitime, mais quel motif seulement avait la France à ce que Charles VIII possédât le royaume de Naples? Évidemment c'était une guerre qui n'était dictée par aucune considération politique : le roi croyait avoir des droits personnels sur le royaume de Naples, et dans un but personnel, pour satisfaire son désir personnel, il allait entreprendre la conquête d'un pays éloigné, qui ne s'adaptait nullement aux convenances territoriales de son royaume, qui ne faisait au contraire que compromettre au dehors sa force, au dedans son repos. Il en est de même de l'expédition de Charles-Quint en Afrique. La dernière guerre de ce genre est l'expédition de Charles XII contre la Russie. Les guerres de Louis XIV n'ont point eu ce caractère; ce sont les guerres d'un gouvernement régulier, fixé au centre de ses États, travaillant à conquérir autour de lui, à étendre ou à consolider son territoire ; en un mot, des guerres politiques. Elles peuvent être justes ou injustes, elles peuvent avoir coûté trop cher à la France ; il y a mille considérations à développer contre leur moralité ou leur excès ; mais en fait elles portent un caractère incomparablement plus rationnel que les guerres antérieures. Ce ne sont plus des fantaisies ni des aventures ; elles sont dictées par des motifs sérieux : c'est telle limite naturelle qu'on veut atteindre, telle population qui parle la même langue et qu'on veut s'adjoindre, tel point de défense qu'il faut acquérir contre une puissance voisine. Sans doute l'ambition personnelle s'y mêle ; mais examinez l'une-après l'autre les guerres de Louis XIV, celles surtout de la première partie de son règne, vous leur trouverez des motifs vraiment politiques ; vous les verrez conçues dans un intérêt français, dans l'intérêt de la puissance ou de la sûreté du pays.

Les résultats ont mis le fait en évidence. La France d'aujourd'hui est encore, à beaucoup d'égards, telle que les guerres de Louis XIV l'ont faite. Les provinces qu'il a conquises, la Franche-Comté, la Flandre, l'Alsace, sont restées incorporées à la France. Il y a des conquêtes sensées, comme des conquêtes insensées : Louis XIV en a fait de sensées ; ses entreprises n'ont point ce caractère de déraison, de caprice, jusque-là si général ; une politique sinon toujours juste et sage, du moins habile, y a présidé.

Si je passe des guerres de Louis XIV à ses relations avec les États étrangers, à sa diplomatie proprement dite, je trouve un résultat analogue. J'ai insisté, Messieurs, sur la naissance de la diplomatie en Europe à la fin du XV° siècle. J'ai essayé de montrer comment les relations des gouvernements et des États entre eux, jusqu'alors accidentelles, rares, courtes, étaient devenues à cette époque plus régulières, plus longues ; comment elles avaient pris un caractère de grand intérêt public ; comment, en un mot, à la fin du xv° et dans la première moitié du xvi° siècle, la diplomatie était venue jouer un rôle immense dans les événements. Cependant, jusqu'au xviiᵉ siècle, elle n'avait pas été, à vrai dire, systématique ; elle n'avait pas amené de longues alliances, de grandes combinaisons, surtout des combinaisons durables, dirigées d'après des principes fixes, dans un but constant, avec cet esprit de suite enfin qui est le véritable caractère des gouvernements établis. Pendant le cours de la révolution religieuse, les relations extérieures des États avaient été presque complétement sous l'empire de l'intérêt religieux ; la ligue protestante et la ligue catholique s'étaient partagé l'Europe. C'est au xviiᵉ siècle, après le traité de Westphalie, sous l'influence du gouvernement de Louis XIV, que la diplomatie change de caractère. D'une part, elle échappe à l'influence exclusive du principe religieux ; les alliances, les combinaisons politiques se font par d'autres considérations. En même temps elle devient beaucoup plus systématique, plus régulière, et dirigée toujours vers un certain but, d'après des principes permanents. La naissance régulière du système de l'équilibre en Europe appartient à cette époque. C'est sous le gouvernement de Louis XIV que ce système, avec toutes les considérations qui s'y rattachent, a vraiment pris possession de la politique européenne. Quand on recherche quelle a été à ce sujet l'idée générale, le principe dominant de la politique de Louis XIV, voici, je crois, ce qu'on découvre.

Je vous ai parlé de la grande lutte qui s'engagea en Europe entre la monarchie pure de Louis XIV, prétendant à devenir la monarchie universelle, et la liberté civile et religieuse, l'indépendance des États, sous le commandement du prince d'Orange, de Guillaume III. Vous avez vu que le grand fait de l'Europe à cette époque, c'est le partage des puissances sous ces deux bannières. Mais ce fait, Messieurs, on ne s'en rendait point compte alors comme je l'explique aujourd'hui ; il était caché, ignoré, même de ceux qui l'accomplissaient ; le système de la monarchie pure réprimé, la liberté civile et religieuse consacrée, tel devait être au fond le résultat de la résistance de la Hollande et de ses alliés à Louis XIV : mais la question n'était pas ainsi ouvertement posée entre le pouvoir absolu et la liberté. On a beaucoup dit que la propagation du pouvoir absolu avait été le principe dominant de la diplomatie de Louis XIV ; je ne le crois pas. Cette considération n'a joué un grand rôle dans sa politique que tard, dans sa vieillesse. La puissance de la France, sa prépondérance en Europe, l'abaissement des puissances rivales, en un mot, l'intérêt politique de l'État, la force de l'État, c'est là le but auquel Louis XIV a constamment tendu, soit qu'il ait lutté contre l'Espagne, l'empereur d'Allemagne, ou l'Angleterre ; il a beaucoup moins agi en vue de la propagation du pouvoir absolu que par un désir de puissance et d'agrandissement de la France et de son gouvernement. Parmi beaucoup de preuves, en voici une qui émane de Louis XIV lui-même. On trouve dans ses Mémoires, à l'année 1666, s'il m'en souvient bien, une note conçue à peu près en ces termes :

« J'ai eu ce matin une conversation avec M. de Sidney, gentilhomme anglais, qui m'a entretenu de la possibilité de ranimer le parti républicain en Angleterre. M. de Sidney m'a demandé pour cela 400,000 livres. Je lui ai dit que je ne pouvais en donner que 200,000. Il m'a engagé à faire venir de Suisse un autre gentilhomme anglais, qui s'appelle M. de Ludlow, et à causer avec lui du même dessein. »

On trouve, en effet, dans les Mémoires de Ludlow, vers la même date, un paragraphe dont le sens est :

« J'ai reçu du gouvernement français une invitation de me rendre à Paris, pour parler des affaires de mon pays; mais je me défie de ce gouvernement. »

Et Ludlow, en effet, resta en Suisse.

Vous voyez que l'affaiblissement du pouvoir royal en Angleterre était à cette époque le but de Louis XIV. Il fomentait des dissensions intérieures, il travaillait à ressusciter le parti républicain, pour empêcher que Charles II ne devînt trop puissant dans son pays. Dans le cours de l'ambassade de Barillon en Angleterre, le même fait se reproduit sans cesse. Toutes les fois que l'autorité de Charles II paraît prendre le dessus, que le parti national est sur le point d'être écrasé, l'ambassadeur français porte son influence de ce côté, donne de l'argent aux chefs de l'opposition, lutte, en un mot, contre le pouvoir absolu, dès que c'est là le moyen d'affaiblir une puissance rivale de la France. Toutes les fois que vous regarderez attentivement à la conduite des relations extérieures sous Louis XIV, c'est là le fait dont vous serez frappé.

Vous le serez aussi de la capacité, de l'habileté de la diplomatie française à cette époque. Les noms de MM. de Torcy, d'Avaux, de Bonrepos, sont connus de tous les hommes instruits. Quand on compare les dépêches, les mémoires, le savoir-faire, la conduite de ces conseillers de Louis XIV avec celle des négociateurs espagnols, portugais, allemands, on est frappé de la supériorité des ministres français; non-seulement de leur sérieuse activité, de leur application aux affaires, mais de leur liberté d'esprit : ces courtisans d'un roi absolu jugent les événements extérieurs, les partis, les besoins de la liberté, les révolutions populaires, beaucoup mieux que la plupart des Anglais eux-mêmes de cette époque. Il n'y a de diplomatie en Europe au xviie siècle, qui paraisse égale à la diplomatie française, que la diplomatie hollandaise. Les ministres de Jean de Witt et de Guillaume d'Orange, de ces illustres chefs du parti de la liberté civile et religieuse, sont les seuls qui paraissent en état de lutter contre les serviteurs du grand roi absolu.

Vous le voyez, Messieurs, soit qu'on considère les guerres de Louis XIV, ou ses relations diplomatiques, on arrive aux mêmes résultats. On conçoit comment un gouvernement qui conduisait de la sorte ses guerres et ses négociations devait prendre en Europe une grande consistance, et s'y présenter non-seulement comme redoutable, mais comme habile et imposant.

Portons nos regards dans l'intérieur de la France, sur l'administration et la législation de Louis XIV; nous y trouverons de nouvelles explications de la force et de l'éclat de son gouvernement.

Il est difficile de déterminer avec quelque précision ce qu'on doit entendre par l'administration dans le gouvernement d'un État. Cependant, quand on essaie de se rendre compte de ce fait, on reconnaît, je crois, que, sous le point de vue le plus général, l'administration consiste dans un ensemble de moyens destinés à faire arriver le plus promptement, le plus sûrement possible, la volonté du pouvoir central dans toutes les parties de la société, et à faire remonter vers le pouvoir central, sous les mêmes conditions, les forces de la société, soit en hommes, soit en argent. C'est là, si je ne me trompe, le véritable but, le caractère dominant de l'administration. On voit, d'après cela, que, dans les temps où il est surtout nécessaire d'établir de l'unité et de l'ordre dans la société, l'administration est le grand moyen d'y parvenir, de rapprocher, de cimenter, d'unir des éléments incohérents, épars. Telle a été l'œuvre, en effet, de l'administration de Louis XIV. Jusqu'à lui, il n'y avait rien eu de plus difficile, en France comme dans le reste de l'Europe, que de faire pénétrer l'action du pouvoir central dans toutes les parties de la société, et de recueillir dans le sein du pouvoir central les moyens de force de la société. C'est à cela que Louis XIV a travaillé et réussi jusqu'à un certain point, incomparablement mieux du moins que les gouvernements précédents. Je ne puis entrer dans aucun détail; mais parcourez les services publics de tout genre, les impôts, les routes, l'industrie, l'administration militaire, tous les établissements qui appartiennent à une branche d'administration quelconque; il n'y en a presque aucun dont vous ne trouviez, soit l'origine, soit le développement, soit la grande amélioration, sous le règne de Louis XIV. C'est comme administrateurs que les plus grands hommes de son temps, Colbert, Louvois, ont déployé leur génie et exercé leur ministère. Ce fut par là que son gouvernement acquit une généralité, un aplomb, une consistance qui manquaient autour de lui à tous les gouvernements européens.

Sous le point de vue législatif, ce règne vous offrira le même fait. Je reviens à la comparaison dont j'ai parlé en commençant, à l'activité législative du gouvernement consulaire, à son prodigieux travail de révision, de refonte générale des lois. Un travail du même genre a eu lieu sous Louis XIV. Les grandes ordonnances qu'il promulgua, l'ordonnance criminelle, les ordonnances de procédure, du commerce, de la marine, des eaux et forêts, sont des codes véritables qui ont été faits de la même manière que nos Codes, discutés dans l'intérieur du conseil d'État, quelques uns sous la présidence de Lamoignon. Il y a des hommes dont la gloire est d'avoir pris part à ce travail et à cette discussion : M. Pussort, par exemple. Si nous voulions la considérer en elle-même, nous aurions beaucoup à dire contre la législation de Louis XIV; elle est pleine de vices qui éclatent aujourd'hui, et que personne ne peut contester; elle n'a point été conçue dans l'intérêt de la vraie justice et de la liberté, mais dans un intérêt d'ordre public, pour donner aux lois plus de régularité, de fixité. Mais cela seul était alors un grand progrès; et l'on ne peut douter que les ordonnances de Louis XIV, très supérieures à l'état antérieur, n'aient puissamment contribué à faire avancer la société française dans la carrière de la civilisation.

Vous voyez, Messieurs, que, sous quelque point de vue que nous envisagions ce gouvernement, nous découvrons bientôt les sources de sa force et de son influence. C'est, à vrai dire, le premier gouvernement qui se soit présenté aux regards de l'Europe comme un pouvoir sûr de son fait, qui n'eût pas à disputer son existence à des ennemis intérieurs, tranquille sur son territoire, avec son peuple, et s'inquiétant uniquement de gouverner. Tous les gouvernements européens avaient été jusque-là sans cesse jetés dans des guerres qui leur ôtaient toute sécurité comme tout loisir, ou tellement assiégés de partis et d'ennemis intérieurs, qu'ils passaient leur temps à combattre pour leur vie. Le gouvernement de Louis XIV a paru le premier uniquement appliqué à faire ses affaires, comme un pouvoir à la fois définitif et progressif, qui ne craint pas d'innover, parce qu'il compte sur l'avenir. Il y a eu, en effet, très-peu de gouvernements aussi novateurs que celui-là : comparez-le à un gouvernement de même nature, à la monarchie pure de Philippe II en Espagne ; elle était plus absolue que celle de Louis XIV, et pourtant bien moins régulière et moins tranquille. Comment Philippe II était-il parvenu, d'ailleurs, à établir en Espagne le pouvoir absolu ? En étouffant toute activité du pays, en se refusant à toute espèce d'amélioration, en rendant l'état de l'Espagne complétement stationnaire. Le gouvernement de Louis XIV, au contraire, s'est montré actif dans toutes sortes d'innovations, favorable aux progrès des lettres, des arts, de la richesse, de la civilisation, en un mot. Ce sont là les véritables causes de sa prépondérance en Europe ; prépondérance telle qu'il a été sur le continent, pendant tout le XVIIe siècle, et non-seulement pour les souverains, mais pour les peuples mêmes, le type des gouvernements.

Maintenant on se demande, et il est impossible de ne pas se demander, comment un pouvoir si éclatant, si bien établi, à en juger par ce que je viens de mettre sous vos yeux ; on se demande, dis-je, comment ce pouvoir est tombé si vite dans une telle décadence ; comment, après avoir joué un tel rôle en Europe, il est devenu, dans le siècle suivant, si inconsistant, si faible, si peu considéré. Le fait est incontestable. Dans le XVIIe siècle, le gouvernement français est à la tête de la civilisation européenne ;

dans le xviiie siècle, il disparaît : c'est la société française, séparée de son gouvernement, souvent même dressée contre lui, qui précède et guide dans ses progrès le monde européen.

C'est ici que nous retrouvons le vice incorrigible et l'effet infaillible du pouvoir absolu. Je n'entrerai dans aucun détail sur les fautes du gouvernement de Louis XIV; il en a commis de grandes : je ne parlerai ni de la guerre de la succession d'Espagne, ni de la révocation de l'édit de Nantes, ni des dépenses excessives, ni de beaucoup d'autres mesures fatales qui ont compromis sa fortune. J'accepterai les mérites de ce gouvernement tels que je viens de les montrer. Je conviendrai qu'il n'y a jamais eu peut-être de pouvoir absolu plus complétement avoué de son siècle et de son peuple, ni qui ait rendu de plus réels services à la civilisation de son pays, et de l'Europe en général. Eh bien! Messieurs, par cela seul que ce gouvernement n'avait pas d'autre principe que le pouvoir absolu, ne reposait que sur cette base, sa décadence a été subite et méritée. Ce qui manquait essentiellement à la France de Louis XIV, ce sont des institutions, des forces politiques indépendantes, subsistant par elles-mêmes, capables en un mot d'action spontanée et de résistance. Les anciennes institutions françaises, si tant est qu'elles méritent ce nom, ne subsistaient plus; Louis XIV acheva de les détruire. Il n'eut garde de chercher à les remplacer par des institutions nouvelles; elles l'auraient gêné; il ne voulait pas être gêné. La volonté et l'action du pouvoir central, c'est là tout ce qui paraît avec éclat à cette époque. Le gouvernement de Louis XIV est un grand fait, un fait puissant et brillant, mais sans racines. Les institutions libres sont une garantie non-seulement de la sagesse des gouvernements, mais encore de leur durée. Il n'y a pas de système qui puisse durer autrement que par des institutions. Là où le pouvoir absolu a duré, c'est qu'il s'est appuyé sur des institutions véritables, tantôt sur la division de la société en castes fortement séparées, tantôt sur un système d'institutions religieuses. Sous le règne de Louis XIV, les institutions ont manqué au pouvoir ainsi qu'à la liberté. Rien en France à cette époque ne garantissait ni le pays contre l'action illégitime du gouvernement, ni le gouvernement lui-même contre l'action inévitable du temps. Aussi le gouvernement assista à sa propre décadence. Ce n'est pas Louis XIV seul qui a vieilli, qui s'est trouvé faible à la fin de son règne : c'est le pouvoir absolu tout entier. La monarchie pure était aussi usée en 1712 que le monarque lui-même : et le mal était d'autant plus grave que Louis XIV avait aboli les mœurs aussi bien que les institutions politiques. Il n'y a pas de mœurs politiques sans indépendance. Celui-là seul qui se sent fort par lui-même est toujours capable, soit de servir le pouvoir, soit de le combattre. Les caractères énergiques disparaissent avec les situations indépendantes, et la fierté des âmes naît de la sécurité des droits.

Voici donc, à vrai dire, l'état dans lequel Louis XIV a laissé la France et le pouvoir : une société en grand développement de richesse, de force, d'activité intellectuelle en tout genre ; et à côté de cette société en progrès, un gouvernement essentiellement stationnaire, n'ayant aucun moyen de se renouveler, de s'adapter au mouvement de son peuple ; voué, après un demi-siècle de grand éclat, à l'immobilité et à la faiblesse, et déjà tombé, du vivant de son fondateur, dans une décadence qui ressemblait presque à la dissolution. C'est la situation où s'est trouvée la France au sortir du xviiᵉ siècle, et qui a imprimé à l'époque suivante une direction et un caractère si différents.

Que l'élan de l'esprit humain, que le libre examen soit le trait dominant, le fait essentiel du xviiiᵉ siècle, ce n'est pas la peine de le dire. Déjà, Messieurs, vous en avez beaucoup entendu parler dans cette chaire; déjà, par la voix d'un orateur philosophe et par celle d'un philosophe éloquent, vous avez entendu caractériser cette époque puissante. Je ne puis prétendre, dans le court espace de temps qui me reste, à suivre devant vous toutes les phases de la grande révolution morale qui s'est alors accomplie. Je ne voudrais pas cependant vous quitter sans avoir appelé votre attention sur quelques traits trop peu remarqués.

Le premier, celui qui me frappe d'abord et que je viens déjà d'indiquer, c'est la disparition à peu près complète du gouvernement dans le cours du xviiiᵉ siècle, et l'apparition de l'esprit humain comme principal et presque seul acteur. Excepté en ce qui touche les relations extérieures sous le ministère du duc de Choiseul, et dans quelques grandes concessions faites à la direction générale des esprits, par exemple dans la guerre d'Amérique, excepté, dis-je, dans quelques événements de ce genre, il n'y a jamais eu peut-être un gouvernement aussi inactif, aussi apathique, aussi inerte que le gouvernement français de ce temps. A la place de ce gouvernement si actif, si ambitieux, de Louis XIV, qui était partout, se mettait à la tête de tout, vous avez un pouvoir qui ne travaille qu'à s'effacer, à se tenir à l'écart, tant il se sent faible et compromis. L'activité, l'ambition a passé tout entière du côté du pays. C'est le pays qui, par son opinion, par son mouvement intellectuel, se mêle de tout, intervient dans tout, possède seul enfin l'autorité morale, qui est la véritable autorité.

Un second caractère qui me frappe dans l'état de l'esprit humain au XVIII° siècle, c'est l'universalité du libre examen. Jusque-là, et particulièrement au XVI° siècle, le libre examen s'était exercé dans un champ limité, spécial; il avait eu pour objet tantôt les questions religieuses, quelquefois les questions religieuses et les questions politiques ensemble; mais ses prétentions ne s'étendaient pas à tout. Dans le XVIII° siècle, au contraire, le caractère du libre examen, c'est l'universalité; la religion, la politique, la pure philosophie, l'homme et la société, la nature morale et matérielle, tout devient à la fois un sujet d'étude, de doute, de système; les anciennes sciences sont bouleversées, les sciences nouvelles s'élèvent. C'est un mouvement qui se porte en tous sens, quoique émané d'une seule et même impulsion.

Ce mouvement a de plus un caractère singulier, et qui ne s'est peut-être pas rencontré une seconde fois dans l'histoire du monde : c'est d'être purement spéculatif. Jusque-là, dans toutes les grandes révolutions humaines, l'action s'était promptement mêlée à la spéculation. Ainsi, au XVI° siècle, la révolution religieuse avait commencé par des idées, par des discussions purement intellectuelles; mais elle avait presque aussitôt abouti à des événements. Les chefs des partis intellectuels étaient très promptement devenus des chefs de partis politiques; les réalités de la vie s'étaient mêlées aux travaux de l'intelligence. Il en était arrivé ainsi au XVIIe siècle, dans la révolution d'Angleterre. En France, au XVIIIe siècle, vous voyez l'esprit humain s'exercer sur toutes choses, sur les idées qui se rattachaient aux intérêts réels de la vie et devaient avoir sur les faits la plus prompte et la plus puissante influence. Et cependant les meneurs, les acteurs de ces grands débats restent étrangers à toute espèce d'activité pratique, purs spéculateurs qui observent, jugent et parlent sans jamais intervenir dans les événements. A aucune époque le gouvernement des faits, des réalités extérieures, n'a été aussi complétement distinct du gouvernement des esprits. La séparation de l'ordre spirituel et de l'ordre temporel n'a été réelle en Europe qu'au XVIIIe siècle. Pour la première fois peut-être, l'ordre spirituel s'est développé tout à fait à part de l'ordre temporel. Fait très grave, et qui a exercé une prodigieuse influence sur le cours des événements. Il a donné aux idées du temps un singulier caractère d'ambition et d'inexpérience; jamais la phlilosophie n'a plus aspiré à régir le monde et ne lui a été plus étrangère. Il a bien fallu un jour en venir au fait; il a bien fallu que le mouvement intellectuel passât dans les événements extérieurs; et comme ils avaient été totalement séparés, la rencontre a été plus difficile, et le choc plus violent.

Comment s'étonner maintenant d'un autre caractère de l'état de l'esprit humain à cette époque, je veux dire sa prodigieuse hardiesse? Jusque-là sa plus grande activité avait toujours été contenue par certaines barrières; l'homme avait vécu au milieu de faits dont quelques-uns lui inspiraient de la considération, et réprimaient jusqu'à un certain point son mouvement. Au XVIIIe siècle, je serais, en vérité, embarrassé de dire quels étaient les faits extérieurs que respectait l'esprit humain, qui exerçaient sur lui quelque empire : il avait l'état social tout entier en haine ou en mépris. Il en conclut qu'il était appelé à réformer toutes choses; il en vint à se considérer lui-même comme une espèce de créateur : institutions, opinions, mœurs, la société et l'homme lui-même, tout parut à refaire, et la raison humaine se chargea de l'entreprise. Jamais pareille audace lui était-elle venue en pensée?

Voilà, Messieurs, la puissance qui, dans le cours du XVIIIe siècle, s'est trouvée en face de ce qui restait du gouvernement de Louis XIV. Vous comprenez qu'il était impossible que le choc n'eût pas lieu entre ces deux forces si inégales. Le fait dominant de la révolution d'Angleterre, la lutte du libre examen et de la monarchie pure, devait donc aussi éclater en France. Sans doute les différences étaient grandes, et devaient se reproduire dans les résultats; mais, au fond, la situation générale était pareille, et l'événement définitif a le même sens.

Je n'ai garde, Messieurs, de prétendre en exposer ici les infinies conséquences. Je touche au terme de ces réunions : il faut que je m'arrête. Je veux seulement, avant de vous quitter, appeler votre attention sur le fait le plus grave et, à mon avis, le plus instructif qui se révèle à nous dans ce grand spectacle. C'est le péril, le mal, le vice insurmontable du pouvoir absolu, quel qu'il soit, quelque nom qu'il porte et dans quelque but qu'il s'exerce. Vous avez vu le gouvernement de Louis XIV périr presque par cette seule cause. Eh bien! Messieurs, la puissance qui lui a succédé, l'esprit humain, véritable souverain du XVIIIe siècle, l'esprit humain a subi le même sort; à son tour, il a possédé un pouvoir à peu près absolu; à son tour, il a pris en lui-même une confiance excessive. Son élan était très beau, très bon, très utile ; et s'il fallait se résumer, exprimer une opinion définitive, je me hâterais de dire que le xviiie siècle m[e] paraît un des plus grands siècles de l'histoire, celui peut-être qui a rendu à l'humanité les plus grands services, qu[i] lui a fait faire le plus de progrès et les progrès les plus géné[-]raux : appelé à prononcer dans sa cause comme ministèr[e] public, si je puis me servir de cette expression, c'est en s[a] faveur que je donnerais mes conclusions. Il n'en est pa[s] moins vrai qu'à cette époque l'esprit humain, en possession du pouvoir absolu, en a été corrompu, égaré ; qu'il a pri[s] les faits établis, les idées anciennes, dans un dédain, dan[s] une aversion illégitime ; aversion qui l'a conduit à l'erreu[r] et à la tyrannie. La part d'erreur et de tyrannie, en effet, qui s'est mêlée au triomphe de la raison humaine à la fi[n] du siècle, part si grande, on ne peut le dissimuler, et i[l] faut le proclamer au lieu de le taire, cette part d'erreur e[t] de tyrannie, dis-je, a été surtout le résultat de l'égaremen[t] où l'esprit de l'homme a été jeté à cette époque par l'éten[-]due de son pouvoir. C'est le devoir, et ce sera, je crois, l[e] mérite particulier de notre temps, de reconnaître que tou[t] pouvoir, qu'il soit intellectuel ou temporel, qu'il appar-tienne à des gouvernements ou à des peuples, à des philo-sophes ou à des ministres, qu'il s'exerce dans une caus[e] ou dans une autre, que tout pouvoir humain, dis-je, port[e] en lui-même un vice naturel, un principe de faiblesse e[t] d'abus qui doit lui faire assigner une limite. Or il n'y a que la liberté générale de tous les droits, de tous les inté-rêts, de toutes les opinions, la libre manifestation de toute[s] ces forces, leur coexistence légale, il n'y a, dis-je, que c[e] système qui puisse restreindre chaque force, chaque puissance dans ses limites légitimes, l'empêcher d'empiéter sur les autres, faire, en un mot, que le libre examen subsiste réellement et au profit de tous. C'est là pour nous, Messieurs, le grand résultat, la grande leçon de la lutte qui s'est engagée à la fin du XVIIIe siècle entre le pouvoir absolu temporel et le pouvoir absolu spirituel.

Je suis arrivé au terme que je m'étais proposé. Vous vous rappelez que j'avais eu pour objet, en commençant ce cours, de vous présenter le tableau général du développement de la civilisation européenne, depuis la chute de l'Empire romain jusqu'à nos jours. J'ai parcouru bien vite cette carrière, sans pouvoir, à beaucoup près, ni vous dire tout ce qu'il y avait d'important, ni apporter les preuves de tout ce que j'ai dit. J'ai été obligé de beaucoup omettre, et cependant de vous demander souvent de me croire sur parole. J'espère pourtant avoir atteint mon but, qui était de marquer les grandes crises du développement de la société moderne. Permetttez-moi encore un mot. J'ai essayé, en commençant, de définir la civilisation, de décrire le fait qui porte ce nom. La civilisation m'a paru consister dans deux faits principaux : le développement de la société humaine et celui de l'homme lui-même ; d'une part, le développement politique et social, de l'autre, le développement intérieur, moral. Je me suis renfermé cette année dans l'histoire de la société. Je n'ai présenté la civilisation que sous son point de vue social : je n'ai rien dit du développement de l'homme lui-même. Je n'ai point essayé de vous exposer l'histoire des opinions, du progrès moral de l'humanité. J'ai le projet, quand nous nous retrouverons dans cette enceinte l'année prochaine, de m'enfermer spécialement en France, d'étudier avec vous l'histoire de la civilisation française, mais de l'étudier avec détail, et sous ses faces diverses. J'essaierai de vous faire connaître non-seulement l'histoire de la société en France, mais aussi celle de l'homme ; d'assister avec vous au progrès des institutions, des opinions, des travaux intellectuels de toute sorte; et d'arriver ainsi à comprendre quel a été dans son ensemble, et d'une manière complète, le développement de notre glorieuse patrie. Elle a droit, Messieurs, dans le passé comme dans l'avenir, à nos plus chères affections.

FIN.

TABLE ANALYTIQUE.

PREMIÈRE LEÇON.

Objet du cours. — Histoire de la civilisation européenne. — Rôle de la France dans la civilisation de l'Europe. — Que la civilisation peut être racontée. — Que c'est le fait le plus général de l'histoire. — Du sens usuel et populaire du mot *civilisation*. — Deux faits principaux constituent la civilisation : 1° le développement de la société; 2° le développement de l'individu. — Preuves de cette assertion. — Que ces deux faits sont nécessairement liés l'un à l'autre et se produisent tôt ou tard l'un l'autre. — La destinée de l'homme est-elle contenue tout entière dans sa condition actuelle ou sociale? — Que l'histoire de la civilisation peut être considérée et présentée sous deux points de vue. — Quelques mots sur le plan du cours. — De l'état actuel des esprits et de l'avenir de la civilisation.   1

DEUXIÈME LEÇON.

Objet de la leçon. — Unité de la civilisation ancienne. — Variété de la civilisation moderne. — Sa supériorité. — État de l'Europe à la chute de l'Empire romain. — Prépondérance des villes. — Tentative de réforme politique par les empereurs. — Rescrit d'Honorius et de Théodose II. — Puissance du nom de l'Empire. — L'Église chrétienne. — Les divers états par où elle avait passé au v° siècle. — Le clergé dans les fonctions municipales. – Bonne et mauvaise influence

362 TABLE ANALYTIQUE.

de l'Église. — Les Barbares. — Ils introduisent dans le monde moderne le sentiment de l'indépendance personnelle et le dévouement d'homme à homme. — Résumé des divers éléments de la civilisation au commencement du v⁰ siècle. 29

TROISIÈME LEÇON.

Objet de la leçon. — Tous les divers systèmes prétendent à la légitimité. — Qu'est-ce que la légitimité politique? — Coexistence de tous les systèmes de gouvernement au v⁰ siècle. — Instabilité dans l'état des personnes, dans les propriétés, dans les institutions. — Il y en avait deux causes : l'une matérielle, la continuation de l'invasion ; l'autre morale, le sentiment égoïste d'individualité particulier aux Barbares. — Les principes de civilisation ont été le besoin d'ordre, les souvenirs de l'Empire romain, l'Église chrétienne, les Barbares. — Tentatives d'organisation par les Barbares, par les villes, par l'Église d'Espagne, par Charlemagne, et Alfred. — L'invasion germaine et l'invasion arabe s'arrêtent. — Le régime féodal commence. 68

QUATRIÈME LEÇON.

Objet de la leçon. — Alliance nécessaire des faits et des doctrines. — Prépondérance des campagnes sur les villes. — Organisation d'une petite société féodale. — Influence de la féodalité sur le caractère du possesseur de fief, et sur l'esprit de famille. — Haine du peuple pour le régime féodal. — Le prêtre pouvait peu pour les serfs. — Impossibilité d'organiser régulièrement la féodalité. — 1° Point d'autorité forte ; 2° point de pouvoir public ; 3° difficulté du système fédératif. — L'idée du droit de résistance inhérente à la féodalité. — Influence de la féodalité, bonne pour le développement de l'individu, mauvaise pour l'ordre social. 83

CINQUIÈME LEÇON.

Objet de la leçon. — La religion est un principe d'association. — La coaction n'est pas de l'essence du gouvernement. — Conditions de la légitimité d'un gouvernement : 1° le pouvoir aux mains des plus dignes ; 2° le respect de la liberté des gouvernés. — L'Église, étant un corps, et non une caste, a rempli la première de ces conditions.

— Des divers modes de nomination et d'élection en vigueur dans son sein. — Elle a manqué à l'autre condition par l'extension illégitime du principe de l'autorité, et par l'emploi abusif de la force. — Mouvement et liberté d'esprit dans le sein de l'Église. — Rapports de l'Église avec les princes. — L'indépendance du pouvoir spirituel posée en principe. — Prétentions et efforts de l'Église pour envahir le pouvoir temporel. 111

SIXIÈME LEÇON.

Objet de la leçon. — Séparation des gouvernants et des gouvernés dans l'Église. — Influence indirecte des laïques sur le clergé. — Le clergé recruté dans tous les états de la société. — Influence de l'Église sur l'ordre public et sur la législation. — Son système pénitentiaire. — Le développement de l'esprit humain est tout théologique. — L'Église se range en général du côté du pouvoir. — Rien d'étonnant ; les religions ont pour but de régler la liberté humaine. — Divers états de l'Église du Ve au XIIe siècle : — 1° L'Église impériale. — 2° L'Église barbare ; développement du principe de la séparation des deux pouvoirs ; de l'ordre monastique. — 3° L'Église féodale ; tentatives d'organisation ; besoin de réforme ; Grégoire VII. — 4° L'Église théocratique. — Renaissance de l'esprit d'examen ; Abailard. — Mouvement des communes. — Nulle liaison entre ces deux faits. 138

SEPTIÈME LEÇON.

Objet de la leçon. — Tableau comparatif de l'état des communes au XIIe et au XVIIIe siècle. — Double question. — 1° De l'affranchissement des communes. — État des villes du Ve au Xe siècle. — Leur décadence et leur renaissance. — Insurrection communale. — Chartes. — Effets sociaux et moraux de l'affranchissement des communes. — 2° Du gouvernement intérieur des communes. — Assemblées du peuple. — Magistrats. — Haute et basse bourgeoisie. — Diversité de l'état des communes dans les divers pays de l'Europe. 166

HUITIÈME LEÇON.

Objet de la leçon. — Coup d'œil sur l'histoire générale de la civilisation européenne. — Son caractère distinctif et fondamental. — Époque où ce caractère commence à paraître. — État de l'Europe du XII° au XVI° siècle. — Caractère des croisades. — Leurs causes morales et sociales. — Ces causes n'existent plus à la fin du XIII° siècle. — Effets des croisades pour la civilisation. 194

NEUVIÈME LEÇON.

Objet de la leçon. — Rôle important de la royauté dans l'histoire de l'Europe et du monde. — Vraies causes de cette importance. — Double point de vue sous lequel l'institution de la royauté doit être considérée. — 1° Sa nature propre et permanente. — Elle est la personnification du souverain de droit. — Dans quelles limites. — 2° Sa flexibilité et sa diversité. — La royauté européenne semble le résultat des diverses espèces de royautés. — De la royauté barbare. — De la royauté impériale. — De la royauté religieuse. — De la royauté féodale. — De la royauté moderne proprement dite, et de son véritable caractère. 210

DIXIÈME LEÇON.

Objet de la leçon. — Tentatives pour concilier et faire vivre et agir en commun, dans une même société, sous un même pouvoir central, les divers éléments sociaux de l'Europe moderne. — 1° Tentative d'organisation théocratique. — Pourquoi elle a échoué. — Quatre obstacles principaux. — Fautes de Grégoire VII. — Réaction contre la domination de l'Église. — De la part des peuples. — De la part des souverains. — 2° Tentatives d'organisation républicaine. — Républiques italiennes. — Leurs vices. — Villes du midi de la France. — Croisade des Albigeois. — Confédération suisse. — Communes de Flandre et du Rhin. — Ligue hanséatique. — Lutte de la noblesse féodale et des communes. — 3° Tentatives d'organisation mixte. — États-généraux de France. — Cortès d'Espagne et de Portugal. — Parlement d'Angleterre. — État particulier de l'Allemagne. — Mauvais succès de toutes ces tentatives. — Par quelles causes. — Tendance générale de l'Europe. 238

ONZIÈME LEÇON.

Objet de la leçon. — Caractère particulier du XV° siècle. — Centralisation progressive des peuples et des gouvernements. — 1° De la France.

— Formation de l'esprit national français. — Manière de gouverner de Louis XI. — 2° De l'Espagne. — 3° De l'Allemagne. — 4° De l'Angleterre. — 5° De l'Italie. — Naissance des relations extérieures des États et de la diplomatie. — Mouvement dans les idées religieuses. — Tentative de réforme aristocratique. — Conciles de Constance et de Bâle. — Tentative de réforme populaire. — Jean Huss. — Renaissance des lettres. — Admiration pour l'antiquité. — École classique ou des libres penseurs. — Activité générale. — Voyages, découvertes, inventions. — Conclusion. 262

DOUZIÈME LEÇON.

Objet de la leçon. — Difficulté de démêler les faits généraux dans l'histoire moderne. — Tableau de l'Europe au XVI° siècle. — Danger des généralisations précipitées. — Causes diverses assignées à la réforme. — Son caractère dominant est l'insurrection de l'esprit humain contre le pouvoir absolu dans l'ordre intellectuel. — Preuves de ce fait. — Destinées de la réforme dans les différents pays. — Côté faible de la réforme. — Des jésuites. — Analogie des révolutions de la société religieuse et de la société civile. 285

TREIZIÈME LEÇON.

Objet de la leçon. — Caractère général de la révolution d'Angleterre. — Ses principales causes. — Elle est plus politique que religieuse. — Trois grands partis s'y succèdent. — 1° Du parti de la réforme légale ; 2° du parti de la révolution politique ; 3° du parti de la révolution sociale. — Ils échouent tous. — De Cromwell. — De la restauration des Stuart. — Du ministère légal. — Du ministère des roués. — Du ministère national. — De la révolution de 1688 en Angleterre et en Europe. 309

QUATORZIÈME LEÇON.

Objet de la leçon. — Différence et ressemblance entre la marche de la civilisation de l'Angleterre et celle du continent. — Prépondérance de la France en Europe dans les XVII° et XVIII° siècles. — Au XVII° siècle par le gouvernement français. — Au XVIII° par le pays lui-même. —

Du gouvernement de Louis XIV. — De ses guerres. — De sa diplomatie. — De son administration. — De sa législation. — Causes de sa prompte décadence. — De la France au xviiie siècle. — Caractères essentiels de la révolution philosophique. — Conclusion du cours. 353

FIN.

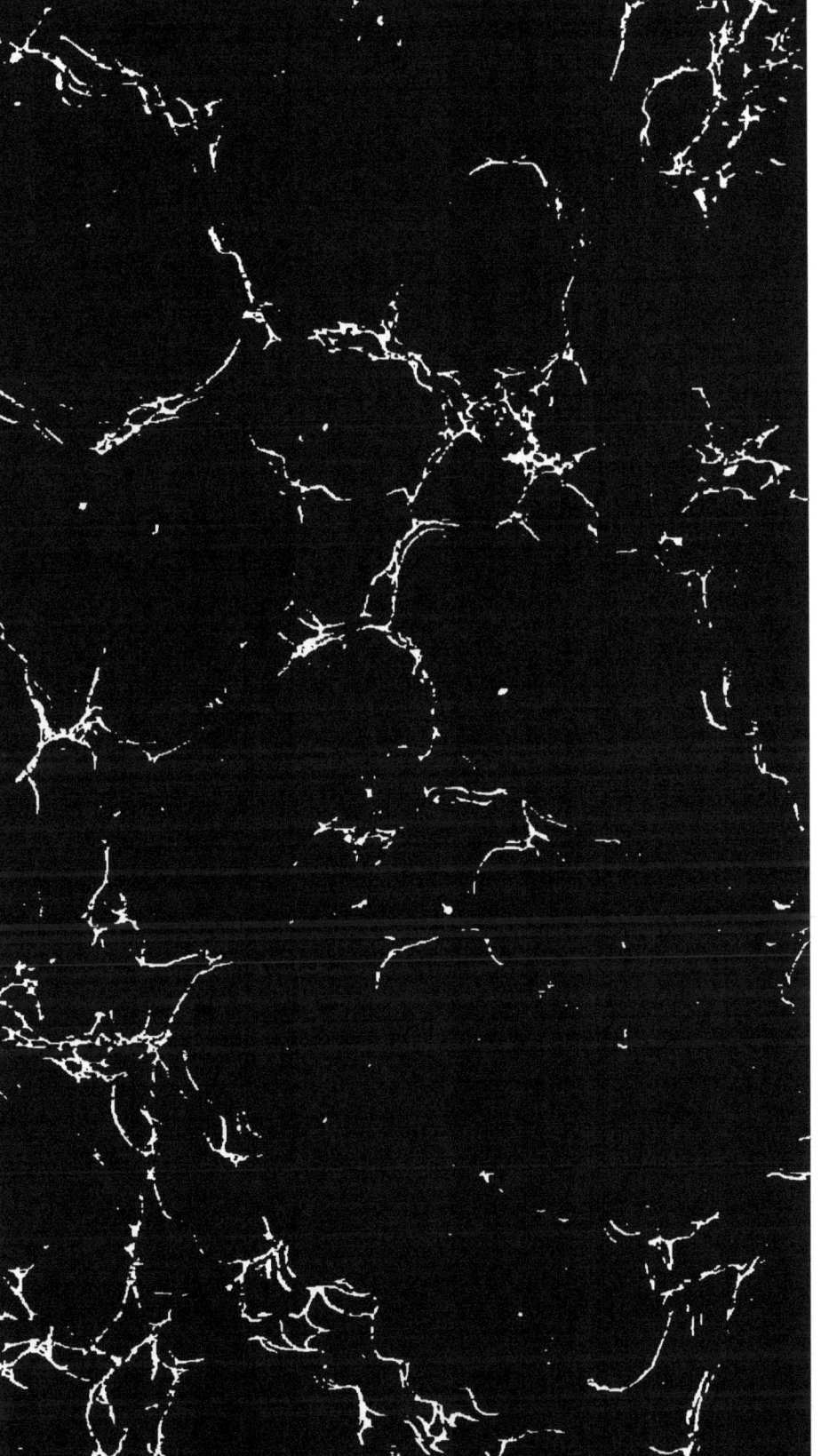

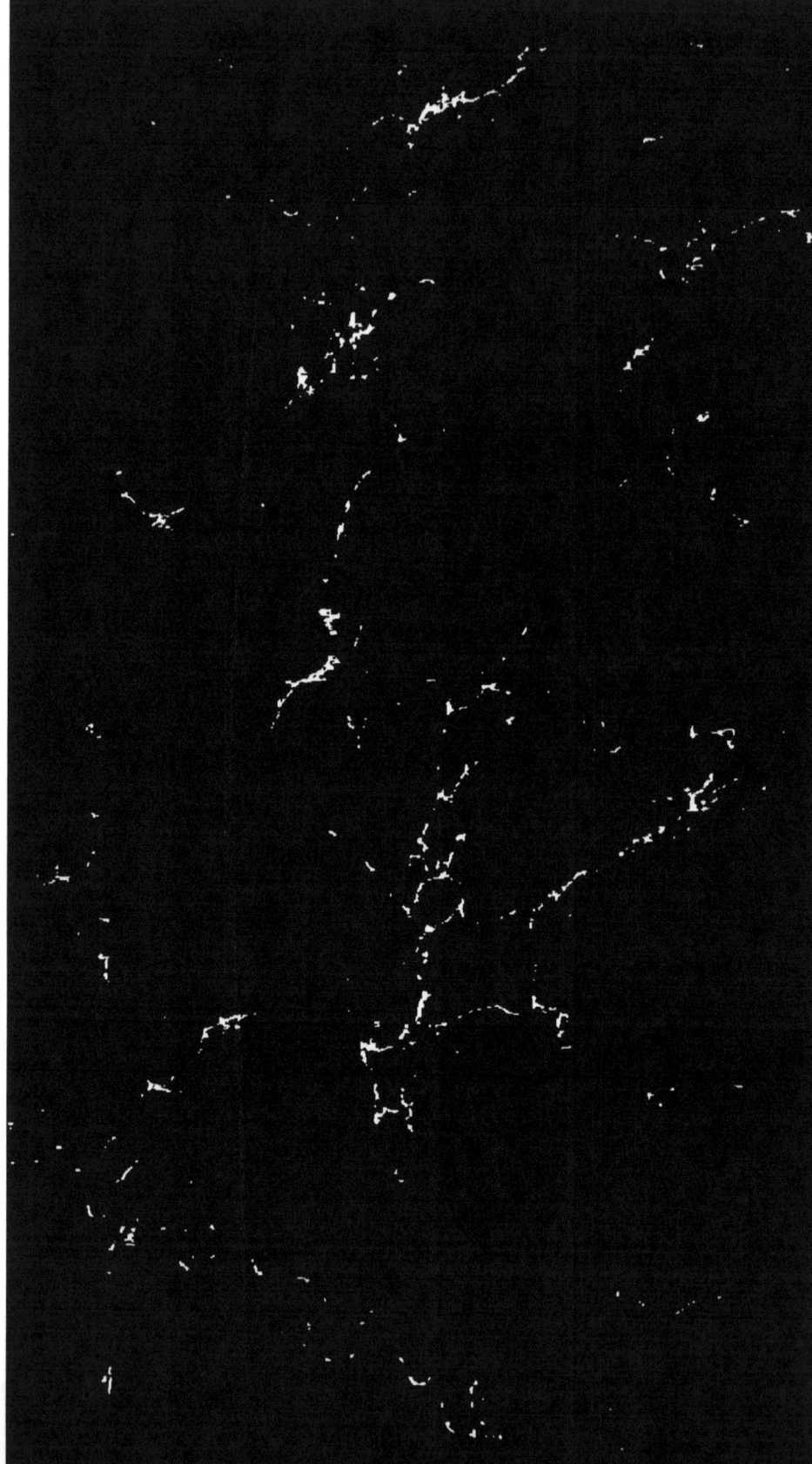

www.ingramcontent.com/pod-product-compliance
Lightning Source LLC
Chambersburg PA
CBHW050257170426
43202CB00011B/1721